中国产业智库报告
国家统计局工业司
中国社会科学院工业经济研究所

中国工业增长趋势及转型方向研究

金 碚 杨宽宽 江 源 原 磊/著

经济管理出版社
ECONOMY & MANAGEMENT PUBLISHING HOUSE

图书在版编目（CIP）数据

中国工业增长趋势及转型方向研究/金碚、杨宽宽等著．—北京：经济管理出版社，2015.11
ISBN 978-7-5096-3992-4

Ⅰ．①中… Ⅱ．①金… ②杨… Ⅲ．①工业经济—经济增长—研究—中国 Ⅳ．①F424

中国版本图书馆 CIP 数据核字（2015）第 239322 号

组稿编辑：丁慧敏
责任编辑：张 艳 丁慧敏
责任印制：司东翔
责任校对：王 淼

出版发行：经济管理出版社
（北京市海淀区北蜂窝 8 号中雅大厦 A 座 11 层 100038）
网 址：www. E-mp. com. cn
电 话：（010）51915602
印 刷：三河市延风印装有限公司
经 销：新华书店
开 本：787mm×1092mm/16
印 张：15
字 数：278 千字
版 次：2016 年 8 月第 1 版 2016 年 8 月第 1 次印刷
书 号：ISBN 978-7-5096-3992-4
定 价：58.00 元

课题单位：国家统计局工业司

中国社会科学院工业经济研究所

课题组成员（以姓氏笔划为序）：

于卫宁　于建勋　于新华　尹冰清　石碧华　邢俊玲　江飞涛

江　源　李晓华　李鹏飞　杨宽宽　何　平　张卫华　张航燕

陈凤仙　金　碚　周学文　原　磊　龚健健　隋秀芹

课题总执笔人：张卫华　江　源　原　磊　于建勋

起草：陈凤仙（第一章）、李鹏飞（第二章）、尹冰清　龚健健（第三章）、江飞涛（第四章）、原磊（第五章）、李晓华（第六章）、张航燕（第七章）

审定：张卫华　江　源　于新华

目 录

总报告 …… 1

一、中国工业经济深刻变革 …… 1
二、中国工业面临的突出问题与挑战 …… 5
三、中国工业增长动力机制的转换 …… 10
四、中国工业经济转型升级的方向和路径 …… 16
五、推动工业健康可持续发展的政策建议 …… 18

第一章　中国工业竞争力评价和分析 …… 21

一、产业竞争力及其评价方法 …… 21
二、中国工业化进程及工业发展现状 …… 23
三、中国工业竞争力综合评价 …… 28
四、新形势下中国工业竞争力的提升方向 …… 37

第二章　中国参与国际分工与比较优势的现状和未来趋势 …… 41

一、中国对外贸易和投资的发展状况 …… 41
二、中国出口商品国际竞争力分析 …… 46
三、中国潜在比较优势产业判断 …… 54
四、小结及政策建议 …… 67

第三章　当前中国工业经济面临的重大战略机遇期 …… 75

一、中国工业发展阶段的变化 …… 75
二、世界主要工业强国工业发展历程回顾与启示 …… 83
三、当前中国工业发展面临的机遇和挑战 …… 96

第四章　中国工业经济增长动力机制的转换 …… 105

一、改革开放以来中国工业增长的动力机制分析 …… 106
二、世界主要工业化国家增长动力机制研究 …… 122
三、中国工业增长动力机制转换的迫切性 …… 128
四、中国工业增长动力机制转换的政策建议 …… 135

第五章　工业经济增长的趋势分析 …… 141

一、中国工业经济增长动力机制分析 …… 141
二、工业经济增长的内外部条件变化 …… 151
三、宏观政策取向对工业经济影响的模拟分析 …… 155
四、政策建议 …… 168

第六章　中国工业经济产业结构转型升级的具体路径和对策 …… 175

一、工业转型升级的内涵 …… 175
二、中外产业发展水平差距比较 …… 178
三、工业转型升级的路径 …… 184
四、促进工业转型升级的对策 …… 195

第七章　新形势下促进中国工业发展的政策建议 …… 201

一、未来一段时间工业仍将是支撑中国经济增长的重要产业 …… 201
二、四化同步为工业发展提供新的空间 …… 204
三、正确看待“速度”与“质量”的关系 …… 207
四、提升中国工业发展的内生动力 …… 211
五、优化工业发展外部环境 …… 220

参考文献 …… 227

总 报 告

目前，中国工业发展已经进入深度调整期，随着工业增长速度的持续下滑，结构调整和转型升级再次成为中国工业发展面临的首要课题。与以往的转型升级有所不同，目前中国工业的发展基础、增长动力、工业生产组织模式乃至世界工业发展趋势都在发生着深刻变化，工业转型升级不再意味着单纯的产业结构高级化，其内涵更加丰富，路径也更为复杂。

一、中国工业经济深刻变革

中国工业经过多年的快速发展，呈现出极大的活力和国际竞争力，打造出“中国制造”的国际品牌，带动了中国经济的腾飞，取得了举世瞩目的巨大成就。随着中国工业和国民经济的不断发展，工业发展的外部条件正在发生着根本性改变，影响着工业发展的基础和方向。

（一）工业经济实力和国际竞争力显著增强

经过多年的快速发展和长期积累，中国工业已经建立起较为完备的产业体系和庞大的生产能力。目前，中国已经成为世界上最大的工业品生产国和出口国，工业出口品的国际竞争力也在不断提升。

（1）工业经济规模不断扩大，工业总量超过美国，位居世界第一。改革开放后，中国工业实力和竞争力显著增强，“中国制造”享誉全球，工业结构由门类单一到齐全、由中低端制造向高端制造迈进。工业经济在较长的时期内一直保持着高速增长的态势，增长速度远高于发达国家和世界平均水平。根据美国研究机构 HIS 的测算，2010 年，中国制造业产出规模超越美国，位居世界第一。根据世界银行数据，中国制造业产出在世界占比达到 20.8%。

（2）主要工业品产量跃居世界前列。2014 年，中国生产的主要工业品中原煤产量 38.7 亿吨、粗钢 8.2 亿吨、水泥 24.8 亿吨、汽车 2372.5 万辆、手机 16.3 亿台、微型计算机设备 3.5 亿台，均居世界第一，且遥遥领先于其他国家。根据联合国工业发展组织资料，目前中国已经有 220 多种工业品[①] 产量位居世界第一。

（3）工业制成品的国际竞争力不断提升。随着"中国制造"产品在世界范围内的普及，中国成为世界第一大出口国和第二大进口国。工业制成品一直是推动出口增长的中坚力量，工业制成品出口额占出口总额的比重呈逐步上升的趋势，2014 年，这一比重达到 95.1%。工业制成品的出口结构不断改善，2014 年，具有较高技术含量的机电产品和高新技术产品分别占出口总额的 56%和 28.2%[②]。

（二）支撑工业发展的要素质量明显提高

随着中国经济的发展、城市的扩张和教育的普及，资本、土地、劳动力等要素质量得到了明显提升。建立在廉价劳动力、土地基础上的"低级红利"日渐减弱，同时，建立在人才、科技、资本等基础上的"高级红利"正逐步形成，为不断提高工业发展质量提供了良好的基础条件。

（1）劳动力质量显著提高。随着教育事业的发展尤其是九年义务教育的普及，中国主要劳动年龄人口和新增劳动力的平均受教育年限已经超过 9.5 年和 12.4 年[③]。从长期来看，受教育年限的提高，对劳动力质量的改善作用呈逐步增强的趋势[④]。

（2）技术基础大幅提升。2014 年，中国三种专利申请授权量和发明专利申请授权量分别为 130.3 万项和 23.3 万项[⑤]，分别比 2000 年增长了 12.4 倍和 18.3 倍[⑥]，年度专利申请数量位居全球第一位。发明专利申请授权量占三种专利申请授权量的比重呈上升趋势，专利结构不断改善。

（3）交通、发电等基础设施条件大幅改善。2013 年末，全国公路总里程达到

---

① 马建堂. 六十五载奋进路　砥砺前行谱华章——庆祝中华人民共和国成立 65 周年［EB/OL］. http：//politics.people.com.cn/n/2014/0924/c389384-25722383.html.

② 海关总署，http：//www.customs.gov.cn/publish/portal0/tab49666/module175903/page3.htm.

③ 袁贵仁. 推动教育事业科学发展　努力办好人民满意的教育［EB/OL］. http：//www.moe.edu.cn/publicfiles/business/htmlfiles/moe/moe_176/201209/142565.html.

④ 岳希明，任若恩. 测量中国经济的劳动投入：1982~2000 年［J］. 经济研究，2008（3）.

⑤ 2014 年国民经济和社会发展统计公报。

⑥ 国家知识产权局，http：//www.sipo.gov.cn/ghfzs/zltjjb/jianbao/2000/nb/b/b1.html。

435.6 万公里，比 2010 年末增长了 1.6 倍[①]；规模以上工业发电设备容量达到 118999.4 万千瓦，比 2010 年末增长了 2.7 倍。全国发电装机容量[②]和公路总里程均位居世界第 1 位。

（4）资本积累快速增长。工业领域已经积累了大量资本，2014 年，规模以上工业企业资产总计达到 92.5 万亿元。同时，每年有大量新增资本进入工业领域，2014 年，全国超过 40%的固定资产投资（不含农户）集中在工业行业[③]。

（三）工业发展进入了新的历史阶段

经过改革开放 30 多年的快速发展，中国经济开始进入工业化后期的前半阶段[④]，工业经济本身正在发生着深刻变革。工业发展的重点正在由量的扩张向质的提升转变，工业发展方式正在由“高增长、高消耗”向“高质量、高效益”转变。

（1）工业化后期，工业生产持续快速增长的空间受到明显抑制。从发达国家经济发展的历史来看，在工业化初期和中期，通常是工业起飞和快速扩张的阶段；在工业化后期，工业增长速度会大大放缓。中国已经进入工业化后期的前半阶段，工业发展正在步入中高速增长的新常态。

（2）工业结构逐步调整，装备制造业、高技术产业和消费品产业对工业增长的带动作用增强。在规模以上工业，技术和资本密集型的装备制造业增加值比重从 2008 年的 28%上升至 2014 年的 30.4%，具有较高技术水平的高技术产业比重从 2008 年的 9.6%上升至 2014 年的 10.6%，以消费为导向的消费品制造业比重从 2008 年的 22.2%上升至 2014 年的 23.1%，这三类行业对工业经济的支撑作用增强。同时，投资带动的高耗能行业和采矿业的比重下降，这两类行业在规模以上工业增加值中的比重分别从 2008 年的 32.2%和 12.4%下降至 2014 年的 28.4%和 11%，对工业发展的带动作用下降。

（3）工业发展模式正在发生转变。在工业化初期和中期，工业发展主要依靠劳动力、土地和大量资本的规模扩张。随着工业整体水平的不断提高，信息化、智能产品、服务产品对工业生产的作用明显增强。2013 年，全国 36 万家规模以

---

① 2013 年交通运输行业发展统计公报，http：//www.moc.gov.cn/zfxxgk/bnssj/zhghs/201405/t20140513_1618277.html；交通部，http：//www.moc.gov.cn/zhuzhan/tongjigongbao/hangyenianjian/201009/t20100927_844402.html。

②《2014 年国民经济和社会发展统计公报》显示：2014 年，全国发电装机容量为 136019 万千瓦。

③ 国家统计局，http：//www.stats.gov.cn/tjsj/zxfb/201501/t20150120_671066.html。

④ 陈佳贵，黄群慧，吕铁，李晓华. 2012 工业化蓝皮书——中国工业化进程报告（1995~2010）[M]. 北京：社科文献出版社，2012（11）.

上工业企业中，98.4%的企业使用互联网开展活动，35.7%的企业利用互联网提供客户服务，33.7%的企业利用互联网招聘员工，18.6%的企业利用互联网进行员工培训①，工业发展对信息化的依赖日益加深。根据中国机器人产业联盟数据，2013 年，中国成为世界工业机器人最大的消费市场，约占全球销量的 1/5。2014 年，工业企业在研发设计方面应用数字化工具的普及率达到 54%②，工业发展过程中机器化、智能化投入加大。

（四）世界工业出现新的发展趋势

从发达国家经济发展规律来看，自工业化后期开始工业占整个国民经济的比重逐步降低。国际金融危机以后，美欧等国纷纷出台各种再工业化发展战略，工业在国民经济中的地位有望回升。从技术发展来看，“第三次工业革命”正在悄然兴起，新技术的创新和应用正在改变工业发展形态和地位。

（1）国际金融危机后，美国实施再工业化战略，先后出台了《购买美国货》、《制造业促进法案》、《五年出口倍增计划》、《内保就业促进倡议》等一系列政策和法案，实行有利于投资和制造业发展的税收条款。随着改革的实施，一大批跨国公司将海外的生产基地迁回美国，令美国制造业呈现出良好的发展势头。

（2）为提高工业竞争力，德国政府提出“工业 4.0”战略计划。主要措施包括：由政府投资促进研发，提升制造业的智能化水平；建立智能化生产、网络化分布的智慧工厂；采用人机互动以及 3D 技术等方式实现智能生产；以互联网、物联网等方式实现智能物流。德国工业的发展战略对整个世界工业的发展方式产生了重大影响，中国政府也在积极着手制定以智能化生产为方向的工业发展战略。

（3）“第三次工业革命”在世界范围产生重要影响。随着 3D 打印、物联网等技术的逐渐兴起以及互联网技术的颠覆性应用，新一轮的技术变革正逐渐渗透到世界工业的各个领域和环节。世界工业生产从组织方式到商业模式再到产业形态都面临着巨大的冲击和变革。

---

① 2013 年企业信息化统计年报。

② 工业和信息化部，http：//www.miit.gov.cn/n11293472/n11293832/n11293907/n11368223/16489095.html。

二、中国工业面临的突出问题与挑战

中国工业的发展取得了巨大成绩，同时也面临着诸多问题与挑战。目前，中国经济正处于增长速度换挡期、结构调整阵痛期和前期刺激政策消化期。宏观经济的“三期叠加”特征在工业运行层面具体表现为工业增长速度下滑、产能利用率低下以及工业发展质量不高三个方面的突出问题。

（一）工业增长速度面临较大下行压力

随着国际金融危机的爆发，中国工业发展的“黄金十年”终结，工业生产和企业利润双高增长的时期也随之结束。目前，工业发展进入换挡下行期，工业生产增长速度和企业利润增长速度均呈现低位下行的特点。

（1）国际金融危机以前，中国工业经历了快速增长时期。2003~2007 年，规模以上工业生产增长速度长期保持在 16%以上，各月均保持平稳较快增长。在工业生产保持快速增长的同时，企业效益也呈现出较高的增长水平。2003~2006 年规模以上工业企业利润增长速度在 30%以上[①]，2005 年也达到 22.5%。

（2）国际金融危机后，工业增长速度进入换挡下行期。2008~2009 年，中国工业增长速度出现了快速下滑，2009 年 1~2 月规模以上工业生产增长速度下滑到 3.8%的低点，企业利润出现了 37.3%的负增长。在 4 万亿元投资等一系列刺激政策的影响下，工业经济出现了短暂回暖，2010 年规模以上工业生产增长速度回升到 15.7%（见图 0-1），企业利润增长速度回升到 49.4%。然而，这种危机下的刺激政策不具有持续性，无法产生长期的拉动作用。随着政策效果释放完毕，工业增长速度进入下行通道。2011 年、2012 年、2013 年和 2014 年规模以上工业生产增长速度分别为 13.9%、10%、9.7%和 8.3%，而企业利润增长速度分别为 25.4%、5.3%、12.2%和 3.3%。

① 2007~2010 年工业企业利润增长速度为 1~11 月数据，下同。

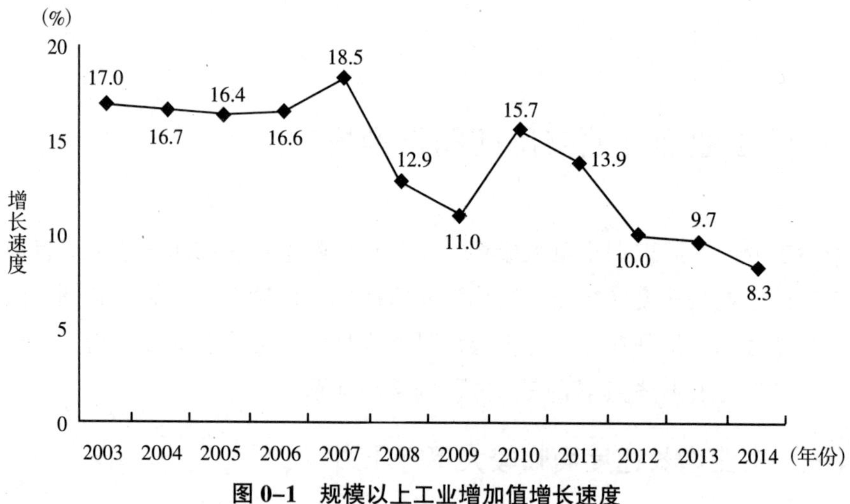

图 0-1　规模以上工业增加值增长速度

（3）影响工业增长速度下行的因素将会持续一个较长时期。当前工业经济增长速度下滑，有国际金融危机后工业品需求不足的因素，有进入工业化后期长期增长速度放缓的因素，还有结构调整期缺乏快速发展动力的因素。这些因素都难以在短期内消除，工业经济在较长的时期内，将难以恢复到较高的增长水平。

（二）产能过剩问题凸显

伴随工业生产增长速度回落，工业产能利用率一直在低位徘徊，对工业品价格造成了较大的下行压力。从 2012 年 3 月开始，工业品出厂价格连续 30 多个月处于下降趋势，2015 年降幅持续扩大，影响了工业生产和企业利润。产能过剩已经成为制约工业经济企稳回升的一个突出难题。

（1）经济拐头下行，工业产能过剩问题凸显。在中国工业快速发展时期，高增长、高利润吸引了大量投资涌入工业领域。2004~2011 年，工业固定资产投资保持了 24.3%以上的增长速度。其中，2009 年工业固定资产投资增长速度达到 30.4%，占全社会固定资产投资的 41.5%①。随着这些投资的逐步完成，释放了大量工业产能。金融危机时期，工业增长速度快速下滑，大量企业关停、限产，工业产能利用率大幅下降。在 4 万亿元投资政策的刺激下，2010 年和 2011 年工业产能利用率一度回升。同时，也导致部分行业投资增长速度的反弹，又产生了一

①《2014 中国统计年鉴》。

批新的工业产能。随着近几年进入政策消化期，工业增长速度持续下降，整体产能过剩再次成为制约工业发展的难题。

（2）部分行业产能过剩严重。国际金融危机以前，钢铁、水泥、电解铝、平板玻璃等传统重化工行业产能扩张速度较快。到 2012 年末，钢材、水泥、电解铝、平板玻璃生产能力分别达到了 131679.2 万吨、311995.6 万吨、2448.8 万吨、85850.1 万重量箱。国际金融危机对这些行业的冲击最为显著，生产增长速度下降的幅度较大，产能过剩问题也较为突出。2012 年底，中国钢铁、水泥、电解铝、平板玻璃、船舶产能利用率分别仅为 72%、73.7%、71.9%、73.1%、75%，明显低于正常水平。除重化工行业外，光伏、风电等战略性新兴产业同样存在着产能过剩问题。由于前期产能增长过快，金融危机后又受外需不足、贸易壁垒的影响，光伏行业一度出现产品价格大幅下跌、企业大面积停工、停产。

（3）解决产能过剩问题的难度较大。解决产能过剩问题存在两种途径，即工业生产企稳回升和化解淘汰过剩产能。在工业生产增速下滑期，解决产能过剩问题需要在经济运行中逐步淘汰部分产能，这往往需要数年的产能消化期。在各行业普遍存在产能过剩问题的现状下，政策效果有限，难以从根本上解决问题。国家出台了解决钢铁、水泥等行业产能过剩问题的相关措施，通过淘汰落后、企业重组等措施，问题得到了部分缓解。但产能过剩依然是目前工业领域的普遍问题，采矿等行业产能过剩在短期内还存在着恶化趋势。

（三）工业发展质量有待提升

与发达国家相比，我国工业质量还处于较低水平，工业发展依赖于廉价的资源、环境的消耗和劳动力投入，要素的使用效率、产出效率较低。在目前的经济环境下，工业持续健康发展需要通过深度的优化升级提高工业经济的运行效率。

（1）工业产出效率较低。与发达国家相比，我国工业的投入产出效率较低，制造业增加值与制造业总产值的比率在 30%以下，比美国低 10 多个百分点[①]，投入产出效率与主要发达国家之间的差距较大。从工业内部来看，除烟草等少数垄断行业外，大部分行业增加值与行业总产值的比率均低于美国同类行业。

（2）工业劳动生产率低于美欧等国（见表 0–1）。大部分工业行业劳动生产率和美国、日本存在 2~3 倍的差距，个别行业劳动生产率与美国、日本的差距达到

① 由于统计和测算方法不同，中美两国的数据存在差异。

10倍以上。即使在具有比较优势的纺织行业，劳动生产率都远低于美国、日本、德国等。

表 0–1　中国与主要发达国家劳动生产率

单位：万美元/人

行业	德国	日本	美国	中国
C10T14 采矿业	11.57	6.69	43.61	6.57
C10 煤炭开采	5.16	—	—	4.39
C11 原油和天然气开采	49.79	—	—	13.97
C13 金属矿开采	—	—	—	7.27
C15 食品和饮料	5.39	6.77	9.75	4.71
C16 烟草制品	17.51	248.39	80.95	40.87
C17T19 纺织、纺织品、皮革和鞋	6.49	3.08	6.19	1.91
C17 纺织	6.29	3.51	6.93	2.25
C20 木材和木、软木产品	6.40	4.69	5.14	2.62
C21 纸浆、纸和纸制品	9.81	9.21	12.17	3.51
C22 印刷和出版	8.63	5.91	11.97	—
C23 焦炭、精炼石油产品和核燃料	18.70	245.79	129.85	10.31
C24 化学和化学制品	16.93	14.68	23.50	5.38
C24X 化学品（不包括制药）	—	12.08	20.89	5.67
C2423 制药	—	21.86	29.04	4.66
C25 橡胶和塑料制品	8.33	6.15	8.11	2.73
C26 其他非金属矿制品	8.75	8.81	8.24	3.75
C271T31 钢铁	—	15.29	16.29	7.80
C272T32 有色金属	—	14.80	10.65	7.17
C28 金属制品（不包括机械和设备）	7.89	5.17	8.66	3.05
C29 机械与设备	10.75	9.24	10.48	3.58
C30T33 电与光学设备	10.34	9.55	15.13	—
C34T35 运输设备	11.69	10.94	10.87	4.34
C40T41 电力、燃气与水的供应	30.92	25.47	46.98	—
C40 电力、燃气与热水的供应	32.33	—	—	9.55
C41 水的收集、净化和供应	22.67	—	—	2.29

注：外国为2008年数据，中国为2011年数据。

资料来源：外国数据引自 http://stats.oecd.org，中国数据根据《中国统计年鉴》（2012）有关数据计算，工业增加值按照2007年工业增加值率推算。

（3）工业企业技术研发投入水平较低（见表 0–2）。41个工业大类行业中，大部分行业研发经费投入强度普遍在1%以下，只有8个行业研发经费投入强度高于1%。各行业技术投入水平与发达国家普遍存在差距，部分高技术领域的差距尤为明显。其中，制药行业研发经费投入强度与美国、日本等的差距最为显著。

表0-2 中国与主要发达国家研发经费投入强度

单位：%

行业	德国	日本	韩国	美国	中国
C10T14 采矿业	0.20	1.35	0.16	—	0.43
C15T16 食品、饮料和烟草	0.17	0.79	0.46	0.53	0.37
C17T19 纺织、纺织品、皮革和鞋	0.78	2.91	0.36	1.04	0.39
C20 木材和木、软木产品	—	0.37	0.11	0.26	0.23
C21T22 纸浆、纸制品、印刷和出版	—	0.47	0.12	—	—
C23 焦炭、精炼石油产品和核燃料	0.13	0.23	0.09	—	0.22
C24 化学和化学制品	4.14	6.53	1.45	7.51	1.03
C24X 化学品（不包括制药）	—	3.36	1.16	1.42	0.87
C2423 制药	—	16.40	2.92	24.47	1.7
C25 橡胶和塑料制品	1.37	2.18	0.92	1.32	0.72
C26 其他非金属矿制品	0.67	2.34	0.48	1.31	0.41
C27T28 基础金属和金属制品	0.44	0.71	0.29	0.50	0.74
C29 机械与设备	2.11	3.34	1.51	2.89	1.39
C30T33 电与光学设备	4.32	9.14	5.37	—	—
C34T35 运输设备	5.10	4.13	2.03	6.42	1.38
C40T41 电力、燃气与水的供应	0.10	0.22	0.42	—	0.11

注：外国为2008年数据，中国为2013年经济普查数据。

资料来源：外国数据引自 http：//stats.oecd.org，中国数据根据《第三次全国经济普查主要数据公报（第二号）》计算。

（4）中国工业处于国际分工体系中的中下游（见表0-3）。出口总额中国外增加值的比重，反映出各经济体在国际分工中的地位。中国出口总额中国外增加值的比重显著高于美国、日本等贸易强国。2009年，中国、美国、日本出口总额中国外增加值的比重分别为28.53%、11.39%、14.93%，反映出中国工业尚处于国际分工体系的中下游。

表 0-3 世界主要贸易国出口总额中的增加值分布

单位：%

国家	直接的国内产业增加值比重	间接的国内增加值比重	再进口的国内增加值比重	国外增加值比重	国家	直接的国内产业增加值比重	间接的国内增加值比重	再进口的国内增加值比重	国外增加值比重
美国	49.06	39.02	0.53	11.39	中国	21.43	48.05	1.98	28.53
日本	36.90	47.91	0.26	14.93	英国	49.52	33.24	0.28	16.97
德国	34.94	38.85	0.83	25.38	意大利	37.21	44.71	0.16	17.92
法国	34.32	39.63	0.33	25.73	西班牙	40.24	40.72	0.17	18.88
荷兰	36.09	29.60	0.41	33.90	瑞典	37.26	30.28	0.21	32.25
韩国	26.75	32.83	0.82	39.60	瑞士	39.86	39.35	0.25	30.54

资料来源：OECD-WTO，OECD-WTO Trade in Value Added Dataset，2013 年 2 月。

三、中国工业增长动力机制的转换

随着中国工业的发展对资源、环境和劳动力的大量消耗，资源、环境、人口结构正在由量变转为质变，突出表现为资源、环境、人口对工业原有发展模式的承载能力已经接近临界点。中国工业发展正处于转变发展模式的历史性变革期，能否成功渡过这一时期、实现工业增长动力的转换，决定着中国经济的未来。

（一）投资增长速度下降，投资驱动作用减弱

1. 工业增长长期依赖于投资驱动

从宏观经济来看，资本形成对 GDP 增长的贡献率呈上升趋势。据测算，1978~1990 年中国的经济增长中，资本形成贡献率均值为 30.4%，比最终消费贡献率均值低 32.5 个百分点。如表 0-4 所示，2001~2013 年资本形成贡献率均值上升到 52.1%，比最终消费贡献率均值高 7 个百分点，投资已经成为拉动经济增长的主要驱动力。

表 0-4　三大需求对 GDP 增长的拉动和贡献率

单位：%

年份	最终消费		资本形成		货物和服务净出口	
	贡献率	拉动	贡献率	拉动	贡献率	拉动
2001	50.24	4.17	49.86	4.14	−0.10	−0.01
2002	43.91	4.00	48.51	4.41	7.57	0.69
2003	35.85	3.58	63.30	6.33	0.95	0.09
2004	39.05	3.94	53.98	5.45	6.98	0.70
2005	39.00	4.41	38.78	4.38	22.22	2.51
2006	40.33	5.12	43.61	5.54	16.06	2.14
2007	39.55	5.62	42.41	6.02	18.03	2.56
2008	44.21	4.24	46.98	4.51	8.82	0.95
2009	49.80	4.58	87.58	8.06	−37.38	−3.54
2010	43.14	4.49	52.91	5.50	4.05	0.42
2011	56.52	5.26	47.70	4.44	−4.22	−0.39
2012	55.00	4.24	47.12	3.63	−2.12	−0.06
2013	50.00	3.90	54.40	4.20	−4.40	−0.30
平均	45.12	4.43	52.09	5.12	2.80	0.44

资料来源：根据国家统计局数据整理计算。

投资驱动型的增长模式在工业领域也十分显著。投资的高速增长，直接带动了化工、建材、有色、钢铁等高耗能行业的快速发展，2005~2007 年，各高耗能行业生产增长速度均接近 20%，高于规模以上工业平均水平。高耗能行业的发展，又带动了上游采矿业的发展。受固定资产投资快速增长的拉动，这两类行业增加值在规模以上工业中的比重常年维持在 40%以上，仅 2014 年略低于这一水平；对工业生产增长的贡献率也在 40%左右， 2012 年，最高达到 42.3%。

2. 投资驱动发展模式效率低下

长期的高投资率造成了投资效率的下滑，导致投资所能带来的经济增长幅度越来越小。从投资效益来看，改革开放以来固定资产投资效益指数出现了明显的下降趋势，如图 0-2 所示，1981~1990 年单位固定资产投资能够带来 0.49 单位的 GDP 增长，2001~2012 年单位固定资产投资仅仅能够带来 0.12 单位的 GDP 增长。

投资驱动型发展模式也影响了中国经济的发展质量，使中国单位产出的资源、能源消耗和污染物排放都远远高于发达国家。能源使用效率与发达国家特别是欧盟、美国、日本的差距十分显著，如表 0-5 所示，2011 年，中国单位 GDP 能耗是英国的 5.3 倍、美国的 2.6 倍，2010 年，单位 GDP 二氧化碳排放量是英国的 3.1 倍、美国的 1.9 倍。

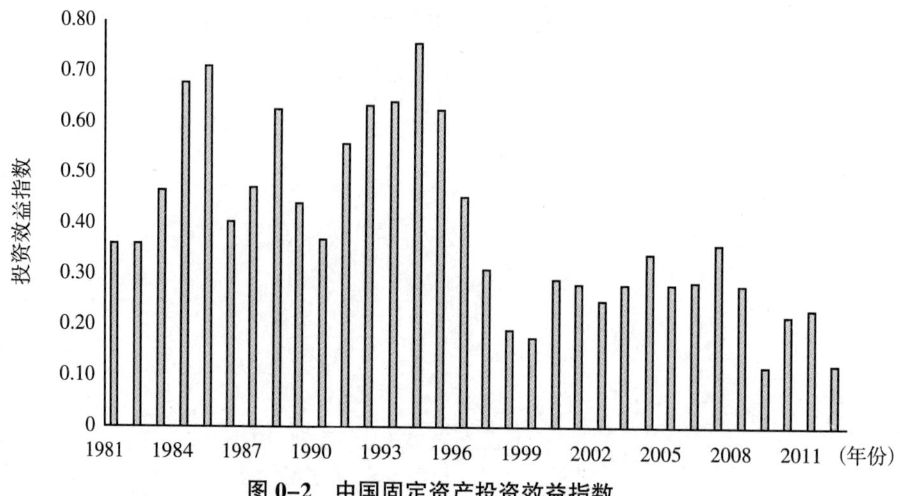

图 0-2 中国固定资产投资效益指数

资料来源：根据国家统计局数据整理计算。

表 0-5 主要国家单位 GDP 能耗和二氧化碳排放量

国家	单位 GDP 能耗（百万吨油当量/10 亿现价美元 GDP）		单位 GDP 能耗（千克油当量/2005 年不变价购买力平价美元）			单位 GDP 二氧化碳排放（千克/2010 年 PPP 美元）		
	1990 年	2011 年	1990 年	2000 年	2011 年	1990 年	2000 年	2010 年
中国	2.43	0.37	0.53	0.26	0.20	5.53	2.84	0.69
德国	0.21	0.08	0.14	0.11	0.09	—	0.44	0.23
印度	1.01	0.40	0.20	0.17	0.13	2.55	2.58	0.37
日本	0.15	0.08	0.12	0.13	0.11	0.28	0.26	0.26
韩国	0.35	0.22	0.18	0.19	0.17	0.82	0.83	0.38
英国	0.21	0.07	0.14	0.12	0.08	0.50	0.37	0.22
美国	0.33	0.14	0.21	0.18	0.14	0.69	0.59	0.36

资料来源：世界银行，http：//data.worldbank.org.cn/indicator。

3. 从投资增长趋势来看，投资驱动力大幅下降

2003~2009 年，固定资产投资增长速度一直维持在 25%以上的高位。随着经济的下滑，固定资产投资增长速度 2009 年达到 30.5%① 后开始逐年下滑，2014 年下降到 15.7%②。其中，全国房地产开发投资增长速度从 2007 年的 30%③ 下降

① 国家统计局，http：//data.stats.gov.cn/workspace/index?a=q&type=global&dbcode=hgnd&m=hgnd&dimension=zb&code=A0F0B03®ion=000000&time=2013，2013。

② 国家统计局，http：//www.stats.gov.cn/tjsj/zxfb/201501/t20150120_671066.html。

③ 国家统计局，http：//data.stats.gov.cn/workspace/index?a=q&type=global&dbcode=hgnd&m=hgnd&dimension=zb&code=A0F0B03®ion=000000&time=2013，2013。

到 2014 年的 10.5%[①]。可以看出，投资驱动的动力大幅下降。

（二）要素禀赋变化使要素驱动难以为继

1. 工业发展中要素驱动特征出现强化

工业生产的增长主要依赖资本、中间投入和劳动力投入的增长以及技术进步因素。从长期来看，资本投入对工业生产的增长贡献率最大，接着是全要素生产率，劳动投入最低。技术进步因素一度成为工业生产增长的主要驱动力。但从近年的发展趋势来看，工业生产增长越来越依赖资本和劳动力的投入，技术进步因素的作用出现下降。如表 0–6 所示，资本投入对工业生产增长的贡献率由 2001~2007 年的 23.06%上升为 2008~2012 年的 64.72%，劳动投入对工业生产增长的贡献率由 2001~2007 年的 8.72%上升为 2008~2012 年的 12.36%，而全要素生产率对工业生产增长的贡献率由 2001~2007 年的 64.05%下降为 2008~2012 年的 23.50%。工业发展对资本和劳动力投入的依赖加深，要素驱动特征强化。

表 0–6　生产要素对工业生产增长的拉动和贡献率

单位：%

时期	工业产出	资本存量	劳动	全要素生产率
1981~1985 年	9.52	5.84	1.96	1.69
		61.36	20.59	17.76
1986~1992 年	5.89	5.50	1.53	–0.99
		93.44	25.94	–16.78
1993~2000 年	11.82	4.99	–0.61	7.25
		42.24	–5.15	61.39
2001~2007 年	20.96	4.83	1.83	13.42
		23.06	8.72	64.05
2008~2012 年	13.63	8.82	1.69	3.20
		64.72	12.36	23.50
1981~2012 年	12.44	5.80	1.15	5.50
		46.61	9.25	42.60

注：每个时期资本存量、劳动和全要素生产率的第一行和第二行分别代表各自对工业产出增长的拉动和贡献率；工业产出、资本存量、劳动的计算参考了陈诗一（2011）的计算方法；总量数据是国家统计局两位数行业分行业数据加总获得的，木材采运、橡胶制品、塑料制品、其他工业等少数行业数据没有计算在内。

计算方法为：建立集约式科布—道格拉斯函数，设资本弹性 α=0.6。其中，资本弹性的设定采取了经验分析的方法，不同学者对中国资本弹性的测算结果基本一致，综合了不同学者对中国资本弹性的测算结果。

① 国家统计局，http：//www.stats.gov.cn/tjsj/zxfb/201501/t20150120_671070.html。

2. 要素禀赋的变化使要素驱动难以为继

“人口红利”正在消失，中国的要素禀赋正在发生根本性转变。从 2012 年开始，劳动力人口数量逐年下降，2014 年末中国 16~60 周岁（不含 60 周岁）的劳动年龄人口 91583 万人，比 2013 年末减少 371 万人；占总人口的比重为 67.0%，比 2013 年下降 0.6 个百分点①。同时，劳动力成本出现了快速上涨，城镇单位就业人员平均工资从 2006 年的 2.1 万元增长到 2013 年的 5.1 万元，增长了 1.4倍。加上近年来服务业吸纳劳动力数量快速增长，招工用工正在成为工业企业面临的首要难题，“招工难、用工贵”现象正在从小微企业向大中型企业蔓延。

土地方面，工业企业用地成本逐步上升。2014 年底全国主要监测城市的工业用地价格已经达到 49.4 万元/亩②。受到 18 亿亩红线限制以及城市配套用地扩张的影响，各地在招商引资过程中越来越倾向于高技术、高税收工业项目，一般工业企业获得工业用地的隐性门槛逐年上升。

资源环境方面，中国的资源和环境已经难以长期支撑目前的工业发展模式。2014 年 12 月中央经济工作会议中，已经明确提出中国环境承载能力已达到或接近上限，必须推动形成绿色低碳循环发展新方式。劳动力、土地、环境作为一种要素越发稀缺，难以承受工业领域的大量消耗。

（三）创新有望成为推动工业发展的新驱动力

1. 技术换代和产业革命为创新驱动提供历史机遇

随着市场竞争的日益激烈，中国企业逐渐认识到创新的重要作用，开始逐渐加大研发力度。但由于技术起步较晚，各领域的关键技术和基本专利多被少数跨国公司所垄断，加上原有技术体系日渐成熟，中国企业的创新空间受到限制。只能以市场和廉价要素为基础，通过模仿和“山寨”式的研发满足市场需求。这种模式一度成为中国企业创新和工业发展的常态。

近年来，通信设备行业技术快速升级，几年时间从 2G 技术升级到 4G 技术。在这一过程中，华为等企业已经从 2G 时代的技术模仿开始，经历 3G 时代的技术追赶，发展到 4G 时代的技术领先，并成为世界主要通信设备供应商。在通信

① 国家统计局，http：//data.stats.gov.cn/index。

② 资料来源：中国地价网，http：//www.landvalue.com.cn/，引自 http：//203.207.226.100/image/infopic15/20150115g01.pdf。

领域，实现了由中国制造向中国创造的升级。目前，政府已经出台了《"十二五"国家战略性新兴产业发展规划》推动装备制造、医药、能源等产业进行技术升级换代；制定实施"中国制造2025"，推动中国工业的"第三次工业革命"，中国企业面临的创新空间正在快速拓展。

2. 工业生产方式的转变，为创新驱动提供了技术需求

目前，工业领域的机器人保有量快速增加，企业在研发设计方面应用数字化工具的普及率大幅提高，信息化在企业运行中的作用日益提升。工业生产方式正在由要素投入向信息化、智能化投入转变。这种转变为创新成为工业发展的主要驱动力提供了技术需求。

3. 铁路、汽车、医药等产业的快速发展，为创新驱动提供产业支撑

41个工业大类行业中，铁路、仪器仪表、医药、计算机等八个行业的研发经费投入强度大于1。2014年，这八个行业中规模以上企业收入增长9.8%，高于工业平均水平，占规模以上工业新增收入的43.3%。这些高研发投入行业的快速发展，为创新驱动提供了产业支撑。

4. 创新环境不断改善，企业研发进入快速增长期

中国政府把创新驱动发展战略上升为国家战略，不断加大创新投入改善创新环境。2013年，国家财政科学技术支出为6184.9亿元，增长10.4%，有力地推动了科技领域的改革与发展。大量工业企业享受创新政策扶植，2013年，享受加计扣除减免税政策的企业占大中型工业企业比重的8.4%，比2012年提高0.6个百分点，受惠企业覆盖面扩大[①]。企业创新环境不断改善。

2013年，规模以上工业企业中，开展研究与试验发展活动的企业占14.8%，比2008提高3.2个百分点；研发经费投入强度为0.8%，比2008年提高0.23个百分点；全年发明专利申请量20.5万件，比2008年增长2.5倍[②]。企业研发投入和研发成果进入快速增长时期。

---

① 国家统计局，《2013年中国创新指数保持稳步增长》，http：//www.stats.gov.cn/tjsj/sjjd/201503/t20150302687844.html。

② 《第三次全国经济普查主要数据公报（第二号）》，http：//www.stats.gov.cn/tjsj/zxfb/201412/t20141216653695.html。

四、中国工业经济转型升级的方向和路径

在目前的工业发展条件下，解决工业发展中面临的突出问题，需要实现工业发展动力转换和转型升级。随着经济发展阶段和世界工业发展趋势的变化，工业转型升级和结构调整的内涵已经不再局限于简单的产业升级和结构优化，而开始更关注工业生产方式的变革、创新对工业发展的驱动作用、价值链升级等方面。

（一）以新兴产业作为产业结构高级化的方向

新兴产业既是目前工业发展的新增长点，又是未来工业发展的主要方向。作为新兴事物，新兴产业在各国间的发展差距并不大，在产业发展的初期阶段存在进行颠覆性创新进而赶超的战略机遇。许多新兴产业是传统产业的新发展，中国已经建立起门类比较齐全的工业体系，具备了由传统产业迅速向新兴产业扩展的基础条件。同时，中国具有市场规模优势，能够给新兴产业的发展提供有力的需求支持。目前，中国新兴产业的发展已经初具规模，2015 年，战略性新兴产业增加值占 GDP 比重将达到 8%左右[①]，已经具备了进一步发展的基础。

（二）以采用新的生产和组织方式作为改造传统工业的手段

世界工业正在以一种新的方式进行革新，通过网络化、数字化、智能化技术逐步向工业领域渗透和普及，使新技术与传统产业相融合。这种渐进式的变革会改变传统的工业生产和组织模式，在现有产业的基础上孕育出新模式和新业态。这些技术并非来自重大的颠覆性技术突破，而是来自长期的积累、应用和普及，中国工业并不存在难以逾越的技术门槛。这一革新过程并不会对产业结构产生根本性影响，而是对工业进行整体升级，达到提高工业发展整体质量和效率的效果。目前，中国已经进入了智能化生产的加速发展时期，智能化正在成为改造中国工业的重要手段。

① “十二五”国家战略性新兴产业发展规划，http：//www.china.com.cn/policy/txt/2012-07/20/content_25968625.htm。

（三）以技术创新作为工业转型升级的驱动力

技术创新是改造传统工业、发展新兴产业、促进价值链升级的主要手段。创新已经上升为国家战略，成为工业转型升级的关键因素。做好技术的原始创新和开放式创新，对工业长期发展起着决定性作用。

原始创新是塑造中国工业核心竞争力的关键。发达国家都很注重对核心技术和关键技术的保护，尤其是对中国的技术引进施加了重重限制。即使已经成熟的关键技术，都难以通过技术贸易途径获取。同时，在中国着力发展的新兴产业领域，多数核心技术尚未完善，也无从借鉴，只能依靠自主创新。对重大科学发现、技术发明、原理性主导技术进行原始创新，可以获得具有战略意义的核心技术，奠定新兴产业发展的技术基础。

充分利用多种形式进行开放式创新，是提高中国工业整体技术实力的主要途径。中国已经深度参与了国际分工，参与途径有购买国外先进设备、专利权和生产许可证，跨境企业收购、兼并，在国外设立研发中心进行委托设计，对 FDI 带入技术的消化吸收等形式在世界范围内获得新技术，并在此基础上进行再创新。开放式创新能够有效减少技术创新的风险，缩短技术应用时间。

（四）以价值链升级作为促进产业升级的重要方式

随着国际分工体系从产业间分工转变为产品内分工，产业链条呈现出片段化的趋势，一件产品从设计、开发，到生产制造、营销、消费、售后服务、循环利用，各种价值增值活动分散于全球范围内的多个企业，形成了全球价值链。在全球价值链体系下，可以通过“过程升级”、“产品升级”、“功能升级”和“链条升级”① 促进产业升级。

全球价值链体系有助于促进企业重组生产系统，提高内部过程的效率，主动淘汰落后产能和落后生产方式；有助于促进企业在世界范围内加快引入新产品和新的生产方式；有助于促进企业改变内部生产经营活动，主动向具有更高附加价值的设计、开发、品牌、营销、售后等上下游链条转型，以实现链条内跨行业转型。进而提高企业的产品质量、生产效率和产品附加值水平，达到提高国际竞争

① Gereffi G. International Trade and Industrial Upgrading in the Apparel Commodity Chain [J]. Journal of International Economics，1999，48 (1).

Gereffi G.，Kaplinsky R. The Value of Value Chains [J]. Special Issue of IDS Bulletin，2001 (32).

力的目的。

全球价值链体系下的产业升级，将产业升级的内涵由传统模式下一国内部不同产业部门之间的升级替换，扩展到产业部门内部的工艺、产品、功能等附加值程度的升级。可以通过融入全球价值链、增加出口行业以及与出口相关行业的附加价值，实现工业生产能力和生产效率的整体性提升。

五、推动工业健康可持续发展的政策建议

为了推动中国工业的健康可持续发展，要利用好各种措施以促进工业转型升级，相关政策制定和实施部门要全面深化改革，以创新的思维有效运用宏观、科技、贸易、产业、教育等多种政策。

（一）适当加大政策支持力度，稳定宏观经济

工业的健康可持续发展，需要以保持合理的经济增长速度为前提。为了避免经济出现深度下行，保持经济活力，需要择机加强政策微调力度。

（1）加大财政政策支持力度。通过扩大结构性减税范围，减轻企业税费负担；通过扩大财政赤字和财政支出规模，促进经济平稳发展。

（2）提高货币政策对实体经济的支持效果。根据经济发展实际，适当下调利率和准备金率，降低社会融资成本；提高定向降准和定向再贷款力度，缓解小微企业融资难题。

（3）加大基础设施建设投资力度。通过加大城镇棚户区、城乡危房改造和保障房建设力度，推进“一带一路”和京津冀一体化地区基础设施建设，实施铁路、水利重大工程项目，带动投资的合理增长。

（4）培育新的消费领域，扩大需求规模。通过促进育婴养老服务发展，推进网络建设水平，发展物流快递等方式，稳定和扩大需求规模。

（二）加大产业政策对工业发展的支持力度

随着新一轮工业革命的发展，未来工业发展的方向逐渐清晰，产业政策发挥规划和引导作用的空间加大。

（1）加快推进实施制造业发展纲要，打造智能化、信息化的现代制造业。加

强政策引导，进一步完善财税金融扶持政策，提升制造业的智能化水平，重塑中国工业的竞争力。

（2）采取财政贴息、加速折旧等政策手段，推动企业采用新技术设备，淘汰落后产能，促进传统产业的改造和升级。

（3）重点推进部分战略性新兴产业的发展。2012 年制定的战略性新兴产业发展规划中，确定了七个重点发展方向和主要任务。随着市场快速扩张，智能制造装备等产业快速发展并成为影响未来工业发展的关键部门，应当重点推进其关键产品和关键技术的研发和市场化。

（4）完善资源、能源产品的定价机制。在市场机制下，通过税收、价格手段使环境成本充分反映到产业发展过程，以抑制高耗能、高污染行业的发展，促进行业内企业整合重组。

（三）深化科技体制改革，将创新打造成工业发展的主要驱动力

建立国家创新战略，将科技创新打造成经济发展的驱动力，需要深化科技体制改革，改变原有的科技发展思路，构建符合科技发展和市场化规律的顶层设计。

（1）建立有效的科技管理体制，协调好国家、机构和企业在科技研发中的关系。将国家资金支持的重点放在基础技术、战略性新兴技术和少数重大技术上。重视资金的使用效率和产出效率，规范对企业研发行为的直接资助。

（2）发挥企业在技术研发中的主体力量，提升中小企业在创新体系中的地位。加大研发费用加计扣除、高新技术企业税收优惠等政策落实力度，引导创新资源向企业集聚，促进技术、人才等创新要素向企业流动，使技术创新更多地由企业实施。加大对中小企业创新的财政金融支持，将促进中小企业创新上升到国家战略。

（3）推进科研机构改革转型，促进科技成果转化。

（4）完善创新环境，切实加强专利保护力度，改革创新激励机制，提高科研人员研发创新积极性。

（四）转变贸易政策思路，促进企业价值链升级

利用全球价值链促进中国工业产业升级，需要树立积极参与全球价值链的观念，将现有贸易政策升级到“第二代贸易政策”，以促进贸易和投资的自由化、便利化为目标，进一步简政放权、扩大开放、完善市场机制、促进市场竞争和公

平。对竞争、投资、资本流动、知识产权、创新、科研、教育培训、金融、税收、劳工标准、中小企业等诸多领域的现有政策进行梳理和调整。一方面，需要降低企业参与全球价值链的难度。促进国际贸易自由化，不断深化海关通关业务改革，简化企业申报管理，缩短产品通关时间。促进投资便利，不断修订外商投资产业指导目录，缩减外商投资限制类条目，建立准入前国民待遇加负面清单管理模式，健全外商投资监管体系，打造稳定、公平、透明、可预期的经营环境，促进外商投资的流入。另一方面，为企业价值链升级提供支撑。企业在参与全球价值链时，能够顺利实现价值链升级的必要条件是东道国具备高质量并且不断提升的人力资本和知识储备。需要注重对工业设计、生产、研发、服务、设计专业人才的培养。同时，加大简政放权力度，建立公平、竞争性的市场环境，降低企业向价值链上下游转型的难度和成本。

（五）深化人口户籍和职业教育政策改革，改善人力资本结构

人口红利的减弱，是近年来迫使工业转型升级的关键因素。提高劳动力质量，改善劳动力供给结构，是工业健康发展的重要保障。

（1）改善劳动力的供给状况。逐步调整、完善生育政策，全面放开“二胎”政策限制，以尽快改善人口结构。抓紧实施户籍制度改革，逐步放宽户口迁移政策，为外来流动人口提供基本健康、子女教育、就业等服务，以促进农村劳动力向城市流动。

（2）提高劳动力素质，加大对劳动力的职业技能培训。在国家层面重视职业教育的重要意义，加大职业教育的政府投入力度，建立多层次的职业教育体系，扩大职业教育规模。提高中等职业教育和中等职业学历教育质量，吸引初中和高中毕业生参加职业学历教育。建立农民工培训体系，将低学历、低技能的农民工培训为高技能的现代产业工人。建立制度化、专业化的在岗职工和待岗职工的培训制度，全面提高劳动力专业技能。

第一章　中国工业竞争力评价和分析

随着全球经济一体化的迅猛发展，各国产业间的竞争日趋激烈，产业国际竞争力成为一国综合国力的重要体现。工业是中国实体经济的主体及推动经济增长的主导产业。加入 WTO 以来，中国经济以极快的速度融入世界经济，中国工业也日益广泛而深入地融入国际分工体系。因此，要保持经济平稳较快增长，努力提高工业竞争力至关重要。在金融危机的冲击下，中国工业发展面临的国内外经济形势发生了复杂而深刻的变化，中国企业在国际市场上的竞争更为激烈。面对各种潜在矛盾复杂交织的这一局面，十分有必要对中国目前工业竞争力的现实状况和变化趋势做出细致的分析。这对正确认识中国工业化进程，从而进一步明确我国工业竞争力的提升方向，具有重要的现实意义。

一、产业竞争力及其评价方法

竞争力是竞争主体（国家、地区和企业等）在市场竞争中争夺资源或市场的能力。这种能力是竞争主体在竞争过程中逐步形成并表现出来的，是多方面因素和实力的综合体现。[①] 竞争力的概念源于竞争，不同学者在不同时期对这一概念提出了不同的观点。总体来看，现有研究通常把竞争力划分国家竞争力、产业竞争力与企业竞争力三个层次。企业竞争力和产业竞争力是国家竞争力的基础，产业竞争力是国家竞争力和企业竞争力之间的重要桥梁，国家竞争力是产业竞争力和企业竞争力提升的最终保障。根据竞争范围不同，产业竞争力可分为产业国际竞争力和国内区域产业竞争力，本章的研究对象是我国工业竞争力的总体状况，因而是一个产业国际竞争力的概念，是工业部门中各个产业国际竞争力

① 魏后凯，吴利学. 中国地区工业竞争力评价 [J]. 中国工业经济，2002 (11).

的综合表现。

目前产业竞争力尚没有形成一致的定义。在现有研究中，最具有代表意义的是美国哈佛大学教授迈克尔·波特的《国家竞争优势》。他认为，一国在某一产业的国际竞争力表现为一国能否创造良好的商业环境，使该国企业获得竞争优势的能力。在该书中，迈克尔·波特创立了竞争优势的“钻石模型”，用以解释一国能在特定产业获得长久竞争力的问题。迈克尔·波特认为，任何国家都仅能在某个或某几个产业方面具有较强的国际竞争力，研究国家竞争力的来源，重点应该放在为什么特定的国家会成为特定产业中具有较强国际竞争力企业的母国基地。在国内的研究中，运用比较广泛的是中国社会科学院金碚博士做出的研究，他在波特《国家竞争优势》的基础上，建立了结果和决定因素的分析框架，对产业国际竞争力做了进一步阐述，他指出，国际竞争力归根结底就是各国同一产业或同类企业相互比较的生产力，即“在国际间自由贸易条件下，一国特定产业以其相对于他国更高的生产力，向国际市场提供更多消费者或购买者需求的更多产品，并持续地获得盈利的能力”。(金碚，1995、2003）此外，不少学者认为，产业竞争力是比较优势与竞争优势综合作用的结果。金碚（1997）认为，在现实中，比较优势和竞争优势实际上共同决定着各国产业的国际地位及其变化趋势；Siggel（1998，2001）与金碚的观点类似，认为比较优势应是动态和开放的概念，而不应局限于李嘉图式的概念；林毅夫（2002）认为，比较优势和竞争优势是彼此相容的；蔡昉（2003）认为，产业竞争力是一国对于该国资源禀赋结构（表现为比较优势）和市场环境的反应和调整能力[①]。

识别产业竞争力的决定因素是衡量产业竞争力的基本前提。根据迈克尔·波特的“钻石模型”，一国特定产业是否具有国际竞争力取决于以下六个因素：①生产要素，包括人力资源、自然资源、资本资源、知识资源、基础实施等，并特别强调“要素创造”；②需求条件，是指本国产业对该项产业所提供产品或服务的需求如何；③相关与支持产业的情况，指这些产业的相关产业或上、下游产业是否具有国际竞争力；④企业战略、结构与同业间竞争；⑤机遇，是指一些突发因素，如基础科技的发明创新、战争等；⑥政府行为，是指政府对上述因素的干预。以上六个因素相互作用，共同构成影响一国产业国际竞争力的强弱。邓宁（1993）在迈克尔·波特“钻石模型”的基础上，加入了对外开放因素，讨论了跨国

① 李钢，董敏杰，金碚. 比较优势与竞争优势是对立的吗？——基于中国制造业的实证研究［J］. 财贸经济，2009（9）.

公司与“国家钻石”之间的关系，从而形成了对外开放与产业国际竞争力模型。

目前，国内外关于产业国际竞争力的评价方法中，比较有代表性的大致有以下几种：

第一，WEF（世界经济论坛）的国际竞争力评价体系与方法。WEF主要通过对开放程度、政府、技术、金融、垄断、管理、法律制度和基础设施八类指标进行定量分析来做比较和评价。对这八大因素的权重划分依次为1/6、1/6、1/9、1/6、1/18、1/6、1/18、1/9，合计为1。八大因素内部的具体指标，部分依靠统计数据，部分依赖调查问卷[①]。

第二，IMD（瑞士国际管理发展学院）的国际竞争力评价体系与方法。IMD认为，国家间的竞争具体体现为特定环境下各国同类产（企）业之间的竞争。因此，对提升产（企）业的环境因素做出评价，就可以借此评价国家竞争力。2001年，IMD在早期模型（八要素评价体系）的基础上提出了四要素评价体系，这四个要素分别是经济运行、政府效率、商务效率和基础设施。其中，每个要素又各自包括了五个子要素。这一评价体系与波特的“钻石模型”较为接近[②]。

第三，进出口数据法、生产率法及利润率法。进出口数据法通过计算显示性比较优势指数、净出口显示性比较优势指数、贸易竞争力指数、显性竞争优势指数、市场占有率等来衡量一国特定产业或产品是否具有比较优势。生产率法则从技术和效率层面揭示了产业竞争力的实质，较好地反映了技术进步和生产效率的变化，因而很好地弥补了进出口数据法的缺陷。相比之下，利润法则反映了产业竞争力的最终结果和产业竞争力是否可持续。在产业层面，利润率法主要采用销售利润率和资产利润率两个指标，分别反映单位产品销售获利能力和投资回报率。不足的是，产业利润数据不易获得，操作难度大。

二、中国工业化进程及工业发展现状

改革开放以来，中国开启了快速的工业化进程，取得了举世瞩目的伟大成就，实现了由工业化初期向工业化后期的历史性跨越。进入21世纪后，中国的基本

① WEF. The Global Competitiveness Report 2000 [M]. Oxford：Oxford University Press，2000.

② IMD. World Competitiveness Yearbook 2000 [EB/OL]. http：//www.imd.Ch/wcy.

国情已从农业大国转为工业大国①。中国工业的发展壮大为我国国民经济发展、人民生活水平的改善及国际地位的提升做出了重要贡献。

1. 中国工业化进程的阶段性特征

回顾新中国成立以来的中国工业发展史，大致可以把中国工业化进程分为两个时期：第一个时期为新中国成立至改革开放之前的 20 多年，第二个时期为改革开放以来的30 多年。

在第一个时期，最为突出的特点是计划经济与自然资源的大规模开发。新中国成立后，迫于国内“一穷二白”的经济形势，党确立了以优先发展重工业为目标的新中国工业化发展方向。而后，经过以苏联援建的 156 项工程为核心的“一五”、“二五”建设时期，以三线建设为重点的“三五”、“四五”建设时期，中国逐步改变了新中国成立前工业残缺不全的状况，大体形成了独立的比较完整的工业体系和国民经济体系。但是，由于制度的僵化，这一时期中国工业化的效果并不令人满意。

在第二个时期，中国工业化的最突出特征表现为改革开放，即：通过对制度的彻底革命，从计划经济走向市场经济，从封闭经济走向开放经济，融入世界工业化的全球经济体系。在这一时期，中国工业经济在调整、改革和深化中逐步发展壮大，其中最具里程碑意义的事件便是市场经济体制的正式确立与正式加入 WTO。1992 年，邓小平同志“南方谈话”提出“计划和市场都是经济手段”，而后中共“十四大”正式宣布“建立和完善市场经济”。这使得中国经济体制改革的红利充分释放，加速推进中国工业化进程。2001 年，中国正式加入 WTO，促使中国经济体制和机制与世界接轨，中国工业也在全球化视野中实现跨越式增长。

可以说，中国工业是改革开放最彻底、市场竞争程度最高的产业，因而也是发展最快的产业。首先，工业领域，最先形成了市场作为资源配置的基础性机制。其次，在工业领域，率先形成了以公有经济为主导、多种所有制经济共同发展的格局。最后，在中国经济从封闭走向开放的过程中，工业是最勇敢的探险者。在改革开放的征程中，中国工业走过了一段加速工业化的辉煌历史，用 30 多年的时间几乎走完了世界工业化 200 多年的发展道路，成为人类历史上从未经历过的世界工业化版图的迅猛变迁过程②。根据工业化发展阶段的判断标准，中国工业已经从工业化初期进入工业化后期，个别地区已经进入后工业化阶段。

① 陈佳贵，黄群慧等. 工业大国国情与工业强国战略［M］. 北京：社会科学文献出版社，2012.

② 金碚. 世界工业化历史中的中国改革开放 30 年［J］. 财贸经济，2008（11）.

回顾我国工业化进程可以发现，伴随着中国工业规模发展壮大、工业实力不断增强，工业产业国际竞争力也在经历具有不同特征的阶段。美国哈佛大学教授迈克尔·波特认为，在一国的经济发展过程中，受制于技术进步和世界经济形势，产业的国际竞争会表现出不同的形式和特点，从而不同阶段的国际竞争会呈现出不同的阶段性特征。产业参与国际竞争的过程大致可以分为四个次序递进的阶段：要素驱动阶段、投资驱动阶段、创新驱动阶段与财富驱动阶段。总体来看，我国工业产业中劳动密集型产业的比较优势正在减弱、资本密集型产业的比较优势快速增强，技术密集型产业开始焕发活力。因此，大致可以认为我国工业总体处于投资驱动阶段，并努力向创新驱动阶段过渡。在这一时期，资本实力、资本运作与企业制度具有重要的战略意义，同时研究开发、人才竞争以及技术进步的作用日益突出。

2. 中国工业化进程的伟大成就

经过改革开放 30 多年的高速增长，中国工业规模发展壮大，工业品的国际竞争力不断增强，世界影响力显著提高，成为推动世界经济增长的重要力量。

第一，工业产出快速增长，工业规模不断扩大。从国内来看，2015 年以前，中国工业增加值在长期内保持较高速度增长，并高于 GDP 增长率，是拉动经济增长的主导力量。从国际范围来看，与全球贸易的主要参与国相比，中国的工业增加值增长率远高于世界平均水平和主要贸易参与国的增长率水平。进入 21 世纪以来，中国工业进一步加速了追赶发达国家工业化的脚步，并迅速超越了发达国家，成为世界工业大国。2012 年，中国工业增加值（按购买力评价）占世界的比重由 2000 年的11.2%提升至 22.3%，接近美国的两倍。另外，根据美国经济咨询机构环球透视估计，2012 年中国占世界制造业增加值的比重达到 19.8%，超过了美国的 19.4%，成为世界头号制造业大国。在中国工业快速增长的同时，抗风险能力也在不断增强。根据联合国工业发展组织统计，2005~2010 年，中国工业增加值年均增速达 11.8%，而同期世界工业增加值年均增速仅为 0.8%，主要工业化国家甚至出现负增长。这一时期，国内外经济形势复杂多变，一方面，国际金融危机对全球经济形成重创；另一方面，国内经济结构调整加大下行压力。在上述形势下，中国工业保持一定增长速度，进一步说明中国工业的素质在不断提升。

表 1–1　中国工业增加值及 GDP 年均增长率

单位：%

	1995~2000 年		2000~2005 年		2005~2010 年	
	工业增加值	GDP	工业增加值	GDP	工业增加值	GDP
中国	9.5	8.5	10.7	9.8	11.8	11.1
世界	3.5	3.3	3.4	2.8	0.8	1.9
发展中国家	5.1	4.2	6.7	5.3	7.1	6.1
亚洲国家	3.5	3.5	6.7	5.2	5.1	5.2
工业化国家	3.1	3.1	2.3	2.1	–1.7	0.6

资料来源：联合国工业发展组织。

第二，主要工业品产量跃居世界前列，工业实力显著增强。根据联合国工业发展组织的统计，2006 年中国已经有 172 种产品的产量位居世界第一。近年来，中国工业品在冶金、化工、纤维、服装、机械、交通运输设备制造等领域的产出均占世界较高份额。在中国工业迅猛发展的同时，生产结构也在发生重要变化。其中，以通信设备、电器机械为代表的中高技术制造业部门的产值稳步提升，高技术制造业已成为国民经济的重要先导性、支柱性产业。随着中国高技术产业比重的不断上升，中国正在成为世界高科技产品的生产基地。例如，中国手机产量占世界比重从 2005 年的 40%上升到 2013 年的 70.6%。此外，中国在家电产品上也已经占据主导地位，2013 年彩色电视机产量稳居世界第一，占全球出货量的比重达 48.8%。据统计，2011 年中国高技术制造业的生产规模已跃居世界第二，出口额占世界市场的份额已接近 20%。2013 年，我国高技术制造业继续保持良好的增长态势，实现主营业务收入 116048.9 亿元，比 2008 年增长 108.2%；占全部制造业企业的比重为 12.8%，比 2008 年提高 0.8 个百分点。

表 1–2　中国主要工业品产量与世界排名

	1978 年	1990 年	2000 年	2005 年	2009 年	2010 年	2013 年
粗钢（万吨）	3178(5)	6635(4)	12580(1)	35323.98(1)	57218.23(1)	63722.99(1)	77904.1(1)
焦炭（万吨）	4690(3)	7328(1)	12184(1)	25411.7(1)	35510(1)	38864(1)	47932(1)
原油（万吨）	10405(8)	13831(5)	16300(5)	18135(5)	18949(4)	20241(4)	20946.9(4)
发电量（亿千瓦时）	2566(7)	2566(4)	13556(2)	13556(2)	37147(2)	42072(1)	53975.9(1)
水泥（万吨）	6524(4)	20971(1)	59700(1)	106885(1)	164398(1)	188191(1)	241613.6(1)
化肥（万吨）	869(3)	1880(3)	3186(1)	5178(1)	6385(1)	6338(1)	7037(1)

续表

	1978年	1990年	2000年	2005年	2009年	2010年	2013年
布（亿米）	110.0	189.0	277.0	484.4	753.4	800.0	882.7
纱（万吨）	238.0	463.0	657.0	1450.5	2393.5	2717.0	3200
化学纤维（万吨）	28.5	165.4	694.0	1664.8	2747.3	3090.0	4121.9(1)
彩色电视机（万台）	0.4	1033.0	3936.0	8283.2	9898.8	11830.0	12776.1(1)
家用电冰箱（万台）	2.8	463.1	1279.0	2987.1	5930.5	7295.7	9261.0(1)
汽车（万辆）	14.9	51.4	207.0	570.5	1379.53(1)	1826.53(1)	2211.7(1)
微型计算机设备（万台）		8.2	672.0	8084.9	18215.1	24584.5	33661.0(1)
移动通信手机（万台）			5247.9	30354.2	68193.4	99827.4	145561.0(1)

注：表内括号中的数字为世界排名位次。
资料来源：《中国统计年鉴2012》、《中国统计摘要2013》、《中国统计摘要2014》。

第三，工业制成品的国际竞争力不断提升。加入WTO以来，中国进出口贸易迅速增长。当前，中国已经成为全球第二大经济体、世界第一大出口国及第二大进口国、贸易总量世界第一。在所有产品中，工业制成品是推动中国出口增长的中坚力量。一方面，工业制成品在我国总出口中比重较大，且增长迅速。2004年以后，中国制成品出口额占总出口的比重稳定在93%左右；另一方面，我国制成品的国际市场占有率也在稳步增加。2001年，我国工业制成品占全球出口市场的比重仅为5%左右，2013年已增至17.5%。从制成品出口的分项产品来看，最为明显的变化是机械和交通运输类产品的比重持续快速上升。根据联合国贸发组织统计，2013年，中国机械和交通运输设备出口额达10117亿美元，占商品出口总额的46.1%，在所有行业中占比最高。这类产品出口的快速发展与跨国公司的全球生产体系密切相关。生产技术的标准化使得产品的模块化生产和组装可以跨国界进行，中国持续地推进外商直接投资、积极推动加工贸易等一系列外向型政策，加快了中国融入全球跨国公司生产体系的步伐。

综上，从总量来看，中国工业和制造业产量已经居于世界前列。但从发展质量来看，中国工业与世界先进水平还有很大差距。一方面，从产业结构来看，“中国制造”处于国际分工体系的低端，即发达国家的制造业中高技术产业比重较大，而我国的低技术产业和资源密集型产业比重偏大；另一方面，在技术创新能力的许多关键指标上都与发达国家存在较大差距，即使在所谓的高技术产品中，中国所从事的很大一部分工作也是劳动密集型的加工、组装活动。

三、中国工业竞争力综合评价

产业竞争力的评价可以采用多项指标，不同指标显示的结果不尽相同。在诸多产业竞争力实证研究中，金碚等（2006）及李钢等（2009，2012）通过将多个指标合成一个指数来综合反映我国产业竞争力的状况，取得了较好的研究成果。在上述分析框架中，测评产业国际竞争力的指标有两类：一类衡量产业国际竞争力的比较优势，另一类衡量产业国际竞争力的竞争优势。其中，衡量比较优势的指标有四项，包括各行业出口占该国商品出口总额的比重、出口增长率优势指数、相对出口优势指数及其变化率；衡量竞争优势的指标也是四项，包括各类产品的国际市场占有率、贸易竞争指数以及两者的变化率。借用这一分析框架，本章以 2001 年制成品为基础，利用 WTO 数据库中 2000~2013 年的数据，对我国工业产业竞争力的变化趋势进行综合判断。

在这里，重点分析加入 WTO 以来中国制造业国际竞争力及其变化趋势，主要原因有两个：①在时间点上，加入 WTO 后中国经济全面融入世界经济体系，产业竞争进入全新的发展阶段；②在工业产业中，制造业是主体，同时是出口产品中的绝对大头，代表性强。

1. 中国工业的比较优势分析

（1）制成品出口情况。加入 WTO 以后，中国工业制成品的出口额增长迅速。如表 1-3 所示，2001~2013 年，中国制成品出口额由 2358.2 亿美元增长到 20769.8 亿美元，增长了 7.8 倍，年均增长率达 20.3%。由于制成品出口增长速度略高于同期商品出口总额增长速度，中国制成品出口额占商品出口总额的比重越来越大，2006 年以后基本保持在 93%以上，2013 年进一步增至 94%。相比之下，世界制成品出口额占出口总额的比重则呈逐渐下滑的趋势。2013 年，这一占比降至 64.7%，远低于同期中国制成品出口额占出口总额 94%的比值。这一方面说明中国制造业比较优势不断增强，另一方面说明中国出口对制成品的依赖更为明显。

表 1-3　2001~2013 年中国出口值及相关数据

年份	制成品出口额（10 亿美元）	商品出口总额（10 亿美元）	制成品出口额占商品出口总额的比重（%）	世界制成品出口额占商品出口总额的比重（%）	出口增长率优势指数（以 2001 年为基期）	相对出口优势指数（以 2001 年为基期）
2001	235.8	266.1	88.6	73.1	100.0	100.0
2002	292.6	325.6	89.9	73.4	101.2	101.0
2003	397.0	438.2	90.6	72.7	100.6	102.7
2004	542.4	593.3	91.4	72.1	100.7	104.5
2005	700.3	762.0	91.9	69.6	100.2	108.9
2006	895.4	969.0	92.4	68.2	100.2	111.8
2007	1134.7	1218.6	93.1	68.1	100.5	112.9
2008	1329.6	1428.3	93.1	65.1	99.5	118.0
2009	1124.7	1201.6	93.6	68.2	100.0	113.2
2010	1476.5	1577.8	93.6	67.1	99.5	115.1
2011	1771.9	1898.4	93.3	64.6	99.2	119.2
2012	1924.9	2048714.0	94.0	64.1	100.2	121.0
2013	2077.0	2209007.0	94.0	64.7	99.6	119.8

资料来源：根据 WTO《International Trade Statistics》（2002~2014）计算。

从制成品的分项产品来看，中国制造业的出口结构正在发生根本性的转变。一是传统劳动密集型产品（纺织品、服装等）所占商品出口总额的比例快速下降。二是技术产品（比如办公和通信设备）的比例快速上升，显示中国制造业的出口结构呈现出日趋技术产品的倾向。据 WTO 统计，2013 年中国办公和通信设备出口占商品出口总额的比重达 30.3%；其中 EDP 和办公设备、电信设备占比分别达 11.4%、12.9%；而纺织品与服装的占比仅为 5.4%与 9.1%。从增长速度来看，2001~2013 年中国制成品出口额年均增长 20.3%，高于这一平均增长速度的大类产业和分项产业有钢铁（37.1%）、汽车产品（34%）、集成电路和电子元器件（29.7%）、EDP 和办公设备（24.2%）、电信设备（24.7%）以及化学成品及有关产品（20.4%）；而医药品、服装、纺织品的平均增速则明显低于制造业的平均增速。

（2）出口增长率优势指数。出口增长率优势指数反映产品比较优势的变化情况。它是指将一定时期目标产品出口增长率与该国所有产品总的出口增长率相比较，从而确定何种产品的出口增长率更快、更具竞争力。

2001 年以来，中国制成品的出口增长速度总体快于全部出口商品的增长速度，显示制成品的比较优势不断增强。值得注意的是，2008 年以来，中国制成品出口增长率优势指数有所弱化，2008 年、2010 年、2011 年和 2013 年值均低于2001年的基期值，其中2011年中国制成品出口增长率小于全球制成品出口增长率。这在一定程度上说明美欧等发达国家对我国的贸易保护主义加剧，以及部分新兴经济体对我国劳动密集型产业出口的冲击。与制造业比较优势不断增强相比，农产品、燃料及矿产品的出口增长速度则落后于全部商品，显示中国农产品、燃料及矿产品的比较优势仍然偏弱。另外，在制造业，不同产品比较优势的变化趋势也有所分化。其中，钢铁、汽车产品、办公及电子设备、机械和运输设备的比较优势增长明显；传统劳动密集型产业如纺织品、服装业的出口增长率优势指数在加入WTO以后的大多数年份为负，表明随着产业升级和技术进步，中国传统优势产业的比较优势正在不断减弱。

（3）相对出口优势指数。相对出口优势指数又称"显示性比较优势指数"（RCA），是指一个国家某种产品的出口值占该国出口总值的份额与该种产品的世界出口总值占所有产品的世界出口总值的份额的比率。根据日本贸易振兴协会的标准，如果RCA>1，表明一国某产业（或产品）在世界经济中具有显示性比较优势，比值越高，显示性比较优势越明显。

计算结果显示，加入WTO以来，中国制成品的相对出口优势指数保持平稳增长，2013年为1.5。参照日本贸易振兴协会的标准，中国制造业的国际竞争力已经具有较强的竞争优势（1.25<RCA<2.5），但距极强的竞争优势（RCA>2.5）还有很长的路要走。2013年，中国具有极强竞争优势（RCA>2.5）的产品有：办公和通信设备、EDP和办公设备、电信设备、纺织品和服装；具有较强比较优势（1.25<RCA<2.5）的产品有：集成电路和电子元器件；具有较为平均的比较优势（0.8<RCA<1.25）的产品有：燃料；不具有比较优势（RCA<0.8）的产品有：农产品、化学产品及有关产品、汽车产品、燃料及矿产品。

总体来看，中国制成品的相对出口优势比较明显，而其他工业品如化学产品及有关产品、燃料及矿产品则具有比较劣势，其中燃料及矿产品的比较劣势最为突出，甚至远不及农产品。在制成品内部，相对出口比较优势亟待进一步提高的产品包括化学产品及有关产品、汽车产品等。

（4）比较优势的合成与计量。在本章，比较优势指数通过四项基础指标的加权平均来合成。四项基础指标如下：两个静态指标，即目标行业出口占该国商品总出口的比重与相对出口优势指数；两个动态指标，出口增长率优势指数及相对出口优势指数变化率。在合成比较优势指数之前，先把上述四项指标以2001年制成品为基数进行标准化，然后把标准化的值进行加权平均即可（各分项指标权重均为1/4），具体计算结果如表1–4所示。

表 1-4　中国各类产品比较优势指数

	2001 年	2005 年	2008 年	2009 年	2010 年	2012 年	2013 年
全部商品	98.7	98.7	98.7	98.7	98.7	98.7	98.7
农产品	64.7	58.2	55.9	61.2	56.9	56.6	57.2
食物	66.3	58.5	55.8	61.7	56.8	57.0	57.3
燃料	57.6	52.2	63.1	47.9	52.4	49.0	52.4
制成品	100.0	103.2	105.6	104.7	105.1	106.8	106.4
（一）钢铁	52.8	70.5	84.5	52.9	77.9	67.9	69.6
（二）化学成品及有关产品	62.9	62.3	65.8	58.8	63.9	59.7	61.0
医药品	58.2	51.0	58.8	59.9	52.8	52.5	52.9
（三）办公和通信产品	88.6	109.3	112.4	114.6	111.9	115.7	116.0
EDP 和办公设备	91.4	120.7	125.6	126.2	127.1	126.3	120.7
电信设备	98.5	114.1	114.4	117.2	111.0	118.2	118.2
集成电路和电子元件	56.6	66.9	76.3	76.8	82.7	84.2	97.2
（四）汽车产品	54.9	61.0	57.7	51.5	57.8	58.2	56.0
（五）纺织品	105.1	107.0	111.6	112.9	110.1	110.1	111.7
（六）服装	143.0	126.5	125.9	124.9	121.3	119.2	118.8
商业服务	98.7	98.7	98.7	98.7	98.7	98.7	98.7
交通运输	70.7	76.5	80.8	66.5	78.3	76.6	71.6
旅游	101.0	89.4	77.9	85.5	75.1	77.3	76.1
其他商业服务	71.5	77.9	82.9	86.3	86.9	84.2	88.4

资料来源：2001 年的数据来自李钢、刘吉超（2012）；其他年份的数据根据 WTO《International Trade Statistics》中相关数据计算。

根据 2001 年以来中国各类产品比较优势的变化趋势，大致可以得出以下两个判断：

第一，中国目前最具有比较优势的产业依然是劳动密集型产业。表 1-4 中的计算结果显示，近几年中国比较优势较强的产业为服装、纺织业，比较优势最弱的产业依然是燃料及矿产品、钢铁与化学产品及有关产品等。若按劳动与资本密集程度来划分，服装、纺织业是典型的劳动密集型产业，而燃料及矿产品、钢铁与化学产品及有关产品则属于典型的资本密集型产业。因此，可以大致认为，中国当前比较优势较强的产业依然是劳动密集型产业；而比较优势较弱的产业是资本密集型产业。与 2001 年相比，2013 年中国制造业各子行业比较优势的变化趋势有所分化。其中，钢铁行业比较优势波动较大，办公和通信设备比较优势不断增强，纺织、服装等的比较优势在减弱。这在一定意义上说明，中国制造业的比较优势正逐渐由劳动密集型向资本密集型和技术密集型转化。

第二，中国劳动力要素的内涵发生了重大变化。根据前面的分析，中国制造业的比较优势依然是劳动密集型产品。但是，从目标行业占该国出口商品总额的比重来看，中国制成品的出口结构却在不断转向技术类产品。这说明技术类产品包含了更多的人力资本价值，中国丰富的劳动力资源正在从数量优势向质量优势转变。从历次人口普查数据来看，以学历水平衡量的劳动力素质有大幅度的提升。2010 年第六次人口普查中，每 10 万人中具有大学文化程度的人数有8930 人、具有高中文化程度的有 14032 人、具有初中文化程度的有38788 人；每 10 万人中仅具有小学文化程度的人及文盲率相比第五次人口普查大幅下降。中国劳动力素质的大幅提升为中国产业升级打下了基础。如果按照人力资本的积累状况，中国产业的比较优势应由低端劳动密集型产业向高端劳动密集型产业转变。

2. 中国工业的竞争优势分析

（1）国际市场占有率。学者普遍认为，产品市场占有率是产业竞争力最直接的衡量指标。加入 WTO 以来，中国制成品的国际市场占有率持续提升，由 2001 年的 5.2%上升至 2013 年的 17.5%。由于制成品出口额巨大，在所有出口商品中占比非常高，因此其国际市场占有率的提升成为推动中国产业国际竞争力改善的主要动力。

从分项产品来看，2013 年，中国的服装、纺织品、集成电路和电子元器件、EDP 和办公设备以及电信设备等的国际市场占有率均达到 30%以上，具有很强的国际竞争力。从增长速度来看，制成品中各类产品的国际市场占有率均呈上升趋势。其中，服装、纺织品等劳动密集型产品的国际市场占有率增长迅速，分别从 2001 年的 18.7%和 11.3%增至 2013 年的 34.8%与 38.6%，促使其竞争优势大幅提升；EDP 和办公设备、电信设备的国际市场占有率的增长幅度更为明显，分别从 2001 年的 7.1%和 8.8%提升至 2013 年的 41.2%和 37.8%；汽车产品的国际市场占有率也保持了较高增速，但由于其基数较低，至 2013 年仅达 3.4%，仍然有很大的增长空间。

（2）贸易竞争指数。贸易竞争指数也称贸易特化系数，通常指一国某产品净出口额与该产品贸易总额的比例，反映一国某产业是净出口还是净进口，以及净出口或净进口的相对规模，用来衡量一国某产品的国际竞争力。该指数值越接近 1，表示其国际竞争力越强。通过计算 2001~2011 年中国制成品的贸易竞争指数，可以发现以下几个特点：

第一，中国多数制成品贸易竞争指数总体提升较快。加入 WTO 以后，中国制成品贸易竞争指数迅速提升，并于 2008 年达到阶段性高点，显示其国际竞争力不断增强。2008 年以后，受金融危机冲击，中国多数制成品贸易竞争指数出现阶段性回落，这与近几年外围市场需求疲软相一致。2013 年的数据显示，多数制成品的贸易竞争指数回落的趋势有所放缓，甚至出现回升，我国出口商品正在重拾活力。

第二，资本密集型产品贸易竞争优势指数增长较快。一是汽车等产品的净进口相对规模有所下降，尤其在 2008 年以前出现快速下降，其贸易竞争指数由 2001 年的-0.44 升至 2008 年的-0.01。但 2008 年以后，汽车产品净进口规模又不断回升，2013 年其贸易竞争指数降至-0.26。二是钢铁实现了从净进口国向净出口国的转变。至 2006 年，钢铁贸易竞争指数均由负转正，之后不断上升，2013 年钢铁行业贸易竞争指数升至 0.44。此外，还有一些产品的贸易竞争优势指数明显增强。

第三，技术密集型产品的贸易竞争优势有所分化。一方面，EDP 和办公设备以及电信设备等技术含量较高的产品贸易竞争优势明显提升，其贸易竞争优势指数分别由 2001 年的 0.26、0.22 提升至 2013 年的 0.59、0.55。另一方面，化学产品及相关产品、集成电路与电子元器件等高技术产品依然表现为显著的贸易竞争劣势。2013 年，两者的贸易竞争指数分别为-0.23、-0.38。上述分化现象说明，中国出口产品的技术含量虽然不断提高，但关键零部件依然依赖进口，组装、代工特征明显，核心技术水平不高，需加大自主创新力度。

（3）中国各产业竞争优势指数的合成与计量。与比较优势指数的合成类似，竞争优势指数依然通过四项基础指标的加权平均来合成，包括两个静态指标，即国际市场占有率和贸易竞争指数；两个动态指标，即国际市场占有率和贸易竞争指数的变化率。在合成竞争优势指数之前，依然以 2001 年制成品为基数，把上述基础指标进行标准化，再将其加权平均即得到竞争优势指数（各分项指标权重均为 1/4）。具体计算结果如表 1-5 所示。

表 1-5 中国各产业竞争优势指数

	2001 年	2005 年	2008 年	2009 年	2010 年	2012 年	2013 年
全部商品	95.6	110.3	117.7	122.2	125.9	129.9	132.9
农产品	89.4	91.2	90.1	91.5	93.1	94.1	94.2
食物	90.4	89.8	86.6	91.9	94.0	94.7	94.7
燃料	81.6	80.7	80.1	80.2	80.3	79.2	79.8
制成品	100.0	121.2	136.1	139.8	146.2	155.5	159.2
（一）钢铁	86.3	104.0	133.2	109.5	119.0	128.3	132.9

续表

	2001 年	2005 年	2008 年	2009 年	2010 年	2012 年	2013 年
（二）化学成品及有关产品	85.6	90.5	97.2	95.6	99.6	102.8	103.6
医药品	82.1	81.6	84.1	84.5	86.2	85.1	86.5
（三）办公设备和电子产品	104.0	160.1	192.6	201.1	209.6	229.8	237.8
EDP 和办公设备	109.2	188.5	229.9	238.7	257.1	272.3	272.9
电信设备	117.5	173.6	205.4	217.0	224.4	247.0	256.3
集成电路和电子元件	84.7	103.3	125.0	129.5	137.9	156.2	179.4
（四）汽车产品	76.5	80.1	86.0	94.1	87.4	90.8	91.3
（五）纺织品	129.2	171.6	200.3	212.0	222.3	236.3	242.3
（六）服装	165.7	203.7	234.3	238.4	252.5	256.5	260.2
商业服务	85.6	89.2	93.7	93.8	97.0	96.0	96.2
交通运输	81.4	87.8	95.6	91.4	95.9	95.9	94.8
旅游	93.5	95.6	95.5	96.4	98.6	96.7	95.8
其他商业服务	82.5	86.4	91.7	92.5	95.5	95.8	96.7

资料来源：2001 年的数据来自李钢、刘吉超（2012）；其他年份的数据根据 WTO《International Trade Statistics》中相关数据计算。

从趋势上来看，与 2001 年相比，中国各产业竞争优势指数均有所提升。其中，全部商品的竞争优势指数由 2001 年的 95.6 升至 2013 年的 132.9。分大类产业看，制成品依然是全部出口产品中最具竞争优势的产业；农产品、燃料及矿产品等初级产品相对制成品表现为竞争劣势，且燃料竞争力还有下降趋势，这在中国出口产品中是非常少见的。

从制成品的分项产品来看，服装、纺织品依然是中国最具国际竞争优势的产品；EDP 和办公设备以及电信设备的竞争优势已经开始赶超服装、纺织品等传统劳动密集型产品；医药品与汽车产品的国际竞争优势最弱。此外，与比较优势的变化趋势在制成品内部有所分化不同，制造业各分行业的竞争优势均不断提升。

3. 中国制造业国际竞争力的综合评价

通过将以上比较优势指数与竞争优势指数合成，便得到衡量产业国际竞争力的综合指数，具体计算结果如表 1–6 所示。

表 1–6　中国各产业国际竞争力指数

2013 年因素指数（以 2001 年制成品为基期）	比较优势指数		竞争优势指数		综合指数		提升幅度
	2001 年	2013 年	2001 年	2013 年	2001 年	2013 年	2001~2013 年（%）
全部商品	98.7	98.7	95.6	132.9	97.2	115.8	19.2
农产品	64.7	57.2	89.4	94.2	77.1	75.7	–1.8

续表

2013 年因素指数（以 2001 年制成品为基期）	比较优势指数		竞争优势指数		综合指数		提升幅度
	2001 年	2013 年	2001 年	2013 年	2001 年	2013 年	2001~2013 年（%）
食物	66.3	57.3	90.4	94.7	78.3	76.0	-3.0
燃料	57.6	52.4	81.6	79.8	69.6	66.1	-5.1
制成品	100.0	106.4	100.0	159.2	100.0	132.8	32.8
（一）钢铁	52.8	69.6	86.3	132.9	69.6	101.3	45.5
（二）化学成品及有关产品	62.9	61.0	85.6	103.6	74.2	82.3	10.9
医药品	58.2	52.9	82.1	86.5	70.1	69.7	-0.6
（三）办公设备和电子产品	88.6	116.0	104.0	237.8	96.3	176.9	83.7
EDP 和办公设备	91.4	120.7	109.2	272.9	100.3	196.8	96.2
电信设备	98.5	118.2	117.5	256.3	108.0	187.3	73.4
集成电路和电子元件	56.6	97.2	84.7	179.4	70.7	138.3	95.7
（四）汽车产品	54.9	56.0	76.5	91.3	65.7	73.6	12.0
（五）纺织品	105.1	111.7	129.2	242.3	117.2	177.0	51.1
（六）服装	143.0	118.8	165.7	260.2	154.3	189.5	22.8
商业服务	98.7	98.7	85.6	96.2	92.2	97.4	5.7
交通运输	70.7	71.6	81.4	94.8	76.0	83.2	9.5
旅游	101.0	76.1	93.5	95.8	97.2	86.0	-11.6
其他商业服务	71.5	88.4	82.5	96.7	77.0	92.6	20.2

资料来源：2001 年的数据来自李钢、刘吉超（2012）；2011 的数据根据 WTO《International Trade Statistics》中相关数据计算。

根据各产业竞争力的综合指数，我们可以发现，加入 WTO 以来，我国制造业国际竞争力的变化趋势呈现出以下特点：

第一，加入 WTO 后我国制造业国际竞争力大幅提升。2013 年，我国制造业国际竞争力综合指数为 132.8（以 2001 年为基期），较 2001 年提升 32.8%，高于全部商品竞争力的提升幅度。

第二，我国制造业国际竞争力主要来源于竞争优势的提升。对比我国制造业国际竞争力的比较优势与竞争优势可以发现，虽然两者均在提升，但竞争优势的升幅远大于比较优势，成为决定我国制造业国际竞争力提升的主要动力。从分项产业来看，加入 WTO 后我国制造业内部竞争力的变化方向有所分化。一些行业国际竞争力的提升速度快于整个制造业，如钢铁、机械和运输设备、纺织品等；一些行业国际竞争力的提升速度不及整个制造业，如服装、汽车产品等；另一些行业的国际竞争力在下降，如医药品。在所有制成品中，医药品的国际竞争力最弱，而且是所有制成品中唯一综合竞争优势趋于下降的产品，主要原因在于比较优势的下降，显示我国在公共医疗及高端科技方面投入不足，与世界水平还有很大差距。

第三，丰富的劳动力资源依然是中国竞争优势的源泉。在竞争优势普遍提升的同时，制造业内部比较优势的变化趋势则有升有降，显示出我国目前产业结构的升级正在悄然发生，优势产业正逐步从劳动密集型向资本和技术密集型转变。不过，从分项产业来看，服装、纺织品等传统劳动密集型产业依然保有很强的国际竞争力，丰富的劳动力资源依然是中国竞争优势的源泉。

4. 中国制造业国际竞争力的国际比较

（1）国际市场占有率的比较。根据 WTO 的统计，1980 年我国工业制成品的国际市场占有率仅为 0.8%，仅相当于美国的 6%、日本的 7.1%。改革开放以后，我国制成品国际市场占有率迅速提升，至 2000 年提升至 4.7%，是美国的 34%、日本的 49%、欧盟的 33%。加入 WTO 以后，我国制造业的国际竞争力加速提升，并于 2004 年超过日本。2013 年，中国制成品国际市场占有率达到 17.5%，成为仅次于欧盟的世界第二大制成品出口国。

表 1–7　主要经济体工业制成品国际市场占有率比较

	制成品出口额（10 亿美元）	国际市场占有率（%）			
	2013 年	1980 年	1990 年	2000 年	2013 年
欧盟（28 国）	4549	—	—	42.9	38.4
中国	2077	0.8	1.9	4.7	17.5
美国	1124	13.0	12.1	13.8	9.5
日本	626	11.2	11.5	9.6	5.3

（2）代表性产品的国际比较。为了更深入地了解我国产业竞争力的状况，进而明确产业转型升级的方向，中国社会科学院工业经济研究所金碚博士等于 2012 年着手开展“代表性产品的国际比较”的课题研究。其主要思路是：选择中国最好的企业和产业、与这个产业中生产同类产品的、国际上最好的企业进行比较，用以寻找中国产品的差距①。

在该课题的现有研究成果中，总计比较了三个产品，分别是平板印刷机、五

① 金碚. 中国产业要在转型升级中提升国际竞争力［J］. 企业文明，2013（2）.

吨的装载机、25~50 吨的汽车起重机。经过比较分析，发现即使是中国最好的产品，与国际上最好的产品相比还有很大差距：一是在中国最好的产品中，多数整机水平达到甚至超过了世界水平，但关键零部件的智能化水平低，很大程度上依赖进口。二是可靠与耐久性不足。例如，对于平板印刷机，中国最好的企业上海电气与一般型号的海德堡相比，总体评价上仅相当于它的 63%；五吨的装载机的得分仅有国外凯特比勒的 83%；在 25~50 吨的起重机方面，其整机已经超过了国际上最好的企业，但是该款产品大约有一半的零部件只能依靠进口。

上述比较分析结果说明，虽然我国诸多产业的国际竞争力已经有了很大提升，但在一些规模大、市场占有率很高的产品中间，大部分产品在技术、质量和档次上与世界先进水平还有较大差距。从这个意义上说，中国还远不是工业强国。因此，要在转型升级中提升竞争力，就必须从以往“平推式工业化”的道路上走出来，努力实现“立体式工业化”转变，并努力占据尽可能多的产业制高点。

四、新形势下中国工业竞争力的提升方向

通过上述分析，我们可以发现，在中国工业竞争力整体提升的同时，其演变趋势也呈现出一些新的特点。例如，金融危机后诸多产业竞争优势的改善有所放缓。这与当前我国内、外部经济环境发生深刻改变密切相关。一方面，世界经济格局深度调整对我国工业扩大出口、加快投资的传统路径形成了挑战；另一方面，随着国内经济增速逐步放缓，过去高增长时期积累的各种问题不断“浮出水面”，矛盾和挑战日益增多。在各种矛盾交织下，中国工业竞争力要想实现持续提升，就必须摆脱传统工业化的路径依赖，步入新型工业化的升华之道。

（一）国际竞争日趋激烈，倒逼中国工业转型升级

全球经济持续低迷。金融危机后，“美欧消费、东亚生产、中东拉美供给能源资源”的分工体系随之发生新的变化。一是发达国家被迫改变负债和过度消费的模式，试图通过扩大投资和出口拉动经济增长。二是新兴市场国家开始更多转向通过扩大内需拉动经济，但短期内作用并不明显；资源输出国试图谋求依托资源优势延伸产业链，但实现多元化任重道远。在这一背景下，全球原有需求动

力减弱，新的需求市场还未形成，贸易保护主义抬头，对我国外需增长形成严重制约。

全球经济结构发生深刻转变。金融危机后，美国、日本、德国等世界主要发达国家重新认识到以制造业为主体的实体经济的战略意义，纷纷实施“再工业化”战略。以重振制造业和大力发展实体经济为核心的“再工业化”战略，并不是简单地提高制造业产值比例，而是通过现代信息技术与制造业的融合、制造与服务的融合来提升复杂产品的制造能力以及制造业快速满足消费者个性化需求的能力。制造业信息化和制造业服务化成为世界工业化进程的两个重要趋势。

新工业革命对工业发展带来新的挑战。为寻找新的经济增长动力，全球范围内绿色经济、低碳技术等新兴产业蓬勃兴起，围绕新能源、气候变化、生命科学、空间和海洋开发的技术创新密集出现。在新工业革命背景下，主要发达国家纷纷加快发展新兴产业，加速数字技术和制造业相结合，力图抢占未来科技和发展的制高点。发展中国家也不断加大科技投入，加速发展具有比较优势的产业和技术，谋求实现跨越式发展。在全球以制造业数字化、智能化为核心的产业变革新态势下，中国工业发展面临的国际产业和技术竞争将加剧，部分已有的技术路线和生产能力将面临被淘汰的风险，转型升级势在必行。

（二）摆脱传统路径依赖，实现竞争力来源转变

传统的工业化道路形成了若干路径依赖现象。在新形势下，要全面提升中国工业竞争力，就必须努力摆脱传统路径依赖，实现竞争力来源的有效转变。

第一，正确认识世界能源前景，在“资源节约”与“环境友好”中提升工业竞争力。从工业发展的历史来看，工业技术总体上是向“节约资源保护环境的技术”升级的方向不断进步。在我国，依靠大量消费能源和自然资源推进的工业化进程，在推动经济高速增长的同时，也使经济增长越来越接近资源与环境约束的边界。在这种情况下，节约资源、保护环境必然成为增强工业竞争力的重要途径。第三次工业革命的一大特点便是新能源，近年来，中国新能源产业的投资与生产能力也迅速提高。但是，我们必须认识到，当前我们依然处在化石能源时代，这一状况还将维持相当长一段时间。因此，我们在开发新能源的同时，也要努力开发新的化石能源，在此基础上，促使中国工业走向更节能、更清洁的道路[①]。

---

① 金碚. 国际金融危机后中国产业竞争力的演变趋势［J］. 科学发展，2009（12）.

第二，提高人力资源水平，提升工业发展基础。从中国制造业国际竞争力的变化趋势来看，劳动密集型产业依然是我国最具竞争力的产业。在未来相当长的时间内，丰富的劳动力资源依然是中国工业比较优势的现实依托。不过，我们需要重新认识劳动力资源的要素特点。一方面，我国传统“低价格”的劳动力优势正在逐步削弱。根据相关研究，我国大约在 2007 年经过“刘易斯拐点”，而后低端劳动力成本迅速上升，部分地区甚至出现“用工荒”现象。另一方面，我国劳动力素质显著提升，为产业升级打下了坚实的基础。依赖高质量的人力资本，未来中国制成品的增长应由主要依靠增加物质消耗向主要依靠科技进步、提高劳动者素质、管理创新转变。

第三，告别“粗放制造”与“快速扩张”，由工业大国走向工业强国。在已完成工业化的国家中，工业大国不少，但称得上工业强国的并不多。要成为工业强国，一个重要的标志是形成现代工业文明的社会心理和文化。因此，中国工业要努力摆脱传统粗放型增长的路径依赖，逐步走上绿色化、精致化、高端化、信息化和服务化的新征程。工业绿色化是工业文明的本质回归，也是现代工业文明的主要标志，它的实质是更发达的现代工业体系；精致化是制造业文明的实质体现，一个国家的工业能否走上精致化道路，实际上是工业文明是否真正到来，并扎根于此的最显著标志之一；高端化是工业进取精神和科学本质的体现，它的实质是技术创新和商业模式创新进入更具独特优势的产业领域，是在运用科学发现和技术发明以及工艺改进上争取先行之势，并以不断进取的精神和方式，保持技术领先的地位；工业化和信息化的融合则是现代工业发展的基本方向；服务化则要求用工业精神塑造现代服务业①。

① 金碚.“十二五”开局之年的中国工业［J］. 中国工业经济，2012（7）.

第二章　中国参与国际分工与比较优势的现状和未来趋势

当前，中国发展的重要战略机遇期在国际环境方面的内涵和条件发生了很大变化。在中国经济深度融入全球经济体系的背景下，中国出口结构调整是影响工业增长趋势及转型方向的重要因素。因此，探讨新形势下中国工业的发展道路，需要客观认识中国参与国际分工的主要特征，全面评价中国出口商品比较优势的变化及现状，准确判断未来中国会有哪些新的比较优势产品。在此基础上，明确回答中国劳动密集型产品是否还具有比较优势，未来哪些产品会引领中国出口结构转型升级，未来中国具有比较优势的产品领域有哪些，哪些国家和地区是主要竞争对手等具有重要现实意义的问题，将有助于提高有关政策的针对性和有效性。

一、中国对外贸易和投资的发展状况

改革开放以来，中国抓住全球化机遇，积极融入世界经济体系，对外贸易总额连年提高，外国直接投资金额不断增加，对外直接投资规模逐渐扩大，参与产品内国际分工的程度持续加深。到目前为止，中国比较成功地完成了扩大出口、加快投资、简单纳入全球分工体系的任务，已经从一个相对封闭的经济体发展成为世界商品贸易大国，从一个高度重视利用外部资金扩大国内投资的资本吸收国发展成为对外投资能力急剧增强的国家。

（一）对外贸易总额持续增加，货物、服务进出口规模分别居全球第二位、第四位

一个国家或地区的对外贸易规模及其在全球贸易中的占比，是从整体上衡量

其在国际分工中地位的重要指标（金芳，2003）。30 多年来，中国的国际贸易规模不断扩大，占全球贸易的比重持续提高，在国际分工中的地位显著提升。

在货物贸易方面，中国已成为全球第二大进出口贸易国、第一大出口贸易国。根据 WTO 发布的数据，1978 年，中国货物进出口总额为 210.86 亿美元，仅占全球货物进出口总额的 0.79%；2011 年，中国货物进出口总额为 36418.65 亿美元，在全球货物贸易中的占比达 9.93%，仅次于美国 10.21%的占比，位居世界第二。其中，2011 年，中国的货物出口额达 18983.81 亿美元，占全球货物出口总额的 10.4%，位居世界第一（见图 2-1）。

在服务贸易方面，中国已成为全球第四大进出口贸易国、第三大进口国。WTO 发布的数据显示，1982 年，中国服务进出口总额为 43.41 亿美元，仅占全球服务进出口总额的 0.56%；2011 年，中国服务进出口总额增至 4189.64 亿美元，在全球服务贸易中的占比达 5.16%，仅次于美国、德国、英国，位居世界第四。其中，2011 年，中国的服务出口、进口规模分别为 1824.33 亿美元、2365.31 亿美元，占全球服务出口、进口总额的比重分别是 4.4%、6.0%，分别居世界第四位、第三位（见图 2-1）。

2008 年国际金融危机以来，中国的货物出口增速下降，但占全球货物、服务出口总额的比重持续提高。这在一定程度上表明，最近几年中国的贸易竞争力整体上仍然在持续提升。中国加入 WTO 以后，2002 年货物出口增速即从 2001 年的 6.78%跃升至 22.36%，并且此后数年增速都超过 25%。2008 年国际金融危机爆发后，中国货物出口增速下降为 17.23%；2009 年更是跌至-16.01%，为 1984 年以来首次出现负增长。尽管 2010 年中国货物出口额止跌回升，但 2011 年的增速又比 2010 年下降了 10 个百分点。不过，也要看到，即使中国货物出口高增长的趋势在 2008 年以后未能得以持续，但中国货物出口额占全球出口总额的比重依然连年提高，2011 年更是超越美国成为世界第一大货物出口国。由此可见，2008 年以来，中国对外贸易增长起伏不定主要是因为外部需求形势发生了根本性变化，而中国的贸易竞争力整体上仍然保持稳步提升的态势。

（二）从国际投资单向吸收国变为双向流动国，成为发展中国家中最大的对外投资国

在生产全球化的背景下，国际投资以要素流动替代或促进商品流动，因此可以根据一国或地区作为东道国吸收外国直接投资（FDI）的规模，以及作为投资母国投向其他国家的资金规模，来衡量其在国际分工中的地位（江小涓，2006）。

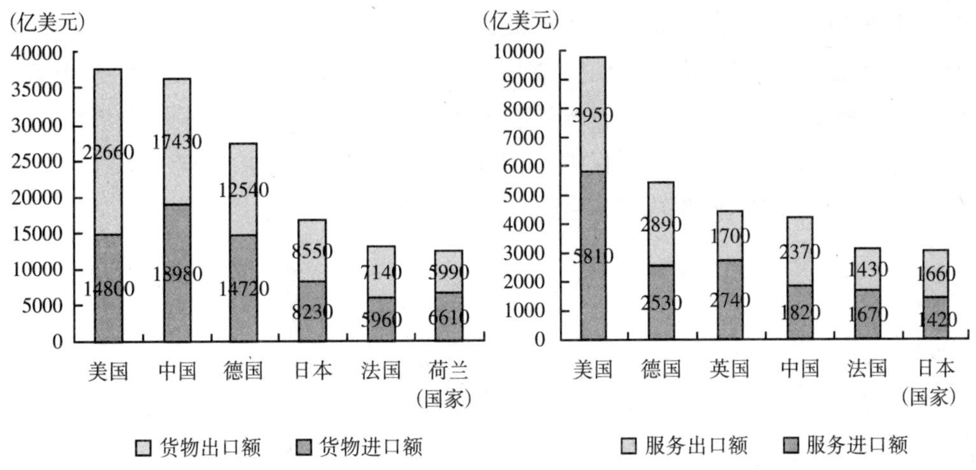

图 2-1　2011 年全球前六大货物、服务贸易国及其贸易规模

资料来源：WTO Data Base，2013 年 2 月。

改革开放以来，中国吸收 FDI 规模不断扩大，已成为全球第二大 FDI 的东道国；加入 WTO 以后，中国对外直接投资迅速增长，已成为全球发展中国家中最大的对外投资国。目前，资金等要素在国际国内双向流动的格局已经形成，中国企业在全球范围配置资源的能力显著增强。

在吸引 FDI 方面，中国目前是仅次于美国的世界第二大 FDI 东道国。根据联合国贸易和发展会议（UNCTAD）发布的数据，1979 年，中国吸收的 FDI 只有 8 万美元，在有统计数据的 171 个国家和地区中位居第 125 位。2011 年，中国吸收了 1239.85 亿美元的 FDI，在有统计数据的 212 个国家和地区中仅次于美国，位居全球第二位（见图 2-2）。

在对外直接投资方面，中国的投资规模位居世界第九，在发展中国家中是最大的对外投资国。UNCTAD 发布的数据显示，1982 年，中国对外直接投资额为 4400 万美元，在有统计数据的 146 个国家和地区中位居第 31 位。2011 年，中国作为对外直接投资的母国，输出的资本额为 651.17 亿美元，在有统计数据的 183个国家和地区中位居第九位，并且在发展中国家中是最大的对外投资国（见图2-2）。

2008 年国际金融危机以来，中国吸收的 FDI 和对外直接投资增速均出现了较大幅度的波动，但两者的变化趋势大致相反。前者在 2009 年出现了中国加入 WTO 之后的首次负增长，但在 2010 年已恢复至 20.77%的高速增长状态，尽管在 2011 年有所回落，不过 8.06%的增速仍然处于正常波动区间。后者虽然在 2009~

2010 年保持了较高速度的增长，但 2011 年却出现了九年来的首次负增长。这在一定程度上表明，在国际金融危机影响没有消除的情况下，率先稳定经济形势、步入增长轨道的中国，对国际资本依然具有很强的吸引力；但受国外经济复苏乏力、部分发达国家贸易和投资保护主义抬头等因素的影响，中国要维持对外直接投资迅猛增长的态势短期内可能会遇到更大的阻力。

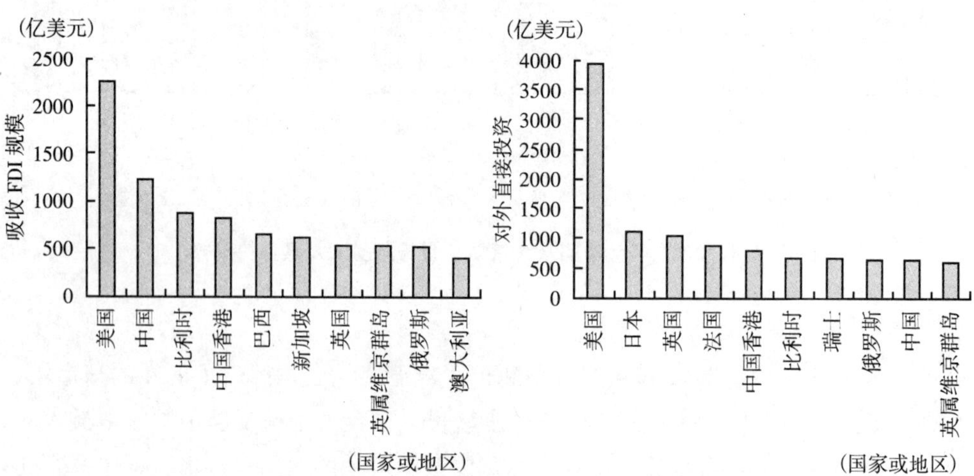

图 2-2　2011 年全球前十大吸收和输出 FDI 的国家或地区

资料来源：UNCTAD Stat，2013 年 2 月。

（三）参与国际分工的程度持续加深，但出口总额中国外增加值的比重依然偏高

在产品内分工趋势日益显现的背景下，一个国家或地区参与产品内分工的深度在很大程度上决定了其在国际分工中的地位（陈建青，2009）。各类产品出口总额中国内增加值的比重是衡量一国参与产品内分工的有效指标①。近年来，中国出口产品中国内增加值的比重有所提高，但与其他贸易强国相比仍然偏低。特别是，在中国出口结构中占有重要地位的电子和光学设备制造业出口额中国外增加值比重明显偏高。

① 就某一具体的产品而言，假定其产品内国际分工水平不变，在最终产品的价值量中，国外增加值和国内增加值之比为 3 : 7。那么，如果中国出口的该产品的国外增加值为 100%，这就表明中国实际上没有参与该产品的产品内国际分工。但是，如果中国出口该产品的国内增加值占比远低于 70%，这表明虽然中国处于该产品的产品内国际分工程度较深，但处于该产品的产业链的末端，从贸易中获得的实际利益有限。

整体而言，中国出口总额中国外增加值的比重近年来有所降低，但仍然显著高于美国、日本等贸易强国。经济合作与发展组织（OECD）和 WTO 在 2013 年 1 月联合发布的增加值贸易（Trade in Value Added）数据显示，2005 年，中国出口总额中的国外增加值的比重为 36.1%；2008 年，这一比重降低至 31.95%；2009 年，进一步下降到 28.53%。换言之，国外增加值占中国出口总额的比重四年内下降了 7.57 个百分点，下降幅度超过 20%。基于此，可以判断中国出口产品制造业整体上向价值链的上游攀升了一大截。当然，与世界贸易强国特别美国和日本相比，中国出口产品制造业升级依然任重而道远。2009 年，美国、日本出口总额中国外增加值的比重分别为 11.39%、14.93%（见表 2-1），仅相当于中国同指标值的 39.92%、52.33%。

分产业看，不同产业出口额中国内外增加值比重存在较大差异，其中工业制成品出口额中国外增加值比重显著偏高。根据 OECD 和 WTO 联合发布的增加值贸易数据，2009 年，在中国 18 类产业中，出口额中国外增加值比重最低的是批发、零售及餐饮业（8.42%），最高的是建筑业（41.6%）。在十类工业行业中，主要产品为初级产品的采矿和采石业、食品饮料及烟草业出口额中国外增加值比重分别为 31.23%、18.54%，其余八个工业制成品产业中，出口额中国外增加值比重低于全部产业平均值的只有两个产业，即纺织品服装及皮革制品业（14.83%）和其他制造业及回收利用业（19.84%）；其他六个产业该指标的值都高于全部产业平均值，其中最高的是电子和光学设备制造业（37.51%）（见图 2-3）。与美国、日本、德国等贸易强国相比，中国工业制成品出口额中国外增加值比重明显过高。2009 年，美国八个工业制成品产业出口额中国外增加值比重最高为20.89%（化学品和非金属制品业），最低为 8.38%（木材、造纸及印刷业）；日本八个工业制成品产业出口额中国外增加值比重最高为 22.17%（化学品和非金属制品业），最低为 9.39%（木材、造纸及印刷业）；德国八个工业制成品产业出口额中国外增加值比重最高为 35.09%（基本金属和金属制品业），最低为 20.13%（木材、造纸及印刷业）。因此，可以判断，尽管目前中国已经深度参与工业制品的产品内分工，但国内的生产环节整体上确实处于产业链的中下游。

表 2-1　2009 年中国及世界主要贸易强国出口总额中的增加值分布

国家	直接的国内产业增加值比重（%）	间接的国内增加值比重（%）	再进口的国内增加值比重（%）	国外增加值比重（%）	国家	直接的国内产业增加值比重（%）	间接的国内增加值比重（%）	再进口的国内增加值比重（%）	国外增加值比重（%）
美国	49.06	39.02	0.53	11.39	中国	21.43	48.05	1.98	28.53
日本	36.90	47.91	0.26	14.93	英国	49.52	33.24	0.28	16.97
德国	34.94	38.85	0.83	25.38	意大利	37.21	44.71	0.16	17.92
法国	34.32	39.63	0.33	25.73	西班牙	40.24	40.72	0.17	18.88
荷兰	36.09	29.60	0.41	33.90	瑞典	37.26	30.28	0.21	32.25
韩国	26.75	32.83	0.82	39.60	瑞士	39.86	39.35	0.25	30.54

资料来源：OECD-WTO，OECD-WTO Trade in Value Added Dataset，2013 年 2 月。

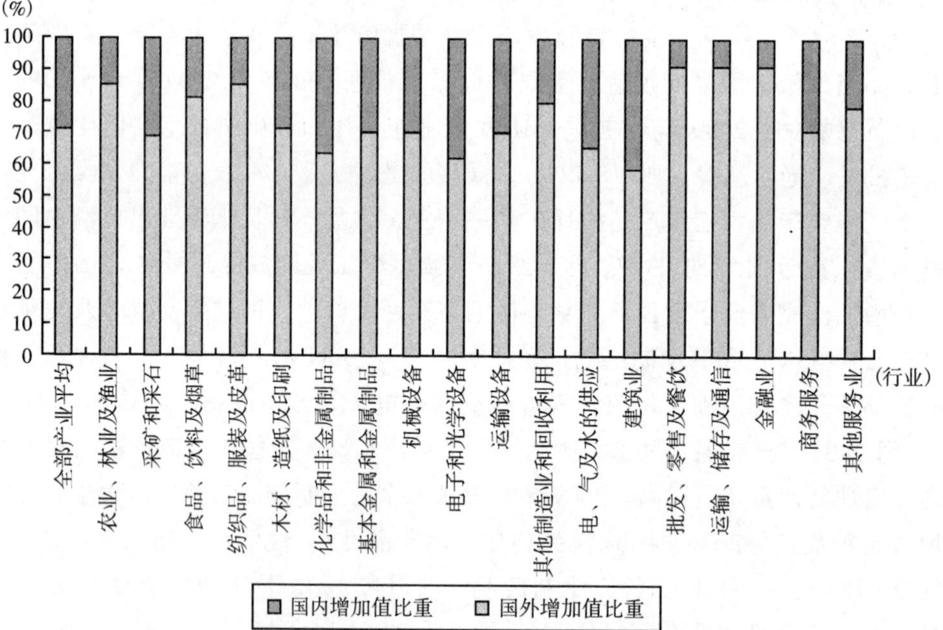

图 2-3　2009 年按行业分类的中国出口额中国内外增加值分布

资料来源：OECD-WTO，OECD-WTO Trade in Value Added Dataset，2013 年 2 月。

二、中国出口商品国际竞争力分析

对中国参与国际分工的状况进行概括之后，还需要进一步分析中国各类出口产品国际竞争力的变化及现状。在中国经济深度融入世界经济体系的背景下，近年来外部经济环境的恶化已经对中国经济增长产生了一定的负面影响。在中国加快转变经济发展方式的过程中，依然要稳定外需、保证出口，以缓解就业压力、积累国际竞争经验。出口商品的国际竞争力则是稳定外需和保证出口的关键。

对一个国家或地区出口商品的竞争力进行测度，最普遍使用的方法是显示比较优势（Revealed Comparative Advantage，RCA）指数，这一指数最初由巴拉萨（Balassa，1965、1977）提出，后来被广泛应用于各种比较优势的计算，并且在原有 RCA 指数基础上出现了各种各样的扩展。这一指数计算比较优势的基本思想是：一国某种出口商品在本国出口中所占的比重与世界此类产品出口占世界出口的比重之比。基于出口的显示比较优势指数可以表示为：

$$RCA_i^{中国} = \frac{中国\ i\ 产品的出口额/中国所有产品的出口额}{世界\ i\ 产品的出口额/世界所有产品的出口额} \quad (2.1)$$

式（2.1）中，$RCA_i^{中国}$ 为中国 i 产品在世界市场上的显示比较优势指数。$RCA_i^{中国}$大于 1，说明中国在 i 产品上具有比较优势，小于 1 则表明不具有比较优势。

利用联合国商品贸易统计数据库（UN Comtrade）提供的数据，我们计算了按《国际贸易标准分类》（修订 4）（SITC revision 4）分类的 2001~2011 年中国八个部门总计 54 类出口产品[①] 的比较优势。计算结果显示，整体上看，中国的工业制成品在世界市场上具有比较优势，并且呈逐步增强的态势，但初级产品没有比较优势，而且比较劣势越来越大。在工业制成品中，低技术工业制成品的比较优势明显，中等技术工业制成品普遍缺乏比较优势，高技术工业制成品具有一定的比较优势。按工业制成品技术含量低、中、高的次序排列，它们的 RCA 值是两端高、中间低，大致表现为“U”形分布。

（一）资源型初级产品缺乏竞争力，并且在持续下降

改革开放初期，资源型初级产品曾经是中国出口创汇的主要载体。不过，经济发展过程中持续增加的初级产品需求以及受资源禀赋的限制而难以改善的供给条件，导致了中国初级产品贸易条件的恶化，由此造成其在世界市场上的竞争力

①《国际贸易标准分类》（修订 4）共包括十个部门（第 0~9 部门），按两位数分类的产品共有 67 类。考虑到第二部门“非食用原料（不包括燃料）”和第九部门“《国际贸易标准分类》未另分类的其他商品和交易”下 13 类产品中中国的出口额很低，因此没有报告其 RCA 值，但在计算其他八个部门 54 类产品的 RCA 值时已将第二部门和第九部门的出口额纳入中国的出口总额。

下降。由图 2-4 可知，2001~2011 年，中国出口的食品和活动物、饮料和烟草、矿物燃料润滑油及相关材料、动植物油脂和蜡等四个部门的初级产品的 RCA 值都小于 1。这表明，2001 年加入 WTO 以来，中国出口的初级产品在世界市场上已不具备比较优势。从这四个部门的初级产品的 RCA 值的变化情况看，2001~2011年它们基本都呈持续下降的态势。这一方面说明，中国出口的初级产品在世界市场上的竞争力不断弱化；另一方面也表明初级产品对中国货物出口的贡献越来越小。具体而言，表现在以下四个方面。

（1）食品和活动物的 RCA 值从 2001 年的 0.8397 降至 2011 年的 0.4502，下降幅度达 46%，这意味着中国此类产品在国际市场上的竞争力明显减弱。

（2）饮料和烟草的 RCA 值从 2001 年的 0.3514 跌至 2011 年的 0.1566，下降幅度高达 55%。不管是 RCA 的绝对值，还是 RCA 的降幅，都显示中国的饮料和烟草在世界市场上的重要性大为下降。

（3）矿物燃料、润滑油及有关原料的 RCA 值从 2001 年的 0.3173 降为 2011 年的 0.0978。这与 2001 年以来中国重化工业快速发展、能源消费不断增长有关。国内需求增加导致国内能源价格上涨，从而使得中国此类产品的出口竞争力下

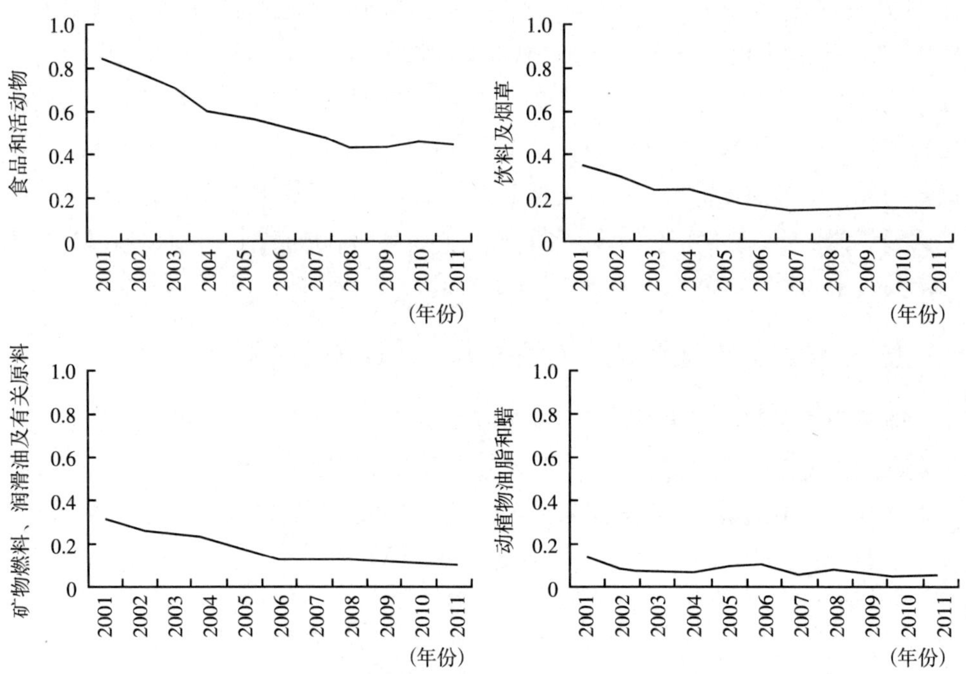

图 2-4　2001~2011 年中国四大类资源型初级产品的 RCA 变化

资料来源：根据联合国商品贸易统计数据整理计算。

降。实际上，中国自20世纪90年代以来都是原油、天然气净进口国，而煤炭出口量近些年持续减少，甚至在2011年成为煤炭净进口国。

（4）动植物油脂和蜡的RCA值从2001年的0.1332跌落至2011年的0.0479。随着中国经济的发展，居民生活水平不断提高，对油脂蜡的消费量大幅上涨，而国内供应条件受自然资源的限制难以持续增加，供需关系的变化导致价格上升，最终削弱了中国此类产品的国际竞争力。

（二）工业制成品大都具有竞争力，并且在逐步增强

与初级产品形成鲜明对比的是，2001~2011年，在中国四个部门的工业制成品中，除未另列明的化学品和有关产品之外，其他三个部门的工业制成品的RCA值基本上都大于1。从这四个部门工业制成品的RCA值的变化情况看，2001~2011年，除其他制成品之外，其他三个部门的工业制成品的显示比较优势都呈不断提高的态势。这意味着，加入WTO以来，中国出口的工业制成品在国际市场上形成了较强的比较优势，工业制成品不断增强的国际市场竞争力是中国货物贸易额高速增长的主要驱动力。具体而言，有以下四点：

（1）未另列明的化学品和有关产品的RCA值虽然小于1，但其数值也在不断提高，这说明此类出口产品的比较劣势在逐步缩小。由于化学品及相关制品业是长流程产业，生产设备及工艺在很大程度上决定了企业生产效率及其产品的国际竞争力。长期以来，中国化工产业的生产设备和工艺都依赖进口，这就使得中国的化学品及相关制品在国际市场上严重缺乏竞争力。随着近年来中国在乙烯成套设备等关键化工设备等领域不断取得突破，化工产业的设备和工艺自主化程度有所提高，这在一定程度上促进了中国化学品及相关制品比较优势的增强。

（2）主要按原料分类的制成品的RCA值一直大于1，虽然其变化有一定起伏，但基本趋势是向上的，由此可见此类出口产品的比较优势在逐步增强。

（3）机械及运输设备的RCA值从2001年的0.8842持续提升至2011年的1.4825，增幅高达68%，在四类工业制成品中其RCA值的增长幅度最大。加入WTO后，中国的机械及运输设备之所以能够从缺乏比较优势升级为具有较强比较优势的出口产品，主要有两方面原因：其一，与其他工业制成品业相比，机械及运输设备制造业单位产出的占地面积更大，在中国各级地方政府竞相以“零地价”等优惠条件招商引资的过程中，机械及运输设备生产企业获得的隐性补贴相对更多，这有利于提高国际市场竞争力；其二，机械及运输设备制造业是资金和劳动力“双重”密集型产业，随着中国经济持续发展，资金要素的稀缺性得到了

较大程度的缓解，加之中国政府对资金成本的管制，使得机械及运输设备制造业能够以较低的成本筹集资金购买生产设备，辅以低成本雇用掌握一定技能的工人，因此具备了在国际市场上击溃竞争对手的良好基础。

（4）杂项制品的 RCA 值从 2001 年的 2.5906 先降低至 2009 年的 2.1718，但此后又连续两年上升，2011 年已回升至 2.2977。中国杂项制成品的 RCA 值一直高于 2，说明它们有很强的国际市场竞争力，可能由于外部需求环境经常发生变化，导致了其 RCA 值出现了一些波动。

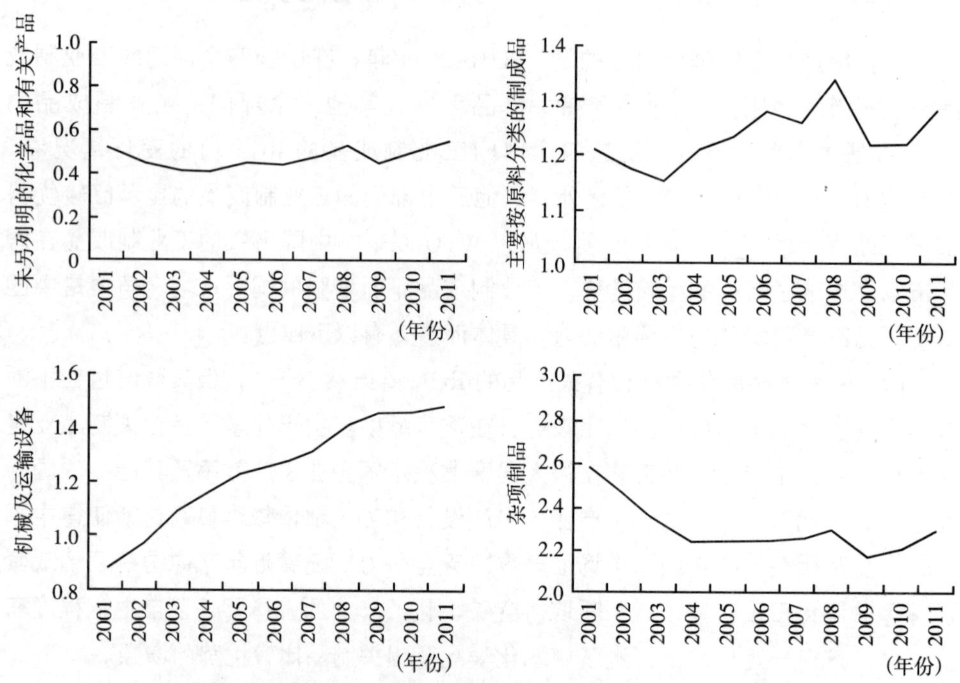

图 2-5　2001~2011 年中国四大类工业制成品的 RCA 变化状况

资料来源：根据联合国商品贸易统计数据整理计算。

（三）根据技术含量将制成品分组，其比较优势大致呈“U”形分布

上述四个部门的工业制成品包括了 35 类产品，它们的技术含量有比较明显的差异。Lall（2000）在分析发展中国家制成品竞争力时指出，从研发比重、规模经济、进入壁垒、学习效应等方面看，参与国际市场竞争的不同产品的技术含量存在显著差异。在《国际贸易标准分类》（修订 2）三位数（SITC 3-digit Revision 2）分类的基础上，他把第 0~9 部门的 300 多种产品按照技术含量分为五大类：初级产品（PP）、资源型产品（RB）、低技术产品（LT）、中等技术产品

(MT)、高技术产品 (HT)。在此基础上，根据产业国际分工和技术学习等方面的特征，他将后四类产品进一步分为九组：①资源型产品分为基于农业资源的产品(RB1)、其他资源型产品 (RB2)；②低技术产品分为纺织服装和鞋类产品(LT1)、其他低技术产品 (LT2)；③中等技术产品分为陆用车辆 (MT1)[①]、加工产品 (MT2)、工程产品 (MT3)；④高技术产品分为电子产品和电力设备(HT1)、其他高技术产品 (HT2)[②]。

由于 2000 年以来，绝大部分工业制成品的技术特征并没有发生重要变化，因此我们依照 Lall (2000) 的分类方法，把前述四个部门的 35 类工业制成品分为九组。其中，资源性产品 5 类，低技术产品 9 类，中等技术产品 13 类，高技术产品 8 类。附表 2-1 报告了这些产品 2001 年、2011 年的 RCA 值，2001~2011 年 RCA 的平均值及变化量。考察 30 类非资源型工业制成品 RCA 值的历时性变化和产业间差异，可以得到以下结论。

第一，低技术工业制成品的比较优势明显，但产业链全球化布局的低技术产品的 RCA 值呈下降态势，而产业链本地化布局的低技术产品的 RCA 值有上升趋势。2011 年，有八类低技术工业制成品的 RCA 值大于 1，其中 RCA>4 的产品有一类，3<RCA<4 的产品有两类，2<RCA<3 的产品有三类，1<RCA<2 的产品有两类。与 2001 年相比，九类低技术制成品中，有三类产品的 RCA 值下降。这三类产品属于 Lall (2000) 所说的 LT1 类低技术制成品，其特征是产业链上的设计、品牌、营销等高附加值环节集中在发达国家，加工等劳动密集型环节分布在低收入国家。在劳动力成本上升的刚性约束下，中国未能同步提升产品设计、品牌运营、营销管理能力，导致这些产业链全球化布局的低技术制成品的国际市场竞争力削弱。另外，其他六类 RCA 值提高的低技术制成品，其产业链基本上都是本地化布局。对于这些产品的生产而言，中国作为工业大国的供应链效率优势十分明显，而且这种优势会随着产业规模的扩大而不断增强[③]，这在相当程度上抵消了劳动力成本上涨对产品国际竞争力造成的负面影响。于是，在劳动力成本上升的背景下，这些低技术制成品的比较优势并没有被削弱，反而有所增强。

---

① 不包括拖车和挂车、不具有机械推动装置的其他车辆、专门设置和装备的运输集装箱。

② HT1 与 HT2 的主要差别是，电子产品和电力设备 (HT1) 在终端的加工装配环节具有劳动密集型特征，因此把这些环节放在低收入国家有利于降低生产成本。

③ 例如，随着产业规模的扩大，在中国珠三角、长三角等地区涌现出了更多紧密联系的批发市场，这类供不同生产商、零售商和消费者进行交易的平台，能显著降低信息搜寻等交易成本。并且与批发市场配套的商务、物流服务效率会随批发市场数量增加和规模扩大而得到持续提高。

第二，中等技术工业制成品普遍缺乏比较优势，但大部分产品的 RCA 值都有所提高，其中产品差异较小、资本/劳动力比率较低的产品的 RCA 值增幅更大。2011 年，在 13 类中等技术产品中，RCA 值小于 1 的产品有十类。这意味着，中国的中等技术产品基本上不具备比较优势。进一步考察这些产品的 RCA 值 2001~2011 年的变化情况可以发现，除有色金属、无机化学品、染色原料、鞣料及色料三类产品外，其他十类产品的 RCA 值都有不同程度的增长。特别是，动力机械及设备、特种工业专用机械、金属加工机械、未另列明的通用工业机械和设备及其未另列明的机器零件四类属于 Lall（2000）所说的 MT3 类中等技术产品的 RCA 增幅显著高于 MT1 和 MT2 类产品。这很可能是因为，相对于 MT1 和 MT2 类制成品而言，MT3 类产品的产品差异程度不高，资本/劳动力比率更低，并且其生产环节主要在拥有大量技能工人的低收入国家进行。由于中国的技能工资显著低于发达国家，因此此类产品具备较强的国际竞争力。另外，MT1 和 MT2 类制成品都属于资本密集型产品，尽管 MT1 类产品的生产装配环节也可以在低收入国家进行，但由于其生产线自动化程度很高，从而使得中国相对于发达国家的低成本劳动力优势对产品竞争力的贡献极为有限。化学品和钢铁等 MT2 类制成品基本上都是过程工业产品，其生产流程具有高度一体化的特征，所以很难把产业链的不同环节进行全球化配置。在此背景下，受原材料资源禀赋不足、生产设备和工艺自主化程度不高等因素的影响，中国提高此类产品的比较优势自然显得步履维艰。

第三，高技术工业制成品具有一定的比较优势，并且大部分产品的 RCA 值有比较明显的提高，然而医药品不但缺乏比较优势，而且其 RCA 值还有所下降。2011 年，在八类高技术制成品中，RCA 值大于 1 的产品有六类。尤其需要注意的是，四类属于 Lall（2000）所说的 HT1 类高技术产品的 RCA 值全部大于 1。其中，办公用机器及自动数据处理设备的 RCA 值大于 3，电信、录音及重放装置和设备的 RCA 值大于 2，这表明这两类产品的比较优势相当明显。从 2001~2011 年高技术制成品的显示比较优势的变化情况看，除医药品、未另列明的杂项制品以及未另列明的摄影仪器、设备和材料以及光学产品三类产品外，其余五类产品的 RCA 值都有所提高。中国的 HT1 类高技术产品之所以形成了较强的比较优势，主要原因有三个：

（1）此类产品产业链终端的加工装配环节具有劳动密集型的特征，技能工人数量多且工资水平比发达国家低的中国在这一环节对跨国公司有很强的吸引力。

（2）此类产品的复杂程度较高，最终成品的装配需要购进多种零部件，并且持续的技术进步使得它们的价格下降速度很快，从而对供应链效率提出了更高要求。经过多年的发展，中国已经形成许多专注于此类产品生产的产业集群，供应链效率显著高于其他发展中国家，甚至能与发达国家相媲美，这有助于企业降低生产成本。

（3）与化学品和机械设备等中等技术制成品产业相比，中国政府对高技术制成品产业的支持力度更大、更有持续性。改革开放后特别是 1986 年以来，中国制定实施了涵盖高层次人才政策、产业技术政策、产业财税政策、产业投资融资政策、关税等贸易政策在内的一系列高新技术产业政策。这些政策在培养技术人才、提升国内企业技术能力、吸引国外企业到华投资等方面发挥了积极作用。持续的政策支持，使中国高技术产业以更低的成本获得了充足的资金、人才、土地等生产要素，在帮助高技术企业降低成本的同时，也在一定程度上降低了高技术产业发展所面临的非技术性风险。

第四，按工业制成品技术含量低、中、高的次序排列，它们的 RCA 值是两端高、中间低，大致表现为“U”形分布。根据产品的技术含量对 30 类非资源型工业制成品进行分组后，考察不同技术含量制成品 RCA 值的差异，可以发现中国工业制成品的 RCA 值与其技术含量之间并没有负相关关系。事实上，中等技术制成品的显示比较优势明显弱于低技术、高技术制成品（见图 2-6）①。与 2001 年相比，尽管中等技术制成品的 RCA 值在 2011 年已有一定程度提高，而同期低技术制成品的 RCA 值略有下降，但由于中等技术制成品的 RCA 值与低技术制成品的 RCA 值差距太大，加之高技术制成品的 RCA 值在同期提高得更快。所以，在此十年内按技术含量分组的中国工业制成品的 RCA 值的“U”形分布态势不但没有被动摇，反而有所加强。作为发展中大国，在现阶段中国的要素禀赋结构里，劳动力富裕程度开始下降，资金短缺局面得到很大缓解，但技术尤其是重要原创技术稀缺的痼疾依然亟待解决。在此背景下，中国的中等技术制成品比较优势整体上弱于高技术产品，既有各类产品的生产企业在市场这只“看不见的手”的指引下进行产业链布局的影响，又有中国政府以“看得见的手”干预生产要素配置的作用。尽管高技术制成品形成了较强的比较优势，符合中国政府的政策目标。但是，如果中等技术制成品的比较优势一直不能形成，很可能会产生严重的

① 需要说明的是，在低、中、高技术含量分组内部，并没有进一步区分各类产品的技术含量。调整各组内部产品的排列次序，会对图 2-6 中的“U”形曲线形状产生一定影响，但中等技术制成品的 RCA 值比低技术、高技术制成品的 RCA 值都低的基本结论依然成立。

后果。这一点在要素禀赋结构发生根本性改变后会变得更加明显。毕竟，对于中国这样一个工业大国而言，没有发达的、世界领先的中等技术制成品产业，那么许多重要的中间品、资本品就需要依赖进口，最终会使得高技术制成品产业发展成为“无源之水”，很可能会长期停留在高技术产品装配车间的水平，建设工业强国更是无从谈起。

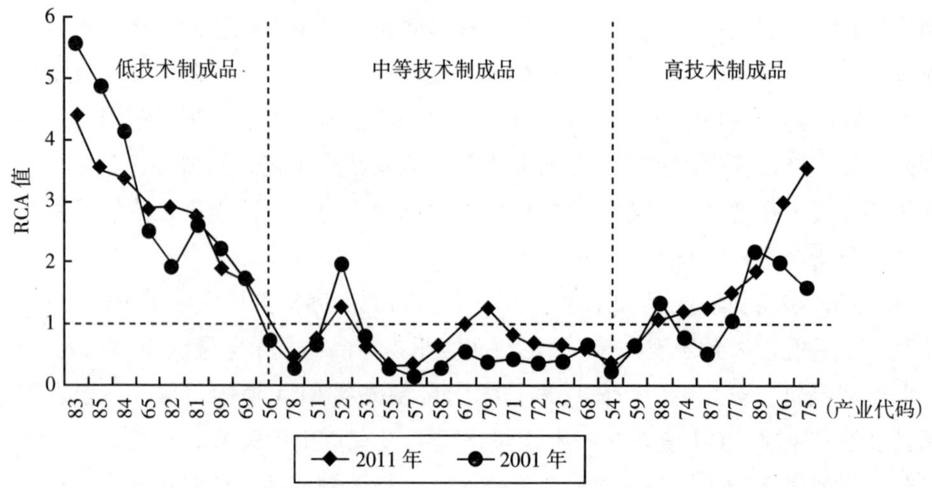

图 2-6　2001 年和 2011 年按技术含量分组的中国 30 类工业制成品的 RCA 值

注：图中横坐标上的数字是根据《国际贸易标准分类》(修订 4) 分类的二位数产业代码，它们对应的产业名称参见附表 2-1。

资料来源：根据联合国商品贸易统计数据整理计算。

三、中国潜在比较优势产业判断

前述显示比较优势指数和出口总额中的国外增加值比重分别从“量”与“质”的角度揭示了中国的出口结构。不过，通过这些指标我们只能获得中国在某一时点的出口结构和国际竞争力状况，无法得知出口结构在未来的动态转换方向，也很难判断将来哪些国家会在低技术制成品贸易中对中国形成威胁，哪些国家是中国提升中等技术产品和高技术产品出口竞争力的主要对手。Hausmann 和 Klinger（2006a）在其构建的产品空间分析法（Product Space Analysis）中指出，以显示比较优势为基础测算出口产品密度（Product Density）后，能在一定程度上根据一国整体出口布局预判其未来的出口结构转换潜力和方向。近年来，国内外已有多项研究通过测算产品密度指标来判断发展中国家的出口转换能力[①]。

具体而言，出口产品密度指标的计算是以显性比较优势（RCA）为基础的。如果 a 国的 i 产品在 t 时点的$RCA^a_{i,t}>1$，表明该国在 i 产品出口上具有比较优势，并记为 $x^a_{i,t}=1$，否则 $x^a_{i,t}=0$；如果该国的 j 产品在 t 时点的 $RCA^a_{j,t}>1$，则表明该国在 j 产品出口上也具有比较优势，同样记为 $x^a_{j,t}=1$，否则 $x^a_{j,t}=0$。Hausmann 和 Klinger（2006a）认为，此时在出口产品空间中，i 产品与 j 产品的距离较为接近。他们提出，要用两种产品同时具有比较优势的条件概率 $\varphi_{i,j,t}$ 来计算它们之间的距离。其中，$\varphi_{i,j,t}=\min\{p(x_{i,t}|x_{j,t}), p(x_{j,t}|x_{i,t})\}$，$\varphi_{i,j,t}$ 的值越大，表明在出口产品空间中，这两种产品之间的距离越近，实现产品间转换的可能性就越大。

Hausmann 和 Klinger（2006a）以及 Hidalgo、Klinger、Barabasi 和 Hausmann（2007）指出，在微观上，出口企业在利润最大化目标的指引下，会选择转向距离较近且比较优势更强的产品；在宏观上，一个国家或地区的出口结构决定于为数众多的出口企业的产品决策。假如较大比例的出口企业都选择转向 i 产品，那么该国就可以顺利实现向 i 产品的转换。这就意味着，在该国的出口产品空间中，相对于其他产品而言，i 产品周围分布的其他产品更多。Hausmann 和 Klinger（2006a）等用出口产品密度指标来刻画这一特征。具体计算方法是，以所有其他产品到 i 产品的总距离为分母，以具备比较优势的产品（即 $x^a_{j,t}=1$，$j\neq i$）到 i 产品的距离为分子，两者之商就是 i 产品的产品密度指标值，即：

① 例如，Hausmann 和 Klinger（2006b，2008，2009）采用此方法分别考察了南非、哥伦比亚和加勒比国家的贸易结构转换问题。Hausmann、Klinger 和 Lopez-Calix（2008）利用产品密度指标分析了阿尔及利亚出口多元化的经历，并指出了其出口结构未来可能的演变方向。Felipe、Kumar、Usui 和 Abdon（2010）通过分析指出，产品密度指标能够比较有效地预示中国出口结构转变方向。Felipe、Kumar 和 Abdon（2010）探讨了这一方法在分析印度出口结构转型和贸易政策方面的有效性。Hidalgo（2011）分析了非洲东部和南部五个国家未来最有可能在出口方面形成突破的产业。Jankowska、Nagengast 和 Perea（2012）通过比较亚洲国家和拉丁美洲国家的出口结构转换经历验证了产品密度指标的有效性。Cruz 和 Riker（2012）探讨了产品密度指标对于解释巴西 1998~2008 年出口结构转换上的效力，在此基础上对巴西未来的出口结构进行了预测。国内学者中，曾世宏、郑江淮（2008，2010）阐述了产品空间结构理论对我国转变经济发展方式的启示，并对江苏省经济发展过程中的产品空间结构转型进行了实证分析。万金、祁春节（2012）检验了产品空间结构与比较优势变动的关系，并对中国农产品比较优势培育目标的选择进行了探讨。邸玉娜、李月（2012）采用产品密度分析的方法，论证了产品密度对跨越“中等收入陷阱”的作用机制与实现路径。

$$\text{density}^{a}_{i,t} = \left(\sum\nolimits_{j \neq i} \varphi_{i,j,t} \cdot x^{a}_{j,t} \right) \Big/ \left(\sum\nolimits_{j \neq i} \varphi_{i,j,t} \right) \tag{2.2}$$

我们利用联合国商品贸易统计数据库中 218 个国家和地区 2011 年的出口数据，计算了按《国际贸易标准分类》（修订 4）（SITC Revision 4）分类的 2011 年全球九个部门 63 类出口产品[①]的距离矩阵，以此为基础测算了 75 个国家及地区 63 类出口产品的产品密度[②]。分析结果显示，中国出口结构平稳转换的微观基础比较扎实。至于具体的转型方向，机械及运输设备等中高技术制成品将会在出口结构中发挥更重要的作用，部分劳动密集型产品的比较优势将持续保持，但更多劳动密集型产品会跌出比较优势领域。在中国出口结构转型升级的过程中，不同类别潜力产品的主要竞争对手有较大差异。其中，南欧国家、中东欧转型国家及印度会在低技术劳动密集型产品领域挑战中国的领先地位；德国等欧洲大陆发达经济体和美国是中国在中等技术制成品领域的主要竞争对手；美国、欧洲和东亚地区发达经济体则是中国在高技术制成品领域的赶超对象。

（一）优势产品与潜力产品之间的距离比较近，出口结构平稳转换具备一定基础

如前文所述，RCA 评价的是现有出口产品比较优势状况，而产品密度指标则刻画了未来形成比较优势的可能性。一种产品的 RCA 值大于 1，说明目前它是出口优势产品，并且 RCA 值越高，其比较优势越明显；另一种产品的产品密度大于 0.5，说明未来它是潜力产品，并且产品密度指标值越高，其成为出口优势产品的潜力越大。如果优势产品与潜力产品一致或接近，那么生产优势产品的企业就有动力转向潜力产品，从而促使经济体实现出口结构的平稳转换。于是，横向比较中国及其他国家出口产品密度与 RCA 值之间的相关系数，可以看出中国优势产品与潜力产品间的距离，从而判断中国是否具备平稳转换出口结构的微观基础。此外，进一步考察中国各类出口产品 RCA 值与产品密度的分布状况，能够预判未来哪些产品更有可能成为出口优势产品。

---

①《国际贸易标准分类》（修订 4）总共包括十个部门（第 0~9 部门），按两位数分类的产品共有 67 类。考虑到第九部门"《国际贸易标准分类》未另分类的其他商品和交易"下四类产品全球的出口额很低，因此没有将其纳入计算范围。

② 附表 2-2 列示了这 75 个国家和地区的具体名称及洲际分布。2011 年，这 75 个样本国家和地区的出口额之和占世界出口总额的比重为 89%。这表明，这些国家和地区已经具备很强的代表性。其他 143 个国家和地区的出口额占比总共只有 11%，而且极为分散，因此不考虑它们的产品密度以及出口结构转换方向，不会对后面的分析结论产生明显影响。

整体上看，中国出口产品的 RCA 值与产品密度指标值的相关系数较高，这为实现平稳转换出口结构的目标奠定了良好基础。具体而言，2011 年，中国 63 类出口产品的 RCA 值与产品密度指标值之间的相关系数为 0.6238。在我们计算的 75 个样本国家和地区中，仅次于德国、中国香港、日本、新加坡，排在第五位（见图 2–7）。德国等国家（地区）都是发达经济体，也是贸易强国（地区），其出口产品的 RCA 与产品密度具有很高相关性，表明未来它们的出口结构将继续向目前具备较强比较优势的领域升级①。与这些国家（地区）类似，中国 RCA 与产品密度具有较高相关性，这表明出口优势产品的产品密度基本上都比较高，未来生产这些产品的企业会更多，出口结构转型升级具有比较好的微观基础。

不过，也要透过数字本身看到中国出口结构转型升级的挑战与德国等贸易强国存在本质区别。由于生产要素配置和生产技术水平已经基本处于前沿水平，德国等的出口结构升级主要表现为众多企业从生产一种优势产品转向另一种优势更明显的产品，其面临的挑战更多来自严格的劳工保护标准等方面。与它们相比，中国企业的生产要素配置和生产技术水平相对较低，出口结构转型升级实际上要求大量企业从优势产品的价值链低端攀升至高端，在此过程中既要面临提高技术创新水平、提升运营效率的挑战，更要面对掌控价值链分配主导权的跨国公司的围堵压力。因此，尽管中国出口结构平稳转换具备一定基础，但要顺利实现这一目标还要付出艰苦努力。

（二）中高技术制成品成为优势产品的潜力最大，劳动密集型产业将会出现分化

在中国出口结构可能实现平稳转换的条件下，需要进一步明确哪些产品未来更有可能成为出口优势产品，目前在出口结构中发挥重要作用的比较优势显著的产品以后会“风光依旧”，还是成为“明日黄花”。从表 2–2 中的 2011 年中国 63 类出口产品的 RCA 值和产品密度指标值来看，初级产品及资源型制成品未来成

---

① 与德国、日本相比，同属贸易强国的美国，其 RCA 值与产品密度指标值之间的相关系数只有 0.3051。这主要是因为美国具备比较优势的产品种类更多，63 类产品中有 31 类产品的 RCA 值大于 1。而且不管是初级产品、资源型制成品，还是中高技术制成品领域，美国都有具有比较优势的产品。于是，其出口优势产品的产品密度自然要低一些。的确，从生产优势初级产品（例如大豆）转向生产中高技术制成品（例如大型客机部件）的难度，确实要大于从生产一种中高技术制成品（例如火电厂脱硝催化剂）转向另一种中高技术制成品（例如汽车尾气污染物控制催化剂）。但是，考虑到美国在全球中高端货物贸易领域的大范围领先优势，其 RCA 值与产品密度指标值之间的相关系数较低并不意味着其出口结构升级面临更大困难。

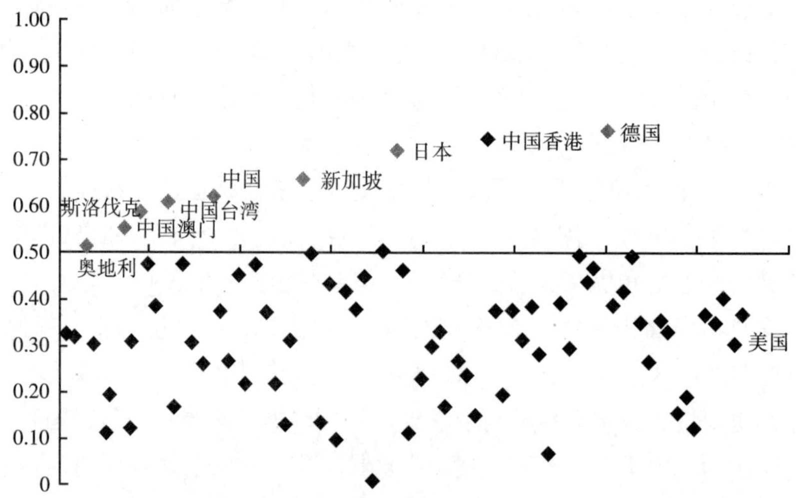

图 2-7　2011 年世界 75 个主要贸易国家和地区的 RCA 值与产品密度的相关系数

资料来源：根据联合国商品贸易统计数据整理计算。

为出口优势产品的可能性很小，机械及运输设备等中高技术制成品未来成为出口优势产品的潜力最大，纺织服装及鞋类等劳动密集型产业今后将出现分化[①]。

第一，在中国的资源禀赋和世界贸易格局不发生颠覆性变化的前提下，初级产品和资源型制成品很难成为出口优势产品。

（1）就初级产品而言，在 28 类产品中，2011 年只有第 3 类产品，即鱼（非海洋哺乳动物）、甲壳动物、软体动物和水生无脊椎动物及其制品具有比较优势。2011 年，此类产品的 RCA 值为 1.2842，但其产品密度很低，仅为 0.2527。这表明，此类产品周围并没有聚集多少其他具有比较优势的产品。因此，可以判断生产其他优势产品的企业转而制造此类产品的动机不够强烈，未来它在中国出口结构中发挥更重要作用的微观基础很薄弱[②]。

（2）就资源型制成品而言，在五类产品中有三类产品具有比较优势。2011 年，未另列明的橡胶制品、不包括家具在内的软木及木材制品、未另列明的非金

① 初级产品涵盖的范围参见附表 2-3，资源型制成品、低技术制成品、中等技术制成品、高技术制成品的分类情况参见附表 2-1。

② 邸玉娜、李月（2012）在比较东亚国家（地区）与拉美国家 1996 年、2006 年的出口结构转换情况后指出，RCA 最大的产品与产品密度最大的产品之间的距离在 0.35 以上时，企业在利润最大化动机驱动下自发地实现出口结构转型升级的可能性较大。考虑到产品密度指标的计算方法，可以由此推知：在 RCA 值大于 1 的产品中，产品密度大于 0.35 的更有可能在未来继续保持甚至提升其比较优势，相反，若产品密度小于 0.35，可以认为即使其 RCA 值大于 1，今后维持现有比较优势的可能性不大。

属矿产品等 3 类产品的 RCA 值分别为 1.2320、1.5845、1.0541，产品密度分别是 0.3954、0.3042、0.3161。综合考虑这三类产品的 RCA 和产品密度状况，可以判断未另列明的橡胶制品继续保持乃至提升出口优势产品地位的可能性更大。不包括家具在内的软木及木材制品、未另列明的非金属矿产品这两类资源型制成品，虽然现阶段具有一定比较优势，但由于生产其他优势产品的企业转向这两个领域的可能性相对较小，因此未来要维持其现有比较优势可能面临不少困难。因此，在 28 类初级产品和五类资源型制成品中，未来只有未另列明的橡胶制品这一类产品有可能保持或提升比较优势，初级产品和资源型制成品几乎不可能会是中国出口结构转型升级的方向。

第二，未来具有比较优势的低技术制成品的种类会减少，特别是现阶段具有显著比较优势的劳动密集型产品未来很可能出现分化。2011 年，在九类低技术制成品中，RCA 值大于 1 的产品有八类。但在现阶段具有比较优势的八类产品中，各种服装和服饰用品、肥料的产品密度分别为 0.33、0.29，均低于 0.35 的临界值，可以认为今后维持现有比较优势存在较大困难。

（1）在 RCA 值大于 1 且产品密度大于 0.35 的六类产品中，旅行用具、手提包及类似容器的 RCA 值和产品密度都最高，分别为 4.37、0.53。在生产要素配置和生产技术方面，与此产品有很高相似性的另一类产品——鞋类，其 RCA 值和产品密度分别为 3.51 和 0.38。因此，可以认为，在中国的要素禀赋结构逐步转向不利于劳动密集型产品出口的背景下，鉴于鞋类的 RCA 和产品密度均显著低于旅行用具、手提包及类似容器，前者保持出口优势产品地位的难度比后者要大得多。

（2）同样，由于预制建筑物及相关产品与家具及其零件这两类产品在生产要素配置和生产技术方面具有较高相似性，未来这两类产品的生产企业在资金、劳动力等要素市场竞争时，两者中 RCA 和产品密度均较高的产品——家具及其零件的生产企业会有更大的优势，因此它保持比较优势的难度显著低于预制建筑物及相关产品生产企业。

（3）至于未另列明的金属制品以及纺织纱（丝）、织物、未另列明的成品及有关产品这两类产品，其资本/劳动力比率相对较高，生产要素配置及生产技术与其他四类劳动密集程度更高的产品存在比较明显的差异，所以这两类产品未来能否维持其比较优势，主要取决于要素禀赋结构的转变状况。整体而言，根据 RCA 和产品密度这两个指标预判的低技术制成品未来的比较优势变化趋势，符合经典国际贸易理论的分析结论，即随着劳动力充裕度的下降和资本短缺局面的缓解，技术含量较低的劳动密集型产品的比较优势会逐步削弱。但是，根据RCA和产品密度得出的判断也有新颖之处，即在要素禀赋结构发生变化后，不同种类的劳动密集型产品的比较优势并不是同步下降的，而是按一定次序先后萎缩的。RCA值和产品密度都低的产品的比较优势下降得最快，它们最先从出口优势产品领域跌出；接着是RCA值较低但产品密度较高的产品；然后是RCA值较高但产品密度较低的产品先后失去比较优势；最后是劳动密集型产品中RCA值和产品密度均最高的产品继续保持其比较优势，直至要素禀赋结构转换为完全不适合劳动密集型产业发展的状态为止。

第三，中高技术工业制成品未来将成为出口结构转型升级的重要方向，但在潜力产品中，中等技术制成品的比例偏低，这很可能会严重影响中国高技术制成品乃至所有工业制成品在国际市场上的实质性竞争力。

（1）关于中等技术制成品，在13类产品中，2011年只有无机化学品、其他运输设备、未另列明的通用工业机械和设备及其未另列明的机器零件三类产品的RCA值大于1。其中，无机化学品的产品密度仅为0.28。因此，可以认为，在中国的要素禀赋结构逐步转变，并且中国政府干预要素配置的政策体系不发生根本性改变的条件下，未来很可能只有其他运输设备、未另列明的通用工业机械和设备及其未另列明的机器零件这两类产品能提升其比较优势地位。

（2）就高技术制成品而言，在八类产品中，2011年只有医药品、未另列明的化学原料及其产品这两类产品的RCA值小于1。并且，现阶段具有比较优势的六类产品的产品密度均大于0.35。这意味着，在这些具有比较优势的高技术制成品周围，聚集了较多的出口优势产品，未来很可能会有更多现在生产其他优势产品的企业转而制造这些更有潜力的产品。其中，电信、录音及重放装置和设备，未另列明的电力机械、装置和器械及其电器零件，以及未另列明的摄影仪器、设备和材料以及光学产品三类产品的产品密度在这六类产品中位居前三位。可以认为，未来这三类产品是引领中国出口结构转型升级最重要的产品。

（3）整体而言，在21类中高技术工业制成品中，有八类产品是很有可能成为支撑中国出口结构转型升级的重点产品。相比之下，在28类初级产品、九类低技术制成品中，分别只有一类、四类产品有可能继续保持比较优势。也就是说，根据2011年的RCA值和产品密度预判有可能会维持或提高比较优势水平的13类产品中，单纯从产品种类的数量上看，中高技术制成品占62%、低技术制成品占31%、初级产品占7%。从2011年的出口额占比看，在13类潜力产品中，八类中高技术产品出口额占当年出口总额的比重为50.12%，四类低技术制成品占比 12.09%，一类初级产品占比 0.89%。在潜力型中高技术产品出口额占比目前已经超过 50%的背景下，随着出口结构进一步转型升级，预计中高技术制成品在中国出口结构中的重要性将进一步增强。

表 2-2　2011 年中国 63 类出口产品的 RCA 值和产品密度

产品代码	产品密度	RCA	产品代码	产品密度	RCA	产品代码	产品密度	RCA	产品代码	产品密度	RCA
00	0.30	0.2536	25	0.35	0.0444	55	0.31	0.3243	73	0.41	0.6338
01	0.29	0.1984	26	0.25	0.6460	56	0.29	1.0044	74	0.39	1.2018
02	0.31	0.0303	27	0.27	0.7380	57	0.36	0.3400	75	0.46	3.5124
03	0.25	1.2842	28	0.25	0.0163	58	0.35	0.6637	76	0.50	2.9287
04	0.26	0.0923	29	0.27	0.7630	59	0.32	0.6667	77	0.49	1.5403
05	0.26	0.8362	32	0.27	0.2715	61	0.31	0.4997	78	0.39	0.4513
06	0.27	0.2810	33	0.24	0.0911	62	0.40	1.2320	79	0.35	1.2602
07	0.26	0.2155	34	0.26	0.0498	63	0.30	1.5845	81	0.35	2.7385
08	0.27	0.2888	35	0.32	0.2952	64	0.35	0.6320	82	0.37	2.8901
09	0.29	0.3813	41	0.29	0.2170	65	0.35	2.8847	83	0.53	4.3660
11	0.29	0.1138	42	0.27	0.0263	66	0.32	1.0541	84	0.33	3.3303
12	0.29	0.2504	43	0.27	0.1110	67	0.32	0.9907	85	0.38	3.5092
21	0.25	0.0087	51	0.38	0.7503	68	0.28	0.5433	87	0.40	1.2174
22	0.27	0.1160	52	0.28	1.3039	69	0.38	1.7478	88	0.49	1.0453
23	0.35	0.1610	53	0.34	0.6468	71	0.38	0.7861	89	0.38	1.8838
24	0.28	0.1620	54	0.35	0.2274	72	0.37	0.6680			

注：各类产品代码为按《国际贸易标准分类》（修订 4）分类的二位数代码，除附表 2-1 列示的 35 类工业制成品外，其余 28 类初级产品对应的二位数代码参见附表 2-3。

资料来源：根据联合国商品贸易统计数据整理计算。

（三）各类潜力产品的竞争对象不同，低技术潜力产品主要与转型国家竞争

在明确了未来将在中国出口结构中发挥更重要作用的产品类别后，从加强潜力产业合作、防范贸易摩擦等方面看，还需要进一步考察各类潜力产品今后在国际市场上主要与哪些国家和地区的同类企业竞争。以世界 75 个主要贸易国家和地区 63 类产品 2011 年的 RCA 值和产品密度为基础，按照 RCA 值大于 1 和产品密度大于 0.35 的标准，针对中国的 13 类潜力产品，逐一确定其主要竞争国家和地区。以第 83 类产品（旅行用具、手提包及类似容器）为例，具体的步骤是：①从其他 74 个国家和地区中，选择此类产品 RCA 大于 1 的国家和地区；②从中

挑选产品密度大于 0.35 的国家和地区；③按产品密度值从高到低排列这些国家和地区，若产品密度值相同，则 RCA 值大者居前；④如果中选国家和地区数目超过十个，就取排在前十位的国家和地区作为主要竞争对手，如果不足十个，就全部作为主要竞争对手。

由表 2–3 可知，各类潜力产品的竞争对象存在一定差异。其中，在资源型制成品领域，将来中国主要与欧洲国家竞争；在低技术含量的劳动密集型产品领域，将来中国主要与中东欧转型国家、南欧国家及印度竞争；在中等技术制成品领域，将来中国主要与德国等欧洲大陆发达经济体和美国竞争；在高技术制成品领域，将来中国主要与美国、欧洲和东亚地区发达经济体竞争。

第一，在资源型制成品领域，中国的潜力产品生产企业将与欧洲国家的同行展开竞争。如前文所述，在 28 类初级产品和五类资源型制品中，中国仅有第 62 类产品，即未另列明的橡胶制品，今后可能保持乃至提升比较优势地位。此产品的范围主要涵盖橡胶膏、板、片、棒、丝、管等橡胶材料，各种车轮用的橡胶轮胎、可换外胎、轮胎垫带及内胎，医药卫生用软质硫化橡胶制品、传动或输送用的硫化橡胶皮带或皮带传动装置、硬橡胶、其他硬橡胶或软质硫化橡胶的制品等。中国是世界第一大天然橡胶消费国，尽管国内资源相对不足，但由于毗邻泰国、马来西亚、越南这世界前三大天然橡胶出口国，并且中国的橡胶制品生产技术远高于这些国家。所以，中国的橡胶制品企业比较稳定地获得初级原料。在此基础上，国内庞大的市场需求带动一大批企业从事橡胶制品的研发、生产和销售活动，并将大量产品出口到国外。可以预见，中国的橡胶制品将会持续保持甚至提高其比较优势地位。但是，西班牙、塞尔维亚、波兰、德国、意大利、法国等欧洲国家的橡胶制品都属于各国的比较优势产品，并且产品密度都很高，这预示着这些国家内今后会有更多企业转而生产此类出口优势产品。考虑到欧盟目前已经成为世界第三大天然橡胶和合成橡胶消费区，加之聚集了米其林、倍耐力、马牌等世界轮胎巨头。在全球轮胎用胶占橡胶消费总量 50%以上的背景下，预计欧洲国家将会通过产业链区域内分工构建起更加强大的竞争力[①]。综合 RCA 值和产品密度的数据分析结论，以及全球橡胶产业的发展现状及趋势，可以认为中国在提升橡胶制品比较优势，尤其是在向橡胶产业链中高端攀升的过程中，将会面临德国、法国、意大利等在产业链高端占据优势的国家的“堵截”，以及塞尔维亚、

① 本段中有关全球橡胶产业消费及进出口数据、产业布局及发展态势等资料，均取自国际橡胶研究组织（IRSG）于 2012 年 12 月发布的 The World Rubber Industry Outlook（2013）。

斯洛文尼亚、捷克、罗马尼亚等在产业链中低端具有较强优势的国家的“围攻”。

第二，在低技术制成品领域，中东欧转型国家、南欧国家及印度等国将会强有力地挑战中国在全球市场的领先优势。具体而言，有以下三点。

（1）在中国的劳动密集型潜力产品领域，第 82 类产品，即家具及其零件，在西班牙、塞尔维亚、克罗地亚等中东欧转型国家和南欧国家都属于出口优势产品，并且产品密度都很高，这表明未来这些国家将会依托比较丰富的劳动力资源、相对完备的供应链体系以及邻近消费市场的优势，与中国在国际市场上展开激烈竞争。

（2）同样是中国的劳动密集型潜力产品，第 83 类产品，即旅行用具、手提包及类似容器，在其他 74 个国家和地区中，只有意大利、中国澳门、法国、印度、中国香港等五个国家和地区的同类产品属于各自的潜力产品[①]。其中，中国澳门、中国香港在此类产品上的比较优势主要来自转口贸易，而且在很大程度上依赖于中国大陆的劳动力资源和供应链效率等方面的优势，与中国大陆基本上“同甘苦、共进退”。意大利、法国在此类产品上的竞争力更多体现在价值链高端的设计、品牌、营销上，而印度的竞争力更多来自比中国更加丰富的低成本劳动力。综合考虑这些因素，可以认为，在旅行用具、手提包及类似容器的国际竞争中，中国一方面在产业链低端环节不能让印度很快赶超，另一方面又要在高端环节尽快接近乃至超越意大利、法国。这样才能使此类产品的比较优势稳定地维持在一个可以接受的水平。

（3）对于其他两类资本/劳动力比率相对较高的低技术潜力产品而言，第 65 类产品，即纺织纱（丝）、织物、未另列明的成品，未来与中国竞争的国家分布相对比较分散。包括欧洲的西班牙、立陶宛、意大利、希腊、奥地利、罗马尼亚，亚洲的印度、泰国、土耳其以及非洲的埃及。第 69 类产品，即未另列明的金属制品，今后中国面临的竞争基本来自欧洲国家。其中，既有德国、法国、意大利、丹麦等发达经济体，也有塞尔维亚、克罗地亚、波兰等转型国家。整体上判断，在第 62 类和第 69 类低技术潜力产品领域，目前在中国后面追赶的主要是

---

① 实际上，在其他 74 个国家和地区中，除这五个国家和地区之外，还有越南的此类产品的 RCA 值（3.30）大于 1，其余 68 个国家和地区的 RCA 值都小于 1。这表明从国家和地区的角度看，此类产品的生产集中度很高。然而，越南此类产品的产品密度只有 0.29。出于统一筛选标准的考虑，并没有将越南列在表 2–3 中。需要指出的是，尽管越南此类产品的产品密度低于 0.35，但在该国 63 类产品的产品密度中排在第十位。结合 RCA 值大于 1 这个标准，旅行用具、手提包及类似容器这类产品在越南的潜力产品中排在第五位。由此判断，越南很可能成为中国未来在此类产品领域的重要竞争对手之一。

印度、土耳其、埃及，与中国基本上并驾齐驱的有泰国、中东欧转型国家，在技术研发、生产制造、品牌营销等领域领先中国的有德国、法国、意大利等欧洲发达国家。与这三个不同层次的国家竞争时，中国的侧重点应该是通过资本设备投资尽量拉开与“追兵”的距离，通过主导区域性产业布局形成更加强大的供应链效率优势以从同行者中脱颖而出，从研发和品牌环节入手逐渐向价值链高端渗透，等待超越先行者的机会。

第三，在中等技术制成品领域，中国将会在国际市场上与德国等欧洲大陆发达经济体正面交锋。在中国 13 类中等技术制成品中，只有第 74 类和第 79 类产品属于潜力产品。

（1）在第 74 类产品，即未另列明的通用工业机械和设备及其未另列明的机器零件领域，十个未来主要竞争对手中，除美国外，其他九个都是欧洲国家，具体包括德国、奥地利、意大利、法国、丹麦、斯洛文尼亚、捷克、奥地利、瑞典。在九个欧洲国家中，斯洛文尼亚和捷克属于转型国家，德国等七个国家都是发达国家。

（2）在第 79 类产品，即其他运输设备领域，除印度和加拿大之外，其他八个主要竞争对手都是欧洲国家。这些欧洲国家都有一个重要的特征，即重工业特别是重型机械设备制造业相当发达。从上游的关键材料，到中游的冶金、铸造、锻造、热处理、冲压、加工工艺，再到下游的产品集成、检测、维修服务等，欧洲国家已经形成了完整的产业链条。短期内，中国在通用工业机械设备和其他运输设备领域全面超越欧洲的难度很大。未来与欧洲国家竞争的重点策略应该是，依托国内自主生产的大型成套设备和高端主机对各类高精尖专用零部件的旺盛需求，利用美国、日本机械制造业产业转移的机会，与其合作共同抗衡欧洲机械零部件制造企业。在此基础上，与中国工程企业“走出去”战略相配合，在中东、拉美、非洲等地区的基础设施建设和运营过程中，把中国的大型成套设备和中高端主机“带出去”，增强国外市场对中国机械设备和运输设备的认知，逐步提高国际市场占有率。

第四，在高技术制成品领域，中国的赶超对象则是美国、欧洲和东亚地区发达经济体。具体而言，有以下两点。

（1）在第 75 类和第 88 类产品领域，中国将来主要是与东亚发达经济体竞争。在第 75 类产品，即办公用机器及自动数据处理设备领域，除了美国之外，其他六个竞争对手中，亚洲和欧洲各占一半。实际上，美国、日本、韩国的跨国公司共同主导着东亚地区此类产品的区域分工，泰国、中国台湾、新加坡都隶属于这一分工体系。与之相对应的是，荷兰的跨国公司主导了欧洲此类产品的区域分工，匈牙利、捷克更多承担着产业链中下游环节的活动。而中国则是这两大体系的逐鹿之地，两者在华都有战略性项目布局。目前看来，荷兰主导的欧洲体系日渐式微。在此背景下，中国有必要联合荷兰等欧洲国家，在办公设备领域与美国、日本、韩国竞争。至于第 88 类产品，即未另列明的摄影仪器、设备和材料以及光学产品领域，除意大利和瑞士之外，其他七个都是东亚经济体。特别值得注意的是，意大利和瑞士在此领域的优势产品是工业相机，而东亚经济体的优势产品是家用相机，两种产品的生产制造和购买群体都有显著差异。由于日本、韩国主导的家用相机东亚区域分工体系已经相当完善，而中国在此体系中处于从属地位。而日本在工业相机领域与意大利、瑞士等欧洲国家存在激烈竞争。因此，在摄影仪器设备领域，中国一方面要通过自主创新打破日韩企业在关键零部件上的垄断优势，持续提高自身在区域分工体系中的地位；另一方面，也要利用中国工业相机需求快速增长的机会，联合欧洲工业相机企业与日本同类企业竞争。

（2）在其他五类高技术潜力产品领域，中国的竞争对手主要是美国和欧洲国家。对于第 76 类和第 77 类产品来说，除泰国、中国台湾、日本、韩国之外，其他 15 个国家都在欧洲。这反映了欧洲在电信设备、电力机械设备领域的优势地位。就第 87 类和第 89 类产品而言，中国的竞争对手相对分散。其中，既有德国、法国等欧洲国家，也有美国、加拿大等北美国家，还有日本、韩国、印度等亚洲国家和地区。其中，在第 87 类产品，即未另列明的专业、科学及控制用仪器和装置领域，中国的竞争对手都是发达国家。而在第 89 类产品，即未另列明的杂项制品领域，竞争对手中既有发达国家，也有发展中国家，这主要是因为杂项制品的范围比较广。部分产品属于高精尖产品，例如武器和弹药；也有很多产品具有劳动密集型特征，如塑料制品。

表 2–3　中国 13 类潜力产品未来在国际市场上的主要竞争国家和地区

产品代码	主要竞争国家和地区
62	西班牙（0.66，1.98），塞尔维亚（0.60，3.87），波兰（0.58，2.92），德国（0.55，1.27），意大利（0.55，1.20），法国（0.53，1.55），葡萄牙（0.51，2.58），斯洛文尼亚（0.50，2.64），捷克（0.49，2.95），罗马尼亚（0.48，4.17）
65	西班牙（0.66，1.21），立陶宛（0.59，1.10），意大利（0.54，1.63），埃及（0.51，2.80），希腊（0.51，1.04），印度（0.46，2.95），奥地利（0.46，1.03），泰国（0.46，1.03），罗马尼亚（0.43，1.12），土耳其（0.42，4.63）

续表

产品代码	主要竞争国家和地区
69	西班牙（0.68，1.43），塞尔维亚（0.63，2.11），克罗地亚（0.61，1.65），意大利（0.59，2.01），波兰（0.58，2.32），法国（0.56，1.02），德国（0.54，1.57），丹麦（0.55，1.82），立陶宛（0.54，1.01），斯洛文尼亚（0.51，1.93）
82	西班牙（0.70，1.02），塞尔维亚（0.65，2.22），克罗地亚（0.63，3.13），波兰（0.60，6.01），奥地利（0.57，1.86），意大利（0.56，2.69），丹麦（0.56，2.42），立陶宛（0.55，5.35），德国（0.53，1.08），葡萄牙（0.52，3.01）
83	意大利（0.63，3.53），中国澳门（0.45，4.56），法国（0.45，3.20），印度（0.44，1.12），中国香港（0.41，4.61）
74	德国（0.64，2.02），奥地利（0.60，1.82），意大利（0.59，2.75），法国（0.58，1.26），丹麦（0.56，1.87），斯洛文尼亚（0.53，1.33），美国（0.53，1.27），捷克（0.52，1.94），奥地利（0.50，1.26），瑞典（0.48，1.75）
79	西班牙（0.66，1.17），克罗地亚（0.59，6.24），法国（0.56，4.44），波兰（0.55，1.69），意大利（0.55，1.05），丹麦（0.55，1.02），德国（0.52，1.53），印度（0.40，1.56），加拿大（0.40，1.16），罗马尼亚（0.39，1.18）
75	泰国（0.56，2.21），美国（0.52，1.03），匈牙利（0.48，1.18），中国台湾（0.46，1.11），捷克（0.43，2.44），荷兰（0.40，1.88），新加坡（0.35，2.06）
76	捷克（0.53，1.42），匈牙利（0.51，4.49），泰国（0.51，1.03），波兰（0.49，1.26），罗马尼亚（0.46，1.78），芬兰（0.43，1.03），卢森堡（0.41，1.14），瑞典（0.39，1.87），中国台湾（0.39，1.71），韩国（0.38，1.85）
77	德国（0.53，1.02），泰国（0.52，1.29），匈牙利（0.51，1.42），捷克（0.48，1.26），韩国（0.43，1.87），中国台湾（0.43，3.71），罗马尼亚（0.43，1.49），斯洛文尼亚（0.42，1.16），日本（0.41，1.64）
87	德国（0.58，1.53），美国（0.56，1.81），丹麦（0.51，1.38），日本（0.45，1.84），匈牙利（0.45，1.41），中国台湾（0.44，3.07），英国（0.43，1.31），瑞士（0.42，1.77），芬兰（0.41，1.16），韩国（0.40，2.68）
88	意大利（0.58，1.47），泰国（0.51，1.67），中国台湾（0.50，1.86），韩国（0.42，1.17），瑞士（0.41，13.45），日本（0.41，2.77），中国香港（0.37，4.29），中国澳门（0.36，14.78），新加坡（0.36，1.13）
89	意大利（0.61，1.19），塞尔维亚（0.59，1.05），丹麦（0.56，1.54），法国（0.54，1.21），波兰（0.54，1.09），德国（0.52，1.03），奥地利（0.51，1.46），美国（0.48，1.28），泰国（0.45，1.61），印度（0.42，2.03）

注：①各产品代码对应的主要产品描述参见附表 2-1 和附表 2-3；②各国家和地区后面括号内的第一个数值为产品密度，第二个数值为 RCA。

资料来源：根据联合国商品贸易统计数据整理计算。

第五，在地域分布上，中国潜力产品生产企业未来的竞争对手可能主要是欧洲国家。具体而言，在 13 个潜力产品领域，中国主要竞争对手的地域分布具有以下六个方面的特征。

（1）欧洲国家的企业在 13 个潜力产品领域将会与中国企业展开全面的竞争。在中国 13 类潜力产品共计 110 个次主要竞争对手中，欧洲国家有 77 个次，比重高达 70%，比 75 个样本国家（地区）中欧洲国家的比重（47%）高出 23%。其中，欧洲发达经济体 52 个次，中东欧转型国家有 27 个次。

(2) 中国与美国的直接竞争并不多。在 13 个潜力产品领域中，美国出现在四个领域，少于意大利（九个），德国（八个），法国、泰国和丹麦（均为六个）、奥地利、罗马尼亚、捷克、西班牙及中国台湾（均为五个）。

(3) 中国与东亚经济体在潜力产品领域的竞争并不激烈，这表明相互之间更多是产业间分工关系。中国大陆与中国台湾在五个潜力产品领域存在竞争关系，其次是韩国四次，日本三次，中国香港和中国澳门两次。

(4) 整体上看，中国与东盟国家在潜力产品领域的竞争很少。除泰国和新加坡之外，其他东盟国家都不是中国潜力产品的主要竞争对象。

(5) 在"金砖国家"中，中国仅与印度存在有限的竞争。在 13 个潜力产品领域中，中国与印度在其中四个领域存在一定竞争关系。而俄罗斯、巴西、南非三个国家都不是中国的主要竞争对象。

(6) 目前已经参与和准备参与美国力推的"跨太平洋伙伴关系协议"（TPP）谈判的 12 个国家中①，除前文提及的美国、新加坡、日本之外，仅有加拿大在其他运输设备领域与中国存在较强的竞争关系，在中国的 13 个潜力产品领域其他国家都不是主要竞争对象。

四、小结及政策建议

本章从进出口贸易额、国际投资吸收和双向流动、出口总额中的国外增加值比重三个方面概括了中国参与国际分工的主要特征。整体而言，改革开放 30 多年来，特别是加入 WTO 以来，中国对外贸易总额持续增加，货物、服务进出口规模分别攀升至全球第二位、第四位；已从国际投资单向吸收国转变成双向流动国，成为发展中国家中最大的对外投资国；参与国际分工的程度持续加深，但出口总额中的国外增加值比重仍然偏高。

接着本章分析了 2001~2011 年中国 54 类出口产品比较优势的变化及现状。

① 这 12 个国家是新西兰、新加坡、智利、文莱、美国、澳大利亚、越南、马来西亚、秘鲁、加拿大、墨西哥和日本。

数据分析结果显示，从整体上判断，中国的工业制成品相对于初级产品而言更有比较优势，并且工业制成品的比较优势越来越强，而初级产品的比较劣势越来越明显。其中，在35类工业制成品中，目前低技术工业制成品的比较优势最强，高技术工业制成品的比较优势次之，中等技术工业制成品的比较优势最弱。尤其是按工业制成品技术含量低、中、高的次序排列，其RCA值大致表现为“U”形分布状态。

为了明确中国出口结构转型升级的方向，并预判此过程中中国主要在哪些产品领域与哪些国家和地区进行竞争，本章运用Hausmann和Klinger（2006a）构建的产品空间分析法，测算了75个国家和地区63类出口产品2011年的产品密度和RCA值。对比分析中国与其他74个国家和地区63类出口产品的RCA值和产品密度，可以发现：中国的出口优势产品与潜力产品之间的距离比较近，这为出口结构实现平稳转型奠定了良好的微观基础。机械及运输设备等中高技术制成品将会引领中国出口结构的转型升级。在此过程中，目前比较优势明显的劳动密集型产品群体将会出现分化，旅行用品、家具及其零件、纺织品、金属制品类产品的比较优势将持续保持，但其他更多劳动密集型产品的比较优势将会逐渐削弱。在中国13类潜力产品保持或提升其比较优势的过程中，将会面临来自不同国家和地区同类企业的激励竞争。其中，在低技术劳动密集型产品领域，挑战中国领先地位的主要竞争对手是南欧国家、中东欧转型国家及印度；在中等技术制成品领域，中国在国际市场上主要是与德国等欧洲大陆发达经济体展开竞争；在高技术制成品领域，中国需要追赶和超越的目标主要是美国、欧洲和东亚地区发达经济体。这些分析结论具有以下政策含义。

（一）高度重视中等技术制成品比较优势不强、产品密度不大的突出问题

改革开放以来中国劳动密集型产品国际竞争力的快速提高，尽管主要是由于丰富的低成本技能劳动力资源，但也不能忽视完备的工业体系对劳动密集型产业发展的基础性作用，特别是化工、钢铁、机械等中等技术产业为中国快速改善基础设施条件、低成本建设生产线和厂房发挥了重要的支撑作用。新形势下，中国工业制成品出口结构转型升级对中等技术产业提出了更高要求。这就是，中等技术产业发展不能停留在服务于基础设施建设的阶段，而应该提升到为高技术产品生产提供具有国际竞争力的中间产品和资本品的阶段。

然而，目前看来，中国的中等技术产品存在比较优势不强、产品密度不大的

突出问题。如前文所述，在 13 类中等技术产品中，2011 年具备比较优势的只有三类，其中无机化学品的产品密度较低。因此，在中国的要素禀赋结构逐步转变，并且中国政府干预要素配置的政策体系不发生根本性改变的条件下，目前判断是只有工业机械设备和其他运输设备这两类产品将来可能保持或提高其比较优势水平。其他 11 类中等技术产品主要是化学品和钢铁等中间产品，以及动力机械及设备等资本品，这些产品基本上都是工业领域的基础性产品。

“基础不牢，地动山摇”，如果大部分中等技术制成品不能先于高技术产品形成比较优势，中国高技术制成品的比较优势必将严重依赖于跨国公司的全球化产业链布局。然而，高技术产品生产环节的初始投资并不大，这在本质上决定了跨国公司在华高技术领域投资的“根植性”较浅，由此也决定了这种“引来的”比较优势具有内在的脆弱性。因此，要使中国高技术产品在国际市场上形成可持续的强大竞争力，就要针对化工、机械设备等产品领域的主要问题，多措并举，从根本上扭转中等技术制成品整体上缺乏比较优势的格局。

第一，加大政策支持力度，通过自主创新在煤制烯烃规模化生产、百万吨级乙烯成套设备、高效低成本新型催化剂及催化工艺等关键领域形成突破，以优化原料路线、提高装备和工艺自主化水平，从而提升高端专用化工产品、新型化工材料等中高技术含量、高附加值产品的比较优势。导致中国化工产品缺乏比较优势的原因主要有两个：一是有机化学制成品的原料高度依赖进口，这是由中国“缺油少气富煤”的资源禀赋决定的。对于技术水平不够高的中国化工产业而言，自有原料短缺是重要的发展障碍。二是大型成套装备和工艺自主化水平低，这主要是因为国内冶金、机械行业难以提供坚实的装备支撑，加之化工产业自身研发投入不足，工艺水平一直在较低水平徘徊，从而使得其不能从中国的要素禀赋结构转变中获益。针对这两大问题，一方面，要在行业准入、产品销售等方面继续出台政策支持已经建成投产的煤制烯烃等煤基化工材料大型示范项目尽早实现产业化生产，从根本上解决中国有机化工产品的原料短缺问题。另一方面，通过行业主管部门牵头，组织化工企业与冶金、机械企业合作，以联合攻关的方式，研制裂解气压缩机、丙烯压缩机、乙烯压缩机、挤压造粒机、集散型控制系统等关键零部件，为中国大型化工设备自主化提供强有力的支持。

第二，加强行业性合作，集聚中国成套设备和主机购买企业的需求力量，争取以行业性大订单换关键零部件，突破制约中国机械设备技术水平提高的主要障碍。当前，导致国内中高端机械设备国际竞争力不足的主要原因是，大型成套设备和主机的关键零部件高度依赖进口。例如，超超临界火电机组各类专用阀门、燃气轮机控制系统、燃烧室、变频启动装置等都需要从欧洲的西门子、阿尔斯通，美国的通用，日本的东芝、三菱重工等企业购买，钢铁企业的大型薄板热连轧成套设备中粗轧机的压下装置、切头飞剪的转鼓装配、精轧机的窜辊装置、流体部分的过程仪表及传感器，以及大型薄板冷连轧成套设备中六辊轧机的油气润滑装置、轮盘卷曲机的高速旋转接头等核心零部件需要依赖德国和日本企业。由于中国的机械设备、钢铁、有色金属等产品会在终端市场上与这些国家的企业直接竞争，因此很难通过常规的市场交易方式获得急需的关键零部件。在此背景下，有必要加强行业合作，特别是在国有企业比重较高的行业，要充分发挥制度优势。政府要加强引导，避免国内企业在传统贸易模式下被国外企业各个击破的现象出现。同时，通过行业协会等非政府组织，聚合行业需求，以集体采购的形式换取中国企业急需的关键零部件及技术支持。

（二）客观看待劳动密集型制成品群体在出口结构转型升级中的双重作用

持续高速的经济增长，已经明显改变了中国的要素禀赋结构。随着劳动力供求形势的逆转和资本充裕度的逐步提高，技术含量较低的劳动密集型产品的比较优势整体上会逐步削弱。但是，也要看到，在要素禀赋结构发生变化的过程中，不同种类的劳动密集型产品的比较优势并不是同步下降的，而是渐次萎缩的。因此，劳动密集型产品对出口结构转型升级具有双重影响。一方面，其比较优势的整体性下降，在一定程度上缓解了其他产业在要素市场上的竞争压力，为它们维持或提高比较优势创造了条件。另一方面，由于要素禀赋结构的转变是一个渐进的过程，在此期间，那些 RCA 值和产品密度都很高的产品会继续保持比较优势，如果政府不加干预，市场机制会让这些产品得到充足的要素配置，但这会在一定程度上影响其他产业获得土地、资金、劳动力等要素的成本。

由此可见，政府干预要素市场的政策如果过度倾向高技术产业，很可能就会牺牲部分劳动密集型产品的竞争力，使其过早地从出口优势产品领域退出。在此期间如果高技术产业没有形成实质性竞争力，那么跨越“中等收入陷阱”就会缺乏产业支撑。事实上，劳动密集型潜力产品生产企业在增强研发设计、品牌营销等方面的能力后，将传统产业做精做细，既能获得不逊于高技术产业的收益率，又能创造大量就业机会。因此，政府在制定实施产业政策，尤其是结构调整政策时，要特别注意为劳动密集型潜力产业发展创造良好环境。特别是要在加强研发设计人才培养、搭建共性技术平台、解决贸易摩擦、规范要素市场秩序等方面为劳动密集型产业提供实质性支持。

（三）适时优化高技术产业政策组合，把价值链攀升作为政策最优先目标

20 世纪 90 年代以来，信息通信成本大幅下降有力地提高了高技术产品的产品内分工水平。在此背景下，中国加入 WTO 后以良好的基础设施、完备的工业体系、大量的技能工人、较好的投资环境吸引了高技术产品领域众多跨国公司到华投资。由此中国在许多高技术产业链的低端环节形成了比较强大的竞争力。在此过程中，中国工人的收入增加，跨国公司的利润增加，消费者以更低的价格购买到了更高品质的产品。整体上看，有关国家中受益人群的收益总额超过受损人群的损失总额，因此中国参与高技术领域的产品内分工带来了福利改善。但是，从动态的角度看，如果中国在高技术产业国际分工中的地位长期固化在低端环节，最终只能沦为发达国家高技术产品的装配车间。高技术产品的这种依附式增长，是中国工业转型升级“不能承受之轻”。

因此，中国的高技术产业政策需要与时俱进，根据产业发展情况适时做出调整。特别是，对于在价值链低端已经形成较强竞争力的高技术产业，政府应该逐步减少甚至不再对处于这些产业低端环节的企业进行补贴。也就是说，高技术产业扶持政策应当由“普惠型”转变为“盯住型”。应该盯住前沿技术研发、产业标准制定、海外市场开拓、关键零部件企业并购等高附加值环节，有针对性地制定并实施相应的扶持政策，激励企业向价值链高端攀升。其中，要高度重视国内市场需求对于促进高技术产业发展的作用，在 WTO 框架内，用好用足扩大内需战略所创造的庞大市场需求，推动高技术企业不断攻占产业“制高点”。

附表 2-1　中国 35 类工业制成品的技术含量分组及其显示比较优势

技术分组	产品描述及其二位数分类码	2011 年 RCA 值	2001 年 RCA 值	2001~2011 年 RCA	
				平均值	变化量
RB1	未另列明的橡胶制品（62）	1.2320	0.7965	0.9695	0.4355
	不包括家具在内的软木及木材制品（63）	1.5844	1.3307	1.4359	0.2537
	纸、纸板以及纸浆、纸和纸板的制品（64）	0.6321	0.3382	0.4360	0.2939
	未另列明的皮革和皮革制品以及裘皮（61）	0.4997	1.4880	1.0172	−0.9883
RB2	未另列明的非金属矿产品（66）	1.0541	0.9714	0.9709	0.0927
LT1	纺织纱（丝）、织物、未另列明的成品及有关产品（65）	2.8846	2.4472	2.6513	0.4374
	旅行用具、手提包及类似容器（83）	4.3660	5.5318	4.5125	−1.1658

续表

技术分组	产品描述及其二位数分类码	2011年RCA值	2001年RCA值	2001~2011年RCA	
				平均值	变化量
LT1	各种服装和服饰用品（84）	3.3303	4.0836	3.5552	-0.7533
	鞋类（85）	3.5092	4.8930	3.8907	-1.3838
LT2	肥料（第272组所列除外）（56）	1.0044	0.6933	0.7747	0.3111
	初级形状的塑料（57）	0.3400	0.1591	0.2423	0.1809
	未另列明的金属制品（69）	1.7478	1.7331	1.7145	0.0147
	预制建筑物；未另列明的卫生、水道、供暖和照明设备及配件（81）	2.7385	2.5751	2.4683	0.1634
	家具及其零件；床上用品、床垫、床垫支架、软垫及类似填制的家具（82）	2.8901	1.9145	2.4099	0.9756
MT1	陆用车辆（包括气垫式车辆）（78）	0.4513	0.2782	0.3471	0.1731
MT2	香精油和香膏及香料、盥洗用品及光洁用品（55）	0.3243	0.2565	0.2672	0.0678
	有机化学品（51）	0.7503	0.5959	0.6173	0.1544
	无机化学品（52）	1.3039	1.9434	1.4932	-0.6395
	染色原料、鞣料及色料（53）	0.6468	0.8296	0.6552	-0.1828
	非初级形状的塑料（58）	0.6637	0.2998	0.4594	0.3639
	钢铁（67）	0.9907	0.5492	0.8517	0.4415
	有色金属（68）	0.5433	0.6939	0.6604	-0.1506
	其他运输设备（79）	1.2602	0.3456	0.6366	0.9146
MT3	动力机械及设备（71）	0.7861	0.4238	0.5404	0.3623
	特种工业专用机械（72）	0.6680	0.3388	0.4857	0.3292
	金属加工机械（73）	0.6338	0.3771	0.5180	0.2567
	未另列明的通用工业机械和设备及其未另列明的机器零件（74）	1.2018	0.7406	0.9841	0.4612
HT1	办公用机器及自动数据处理设备（75）	3.5124	1.5750	2.9916	1.9374
	电信、录音及重放装置和设备（76）	2.9288	1.9651	2.5925	0.9637
	未另列明的电力机械、装置和器械及其电器零件（包括家用电气设备的未另列明的非电动部件）（77）	1.5403	1.0607	1.2904	0.4796
	未另列明的摄影仪器、设备和材料以及光学产品（88）	1.0453	1.3898	1.0739	-0.3445
HT2	医药品（54）	0.2274	0.3410	0.2258	-0.1136
	未另列明的化学原料及其产品（59）	0.6667	0.6158	0.5960	0.0509
	未另列明的专业、科学及控制用仪器和装置（87）	1.2175	0.4832	0.9863	0.7343
	未另列明的杂项制品（89）	1.8838	2.2105	1.8522	-0.3267

注：各产业名称后括号内的数字是其在《国际贸易标准分类》（修订4）中的二位数分类码。
资料来源：根据联合国商品贸易统计数据整理计算。

附表 2–2 世界 75 个主要贸易国家和地区的名称及洲际分布

洲名	国家和地区	洲名	国家和地区
亚洲	孟加拉国、文莱、柬埔寨、中国、中国香港、中国澳门、中国台湾、印度、印度尼西亚、以色列、日本、韩国、老挝、马来西亚、蒙古国、缅甸、巴基斯坦、菲律宾、新加坡、斯里兰卡、泰国、东帝汶、土耳其、越南	欧洲	奥地利、白俄罗斯、比利时、保加利亚、克罗地亚、捷克、丹麦、爱沙尼亚、芬兰、法国、德国、希腊、匈牙利、冰岛、爱尔兰、意大利、拉脱维亚、立陶宛、卢森堡、黑山、荷兰、挪威、波兰、葡萄牙、罗马尼亚、俄罗斯、塞尔维亚、斯洛文尼亚、斯洛伐克、西班牙、瑞典、瑞士、马其顿、乌克兰、英国
北美洲	加拿大、古巴、格陵兰、墨西哥、美国	南美洲	阿根廷、玻利维亚、巴西、智利、巴拉圭
非洲	埃及、埃塞俄比亚、南非	大洋洲	澳大利亚、新西兰、巴布亚新几内亚

资料来源：笔者整理。

附表 2–3 中国 28 类初级产品及其二位数分类码

二位数分类码	产品描述	二位数分类码	产品描述
00	活动物，第 03 类动物除外	23	生胶（包括合成胶及再生胶）
01	肉及肉制品	24	软木及木材
02	乳制品和禽蛋	25	纸浆及废纸
03	鱼（非海洋哺乳动物）、甲壳动物、软体动物和水生无脊椎动物及其制品	26	纺织纤维（不包括毛条及其他精梳毛条）及其废料（未加工成纱或织物的）
04	谷物及谷物制品	27	粗肥料，第 56 类所列的除外，及原矿物（煤、石油及宝石除外）
05	蔬菜及水果	28	金属矿及金属屑
06	糖、糖制品及蜂蜜	29	未另列明的动物及植物原料
07	咖啡、茶、可可、香料及其制品	32	煤、焦炭及煤砖
08	牲畜饲料（不包括未碾磨谷物）	33	石油、石油产品及有关原料
09	杂项食用品及其制品	34	天然气及人造气
11	饮料	35	电流
12	烟草及烟草制品	41	动物油脂
21	生皮及生毛皮	42	未加工的、已提炼的或精制的非挥发性植物油脂
22	油籽及含油果实	43	已加工的动植物油脂，未另列明的不适宜食用的动植物蜡及动植物油脂的混合物或产品

资料来源：《国际贸易标准分类》（修订 4）。

第三章　当前中国工业经济面临的重大战略机遇期

一、中国工业发展阶段的变化

中国工业发展经历了改革开放前后两个历史阶段，这两个历史阶段可以细分为 4 个发展时期。

（一）初级工业化时期（1949~1978 年）

新中国成立以后，进入了国民经济恢复时期，"恢复和发展"工业生产成为这一时期的主题。通过没收官僚资本，清除外国资本，扶植和调整民族资本，并对国有工业实施统一管理，使得新中国仅仅三年便完成了国民经济的恢复任务，医治了长期以来战争对国民经济和工业发展的创伤。

1952 年以后，我国便进入了大规模的经济建设时期。经过 1952 年 7 月到 1953 年底为期一年半的经济建设实践和理论探索，我国选择了以过渡时期总路线和"一五"计划为标志的苏联工业化模式，进入了计划经济体制。"一五"期间所取得的巨大成就和资本主义工商业的社会主义改造的顺利完成，使得全民进入亢奋期。"赶超英美"也成为这一时期工业"大跃进"的主要口号。1958 年开始，中国工业在"鼓足干劲，力争上游，多、快、好、省地建设社会主义"总路线的指引下，以主要的工业产品产量作为衡量工业实力的指标，从而兴起"全民大炼钢"运动。这种违背经济规律的做法导致国民经济结构严重失衡和紊乱，从而产生了极大的经济困难。由于这个模式在执行中暴露了一些问题，所以在 1956 年中共"八大"前后，党中央开始对苏联的工业化模式进行了认真的思考和研讨，试图寻找一条既适合中国国情又能够避免苏联所走过的弯路的工业化道路。但由于当时对社会主义社会的认识没有取得重大突破，这次探索并没有在实践上突破苏联的模式，即便提出了一些变革思想，最终也没有完全坚持下来。中共“八大”以后，我国的工业化也没有走出一条新路径。

到了 20 世纪 60 年代中后期，计划经济的意识形态在政治路线的维护下更成为不容置疑的信条。“文化大革命”中“彻底革命”、“打倒走资本主义道路的当权派”等政治口号，在经济思想上等同于“禁绝市场”、“清除一切同市场经济相关的因素”，同时将中国经济完全封闭，与世界资本主义市场隔绝。所以，从“一五”时期到改革开放前夕，我国工业化一直走的是计划经济时代的一条传统的社会主义工业化道路。

1. 实行单一的公有制经济，限制和排斥私有经济，忽视市场作用

在社会主义改造完成之前，中国的经济结构成分比较复杂，包括公有制经济和私有制经济，允许私人小手工业者和民族资本主义工商业的存在。到了 1956 年，社会主义改造完成以后，私人的手工业和工商业基本被彻底消灭，取而代之的，是公有制经济体即国有企业和部分集体所有制企业。国有企业在中国改革开放以前对工业发展的促进作用是极大的。到了 1978 年，国有工业企业的总产值占到了整个工业产值的 80.8%，集体工业企业的产值占整个工业产值的比重仅有约 19.2%，非公有制经济基本不存在（吕政等，2003）。

在这一时期，为了建立纯粹的计划经济体制，政府把公有制、计划经济和按劳分配作为社会主义制度最本质的特征。从而导致在资源的配置上，忽略市场的作用，忽略生产和消费之间的根本联系，使得资源配置效率低下，国民经济结构严重失衡。政府制定的行政命令式的指标和实际脱轨，工业产品的产量指标和实际产出也不一致，最终国民经济因为严重脱离现实而难以为继。

2. 实行高度集中的工业经济管理体制

高度集中的计划经济体制，衍生出了高度集中的工业经济管理体制。高度集中的工业经济管理体制始于“一五”，对工业经济的管理以行政管理为主，基本上依靠国家各级上级机关对各级下级机关以及国家行政机关对企业下达行政命令。这种体制对中国国民经济的恢复、社会主义改造和建立社会主义工业化的基础起了重要作用。但是，该体制的弊病也在计划经济时期暴露了出来，即该体制忽视了国有企业作为独立商品生产者的个体地位，忽略了企业本身对市场的要求，束缚了企业的积极性；此外，这种体制人为地割裂了市场之间、部门之间、企业之间的经济联系，容易造成地区间的产业同构，从而忽视了不同地区的资源禀赋和比较优势，降低了生产效率；还容易造成地方上基本建设和固定资产投资

膨胀，从而引起国民经济比例关系的失调，最后导致了经济效益和社会总福利保持在较低水平。

3. 优先发展重工业，以牺牲资源和环境的粗放式发展为特征

新中国成立以后，为了迅速形成具有规模的社会主义工业化基础，中国基本遵循了苏联的工业化战略，即优先发展重工业，在较短时间里使国家迅速工业化，迎头赶上工业强国。在工业化建设上，“一五”时期的主要方针就是“集中力量进行以重工业为主的工业建设”，即优先发展重工业。具体而言，就是先建设钢铁、煤、电力、石油、机械制造、军事工业、有色金属及基本化学工业。优先发展重工业的总体战略一直持续到 1978 年，在这一时期，重工业的比重由 1952 年的 37.3%上升到 1978 年的 56.9%，轻工业的比重由 1952 年的 62.7%下降到 1978 年的 43.1%，可以看出，重工业在这一阶段提高了将近 20%。优先发展重工业使得中国能够在较短时间内造成一定的国家竞争力，在国防和科技发展上都有显著的推动作用。但是长期来看，这是一条不可持续的道路。实施这一战略意味着中国的工业化走的是一条资本密集型的道路，在一定程度上造成了对劳动力要素的“挤出”，劳动力要素回报的降低以及轻工业的滞后将严重影响居民的生活水平和生活质量。而中国的工业化发展道路在一定程度上是牺牲资源和环境的粗放式发展，以高积累、高投入、高耗能和高污染排放为特征。由于片面追求经济增长的高速度，缺乏环境保护意识和可持续发展观念，在我国工业化过程中，建起了一批环境污染严重、资源能耗高的工业企业，造成严重的环境问题，致使大气质量下降，水污染严重，矿产资源和能源被过度开采，森林遭受过度砍伐，引起水土流失，河流断流等。与此同时，大量人口留在农村，加之国家减少农业资本投入，致使我国的土地利用强度加大，土地沙漠化严重。

4. 强调自力更生，开放程度较低

新中国成立以后，鉴于当时的国际政治环境和“冷战”思维，西方资本主义国家对新中国采取了经济封锁的策略，使得当时的中国只有选择向苏联“一边倒”的外交策略。“一五”时期，苏联向中国提供技术和资金援助，为我国建设社会主义工业化奠定了基础。这也在某种程度上，直接影响了我国工业化的进程和方向。但是随着中苏关系的恶化，我国的工业逐渐走上了自力更生、自给自足的发展道路。虽然，我国与苏联和东欧国家存在短暂的局部国家垄断的对外贸易，也从苏联引进了一些工业设备、管理经验和技术，但是总体上我国的对外部门具有与计划经济一致的封闭性，而且逐步走向自我封闭。到了 20 世纪 70 年代初，国际政治格局发生了一些新的变化。中美关系从长期对抗开始转向接触与对

话。我国政府不失时机地调整了外交政策，从而为引进和利用欧美国家技术和资金创造了条件。但是，从整体上看，这一阶段主要采用高关税和高估本币等方式推进进口替代，其相对的封闭经济使得我国的工业发展和世界发达国家严重脱轨，导致了技术水平相对落后、生产效率极其低下的局面。

（二）工业化的调整发展期（1978~1992年）

1978年12月中共十一届三中全会正式决定，“把全党工作的着重点和全国人民的注意力转移到社会主义现代化建设上来”，并确立了“以经济建设为中心”的党的路线。随后，中央提出了“调整、整顿、改革、提高”的方针，从而开始了经济体制的改革。针对以前长期实施的优先发展重工业而产生的严重的结构矛盾，进行了工业化战略的重大调整，放弃了单纯优先发展重工业的思路，转而采取改善人民生活、全面发展工业、改革开放和多种经济成分共同发展的工业化战略，该阶段开始注重市场需求导向，优先发展轻工业，逐步纠正了扭曲的产业结构。扩大企业自主权成为1979年以后一段时期中国工业经济体制改革的中心环节。扩大国有企业自主权改革的主要内容包括：把原先作为政府附属物和计划指标被动执行者的国营企业，改革成为独立核算的经济主体，自主经营，自负盈亏；完善工业企业领导制度（厂长负责制）与企业管理制度；开展利润留成和以税代利的改革。

1981年，中共十一届六中全会确认“我国的社会主义制度还是处于初级的阶段”，让突破计划经济体制的尝试有了“名正言顺”的理由。按照当时的认识，高级阶段社会主义必须是纯粹的计划经济，而“初级阶段”的计划经济则可以不那么纯粹。于是，1982年，中共“十二大”提出了要“正确贯彻计划经济为主，市场调节为辅的原则”，这就在计划经济体系中为市场经济撕开了一道缺口。

1984年，中共十二届三中全会通过了《中共中央关于经济体制改革的决定》，提出“社会主义经济，是在公有制基础上的有计划的商品经济，商品经济的充分发展，是社会经济发展的不可逾越的阶段，是实现我国经济现代化的必要条件”。其中，“商品经济”的提法实际上是市场经济的一种曲折的表达。从1984年开始，以工业领域为突破口和主攻点，计划经济的清规戒律一个个被打破。价值规律、价格改革、经济刺激等市场经济运行机理和原则，逐步得到承认和实行。这一时期的改革措施大多具有计划和市场“双轨制”的特征，并因此产生了许多矛盾和混乱现象，但毕竟是在计划经济的机体中顽强地生长出了市场经济。

这一时期工业经济体制改革的中心环节是企业改革。企业改革主要包括两个方面，一是国有企业（包括集体所有制企业）改革，即要把原先作为政府附属物和计划指标被动执行者的国营企业，改革成为独立核算的经济主体，自主经营，自负盈亏。普遍推行厂长负责制，对人事、劳动和工资制度进行改革，并且从增加工资、允许发放奖金等开始，逐步引入经济刺激机制，力图改变之前的低效率行为。此外，推行股份制试点，组建企业集团，利用规模效应提高效率。二是允许非公有制经济（企业）的发展，鼓励乡镇企业和非公有制工业发展，并逐步扩大非公有制企业可以进入的产业领域。其间，许多地方的乡镇企业也在计划体制的夹缝中成长起来，因此，农村工业发展成为中国工业化的一个突出特点。特别是，中国经济体制改革从一开始就采取了以对外开放打破僵化体制，为改革探索道路和获取借鉴的思路，因此，允许和鼓励外商投资成为突破计划经济体制和探索改革道路的重大战略举措。与此相适应，还实行了一系列改革开放政策，其中，特别重要的有两点：一是允许和鼓励一部分人、一部分地区先富起来的政策。这是打破计划经济体制下形成的顽固惰性、强化利益刺激、培育市场主体和动力机制的关键。其深层意义则是从固守计划经济的人为平衡和平均主义原则，转向承认效率和竞争原则，而后者正是市场经济的内在机理。二是以实行优惠政策和建立经济特区（经济开发区）等方式，打破计划经济的封闭体系，植入市场经济的活体。特别是让国外（海外）市场经济因素直接进入中国，利用外资促进中国工业的发展。

20 世纪 80 年代，中国开始走向改革开放的道路，实质上就是对前 30 年所实行的体制的突破，过程是极为艰难的。无论是城市经济体制改革的中心环节即国有企业改革，还是农村乡镇工业企业在计划体制的夹缝中顽强地成长起来；无论是对外贸易管制的逐步缓解，还是允许和鼓励外商投资成为突破计划经济体制和探索改革道路的重大战略举措，都是在旧体制的封闭结构中不断打开缺口。特别是，从那个时代就开始大胆实行的允许和鼓励一部分人、一部分地区先富起来的政策和以实行优惠政策和建立经济特区、经济开发区等方式，打破了计划经济的封闭体系的举措，使传统计划经济的僵化封闭体系从根基上产生了动摇。

（三）市场经济的初步形成与工业化改革期（1992~2000 年）

1992 年，邓小平同志的“南方谈话”提出了“计划和市场都是经济手段”以及“社会主义也可以搞市场经济”，中共第十四次全国代表大会也正式宣布：“经济体制改革的目标，是在坚持公有制和按劳分配为主体、其他经济成分和分配方式为补充的基础上，建立和完善社会主义市场经济体制”，从而明确了中国经济体制改革的方向。社会主义也可以搞市场经济，而且必须走市场经济改革的道路，成为全民共识。多种经济成分并存的所有制结构，多种要素参与收入分配，成为社会主义市场经济的基本原则。这使得我国的市场经济可以和世界接轨，并有利于参与国际竞争，提高中国工业的国际竞争力。

中国工业经济体制的改革也在这种环境下应运而生。工业经济管理体制逐步摆脱指令性计划和行政性管理，政府管理工业企业的行政主管部门进行重大变革。随着市场改革的推进，工业管理的传统计划体制越来越成为阻碍市场经济发展的障碍。政府工业主管部门最先成为改革对象。这就使工业生产指令性计划体系的行政依托和执行部门的功能不断弱化、边缘化，直至彻底撤销其建制机构，随后大多数工业企业都不再有直接的行政隶属主管部门。中国工业经济的组织体系彻底从“部门管理”的计划系统，转变为自主企业的产业组织集合体。中央向地方、政府向企业不断“放权让利”，同时逐步硬化国有企业预算约束，将国有企业推向市场。从这一时期开始，国有企业的改革循两个基本方向推进：一是进行“国有经济战略性调整”，实际上就是把没有必要保持国有性质的国有企业改革为非国有企业。二是对仍然保持国有性质的国有企业进行公司化改造（按《中华人民共和国公司法》设立和调整）。在此期间，非公有制企业也得到了迅猛的发展，使得我国的企业所有制结构发生重大改变。此外，进出口贸易大幅度增长，中国基础设施的完善和政策环境的支持使得外商投资快速流入，也使得中国在较短时间内成为全世界外国资本流入最多的国家之一。全世界的工业生产能力大规模地向中国转移，加之中国市场经济体制的迅速成长激发起极大的生产热情，并显著地提高了生产效率，使得中国很快成为世界工业生产大国。

这一时期的显著特征就是，市场成为配置资源的基础，并发挥极大作用，从而极大地提高了经济效率。价格体制的改革使得价格可以发挥引导资源流动的作用，降低了社会净福利的损失。市场化改革以后，中国工业在较短时间内就结束了“短缺经济”，顺利从“卖方市场”转入“买方市场”，生产能力不足也成为过去，越来越多的主要工业产品生产规模居世界前列。

（四）进一步深化的工业化中后期（2001 年至今）

根据钱纳里、赛尔奎因等国外经济学家的实证研究，工业化过程中产业结构的演变有一定的规律性。在三次产业的产出构成中，工业化的演进使第一产业的比重下降，第二产业的比重迅速上升，并拉动第三产业的比重提高。一般来说，当第二产业的比重超过第一产业时，工业化进入了中期的第一阶段；当第一产业的比重低于20%时，第二产业的比重高于第三产业而在GDP中占最大比重，这时工业化进入中期的第二阶段；当第一产业的比重进一步下降到10%左右，第二产业的比重上升到较高水平，工业化到了后期阶段或基本实现的阶段（吕政等，2003）。第二产业的比重上升主要是由于工业的比重上升，在工业化的中期阶段（包括第一阶段和第二阶段），工业占第二产业的比重一般为85%~90%。根据国家统计局公布的数据，2001年第一产业占15.2%，第二产业占51.1%，第三产业占33.6%。第一产业的产出比重在20%以下，标志着工业化进入了中期的第二阶段。2012年，我国第一产业增加值占GDP的比重为10.1%，第二产业增加值比重为45.3%，第三产业增加值比重为44.6%。可以看出，第一产业的比重已经下降到10%左右，这说明我国当前的工业化水平已经进一步加深。

2001年，中国正式加入了WTO。它标志着中国承认世界资本主义市场经济制度的现实性，决心全方位融入这一必然走向全球化的世界市场经济体系；同时也标志着，中国准备好了将在经济体制和机制上同世界接轨，接受世界市场经济制度的共同规则和竞争政策（金碚，2008）。自此，中国工业开始进入了经济全球化的快速发展阶段。该阶段的基本特征是重工业呈现快速增长势头、工业增长再次以重工业为主导的格局。但此次重工业的增长机制与改革开放前的情况相比有着本质的不同，以前是不计客观条件的盲目"赶超"和"跨越"，而这次结构变动的趋势是工业化进入中期阶段以后工业结构的自然演变，重工业的发展是由消费结构升级、城镇化进程加快、交通和基础设施投资加大而带动的，由于这个阶段中国已经告别了"短缺经济"，在人们满足了食品、服装、电器等需求后，开始追求汽车、住房等耐用消费品，需求结构的变化带动了工业结构调整和升级，重化工业化和高加工度化成为中国工业发展的必然趋势。

在这一时期，随着中国工业的发展，在工业化中后期遇到的一些与世界各国相同的深层次问题也暴露了出来，尤其是产业结构的不合理以及能源消耗和环境污染的问题比较突出。

1. 产业组织结构不合理

自由竞争是组织市场并使其有效运行的重要手段，与之相对应的就是垄断。和世界上其他工业化国家一样，由于企业家追逐垄断利润的本质，垄断始终依存于市场经济体制。中共"十五大"以后，中央政府开始实施大集团战略来大力推进企业组织结构，调整利用市场力量引导企业重组，进而推动了一批具有竞争力的企业和企业集团的成长，这些大企业逐渐成为行业中的主导企业从而形成垄断势力。市场集中度的提高同时也会导致绩效水平和社会福利的降低。自然垄断、经济垄断，特别是行政性垄断现象在我国工业领域中仍然普遍和顽固地存在，而且，随着企业收购兼并活动的增加，新的企业垄断行为成为可能。这都在一定程度上妨碍了市场竞争以及市场经济体制的运行。此外，中小企业发展面临着较大的“瓶颈”，包括政府的政策支持、金融体系的融资限制、技术创新能力的不足，都困扰着中小企业的发展。这更加不利于形成一个有着竞争活力的市场氛围，也将阻碍产业的健康发展。

2. 重化工业中落后产能引发的高耗能及高污染

进入 21 世纪以后，重化工业重新成为主导中国工业发展的主要产业，在工业化中后期，这符合工业结构变化的一般规律。但是，中国工业的发展是以资源消耗和环境污染的粗放式外延增长为特征。尤其是重化工业本身就具有高耗能和高排放的特征，这种增长模式又加剧了重化工业的负面影响。针对重化工业的构成本质来讲，重化工业既具有资本密集和技术密集的特征，但也存在一部分落后产能。因此，在产业结构的比例指导上，既要关注轻工业和重工业的比重，又要关注重化工业的落后产能，降低重化工业落后产能部分的比例，从而降低能源消耗和环境污染。尤其是冶金、化工建材和石化部门工业增加值的增长对能源消耗严重依赖，而这些行业的落后产能对能源消耗的依赖程度更高，随着能源价格的上涨，重化工业发展的成本也越来越高，因此淘汰部分落后产能不仅是实现产业升级的需要，也是保障能源供应的需要。

3. 中国工业仍处于全球价值链低端

中国工业的比较优势在于较低的劳动力、土地等要素成本以及环境管制的软约束。然而，随着人口老龄化、劳动力成本提高和环境问题日益尖锐，中国工业发展的比较优势也在逐渐丧失。目前来说，新的比较优势尚未形成，大部分战略性产业的核心技术还不成熟，使得我国工业当前仍处于全球价值链的低端。中国企业大多是加入购买者驱动型的全球价值链，如服装、鞋类、家具等行业。企业以较低价格的生产要素，尤其是劳动力价格嵌入加工组装环节，而技术资本和知识密集型的研发设计和品牌营销环节则被国际大买家控制。权力的不对称决定了收益分配的不平等。跨国公司利用自身的营销网络和品牌优势获得了较高附加值而中国代工企业则仅赚取较低的加工费。另外，中国本土企业出口的产品具有低技术化的倾向，大部分产品属于劳动密集型产品。在技术密集型产品的出口上，以三资企业的加工贸易为主，因此，我国出口贸易的低技术化倾向和技术创新不足的现状使得中国工业仍将处于全球价值链低端。

二、世界主要工业强国工业发展历程回顾与启示

（一）世界主要工业强国工业发展历程回顾

每当面对重大转折与变革时，人们便会习惯性地回顾历史，希望借助历史的经验看待正在发生的事件，从历史的发展逻辑中找到当下前进的方向，以便在繁荣时少一些疯狂，在衰退时少一些恐慌。“十二五”时期，中国工业步入工业化后期，这对中国工业化进程将是一个重要的里程碑。改革开放 30 多年来，中国工业经济一路“领跑”中国和世界经济，取得了举世瞩目的成就，但仍面临着经济增长趋势放缓、经济转型日趋迫切的压力。因此，值得向工业发达国家借鉴经验，为我国工业经济发展提供有益参考。

从 18 世纪中叶第一次工业革命，即 1765 年瓦特改进发明蒸汽机开始，至今已有近 250 年的历史，英国、美国、德国、日本相继成为世界经济强国（见表 3–1）。一个国家经济的强弱，在很大的程度上是工业化的一个结果。从它们的工业化历程来看，之所以能成为经济强国，一个共同的特点是它们的工业特别是制造业都曾处于世界领先位置。具体来看，它们的制造业增加值都在世界制造业增加值上占有较大比重，相对于其他各国具有的比较优势，制造业生产量和出口额占世界较大份额。英国、美国和日本都曾是“世界工厂”或“全球制造中心”，德国也拥有十分强大的制造业。

表 3–1 世界主要工业强国工业化的基本历程

国别	工业化起步时间	工业化基本完成时间
英国	18 世纪 70 年代	19 世纪 70 年代
美国	19 世纪初	19 世纪末 20 世纪初
德国	18 世纪末 19 世纪初	19 世纪末 20 世纪初
日本	19 世纪 70 年代	20 世纪 60~70 年代

资料来源：笔者整理。

1. 英国工业化历程

（1）19 世纪中后期英国率先完成工业化。英国是世界近代制造业的先驱，是

最早实现工业化的国家。18 世纪新航路开辟后，英国凭借殖民地贸易和航海取得了世界霸权地位，英国借助在殖民地的垄断，掠夺了大量财富，积累了大量原始资本。尽管"圈地运动"为英国提供了大量自由劳动力，但仍然无法满足猛增的市场需求。由于拥有先进的科学，发达的工场手工业、纺织业先爆发发明创新浪潮，逐步转向采煤、冶金和运输等行业，最终形成了第一次工业革命。在以蒸汽机的大范围应用为代表的工业革命的推动下，生产力得到了极大提高，使英国从农业国变为工业国，19 世纪 70 年代，英国从此成为世界上首个"世界工厂"和"全球制造中心"(见图 3-1)。

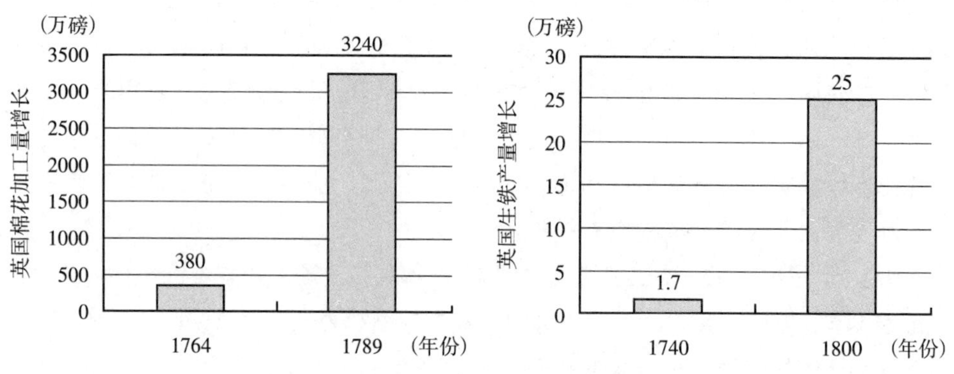

图 3-1　英国主要工业品产量

资料来源：笔者整理。

(2) 19 世纪后期，"世界工厂"逐渐衰落。由于英国的大量资本输往海外，国内经济发展相对缓慢，英国在 1880 年和 1900 年被美国和德国赶超。1913 年，英国在世界工业生产中的比重下降到 14%，从此失去了"世界工厂"的地位。"一战"中英国海上霸权的丧失，使其出口贸易迅速减少，逆差增大，国际市场也被美国和日本所占有。战争期间，英国变卖了 10 亿英镑的国外资产，欠美国 9 亿英镑外债，其殖民统治地位也受到动摇，开始走向衰落。"一战"结束后，紧接着又发生了 1920~1921 年和 1929~1932 年两次经济危机，使其经济形势更加恶劣。"二战"期间，英国受到严重打击，1/4 的财富毁于战火，出口贸易减少近 70%，分别向美国和加拿大借债 18.4 亿英镑和 4.7 亿英镑。

战后英国于 1945~1955 年开始经济重建，通过和美国签订《财政协议》和《马歇尔计划》，取得了比西欧国家更多的经济援助，加快了经济恢复的速度。1955~1970年，英国的经济平稳缓慢增长，但其工业生产年均增长率落后于同期的日本、法国、德国和美国。20 世纪 70 年代以后，英国经济更加恶化，失业率上升，有些年份经济甚至出现负增长。

英国在工业革命时期以面向殖民地市场发展为主，特别是纺织业、采煤业、炼铁业、机器制造业和航海运输业尤为突出。但是经过“二战”，英国失去了殖民地，轻工业比重开始下降，重工业在“二战”期间比重超过轻工业。20世纪80年代以后，电子业、石油业、化工业等新兴工业部门发展迅速，而炼铁业、航海业、采煤业、纺织业等传统工业部门逐步衰退。20世纪以来，英国经济缓步上升，逐步向高新技术、新材料发展，但2005年英国的五大制造业分别是食品与饮料、化学制品、印刷、机械设备和金属制品，与国际发达经济体表现出的重工业化和高技术化特点相比，英国制造业呈现出相对较“轻”的特点。

（3）近年来英国在艺术品、非电动发动机等领域有着很强的国际竞争力。英国2010年出口额占世界比例最大的五个工业行业是艺术品、珍藏品及古董，非电动的发动机及零件，其他无机化学品，印刷品，药物（包括兽医用药物），前两者的国际市场份额分别为28.3%、20.5%，其余三者为9%左右。在20个优势行业中，大部分属于中等、高等技术水平的行业，而艺术品、珍藏品及古董，印刷品，珠宝及贵重材料制品属于未确定技术水平的行业。与1995年相比，非电动的发动机及零件的国际市场竞争力提升了约3个百分点，几乎所有其他工业行业的国际市场份额都有所下降。1995年国际竞争力很强的武器和弹药及矿物油用精制添加剂、润滑油、防冻液这两个行业的国际市场份额在15年间从15%以上分别下降到1.2%和3.4%，到2010年不再是英国的优势产品。拖拉机的国际市场份额在1995年也缩小到不足50%，竞争优势明显下降（见表3-2）。

表3-2 英国1995年和2010年出口额占世界比例最大的20个行业

行业	技术水平	1995年出口额占世界比例（%）	2010年出口额占世界比例（%）	1995~2010年的变化（百分点）
艺术品、珍藏品及古董	0	31.2	28.3	-2.9
非电动的发动机及零件	3	17.8	20.5	2.7
其他无机化学品	4	8.9	9.1	0.3
印刷品	0	11.4	9.1	-2.3
药物（包括兽医用药物）	4	13.4	8.8	-4.6
拖拉机	3	16.6	7.2	-9.3
有机无机化合物、杂环化合物、核酸	4	7.5	6.4	-1.1
香料、化妆品或盥洗用品（肥皂除外）	4	9.9	5.9	-4

续表

行业	技术水平	1995 年出口额占世界比例（%）	2010 年出口额占世界比例（%）	1995~2010 年的变化（百分点）
珠宝及贵重材料制品	0	7.4	5.6	−1.7
杀虫剂及类似产品，零售用	4	10.9	5.5	−5.4
测量、分析及控制用仪器	4	9	5.4	−3.6
内燃活塞发动机及零件	3	6.5	4.9	−1.6
颜料、涂料、清漆及相关材料	4	7.7	4.8	−2.8
肥皂，清洁和抛光制剂	4	8.1	4.8	−3.3
客运汽车	3	4.7	4.7	−0
电影摄影和照相用品	4	10.1	4.7	−5.4
香精油、香料	4	8.9	4.5	−4.4
办公用品和文具	0	5.4	4.4	−1.1
印刷和装订机械及其零件	3	6.6	4.3	−2.3
医用和药用产品，药物除外	4	5.4	4.2	−1.1

注：技术水平中，1——劳动密集和资源型制造；2——低等技能和技术制造；3——中等技能和技术制造；4——高等技能和技术制造；0——未分类。

资料来源：联合国贸易数据库。

2. 美国工业化历程

（1）19 世纪 80 年代，美国赶超英国成为世界第一工业强国。美国独立之后很长时间，仍是一个以农业为主、拥有大量手工业的国家。1790 年美国人口只有不到 400 万，分散在广阔的领土上，没有一个城市人口超过 5 万。其国内市场狭小分散，运输条件也很差。靠着贸易保护和拿破仑战争的欧洲订货，美国本土制造业慢慢有所发展，但仍以纺织业为主。与英国相似，美国的工业革命也是从纺织业开始的。蒸汽机的引进，特别是蒸汽船的发明和铁路的发展，改善了美国市场的运输情况，在“内战”前 40 年，美国的制造业取得了长足的发展。但美国国内市场分割、劳动力不足的情况还是没有得到改善，这种情况一直持续到“内战”结束。美国“内战”虽然造成了很大破坏，但毕竟解放了黑奴，建立了统一的国内市场，为全面工业化打下了基础。1865 年“内战”结束后，美国制造业得到了长足的发展，美国社会也迅速变成一个工业社会。1860 年，美国成为仅次于英国的第二大世界制造业国家。1880 年，美国首次超过英国，工业产值跃升至第一，成为世界第一工业强国。

表 3-3　世界工业强国变化：一种直观认识

序号	1860 年	1870 年	1880 年	1900 年	1970 年
(1)	英国	英国	美国	美国	美国
(2)	法国	美国	英国	德国	苏联
(3)	美国	法国	德国	英国	日本
(4)	德国	德国	法国	法国	德国

资料来源：L. S. 斯塔夫里阿诺斯. 全球通史：1500 年以后的世界（中译本）[M]. 上海：上海社会科学院出版社，1992.

（2）美国目前仍是世界制造业的领导者。19 世纪 80 年代以来，美国的经济效率、劳动生产率和技术创新一直世界领先。19 世纪前 50 年，制造业以农产品为代表的轻型工业为主，19 世纪后 50 年，按照制造业的内部变化，工业化大致可以分为四个阶段：①工业化早期（1884~1920 年），以蒸汽机和电力为动力，美国建成了运输网络，资本密集型的产业得以发展，如烟草、食品、玻璃、造纸、金属、钢铁、机械制造等；②工业化中期（1920~1950 年），以内燃机为动力，汽车、电气设备与化工业发展迅速；③工业化后期（1950~1990 年），各部门增长速度不同，橡胶塑料工业增长的速度最快，接着是化学工业，然后是工具制造业和机器制造业，日用品轻工部门和冶金工业增长最慢；④后工业阶段（1990 年以后），美国以机械设备、电子产品和运输设备为主导，依靠技术创新和全球化的商业模式成为世界技术的领导者。

美国工业化早期以纺织、食品、木材等劳动力密集型的产业为主，"二战"以后，钢铁、汽车等资本密集型产业成为重心。20 世纪 70 年代以后，伴随着新技术革命浪潮，高技术的工业比重上升，劳动密集型工业比重下降。航空航天、计算机和自动化设备等技术密集型产业逐步占据首位。美国的工业化历程，是一个由工业化早期的劳动密集型制造业，到重工业比重不断增加的资本密集型制造业，再到向知识和技术含量高的技术密集型产业转变的发展历程。2005 年，美国的前五大制造业分别是通信设备、化学制品、办公设备、汽车、食品饮料，而仅通信设备这一技术密集型产业，就占制造业增加值的 44.5%，处于绝对领先地位。近一个世纪以来，美国制造业增加值一直处于世界第一，虽然 2010 年被中国超过，但美国仍是世界上制造业最发达和最先进的国家，一个世纪以来一直是世界制造业的领导者。制造业依然是美国经济的动力来源和竞争力体现，其核心地位没有改变。

（3）近年来美国在军工、艺术品、医疗器械等领域有着很强的国际竞争力。

2010 年，武器和弹药，艺术品、珍藏品及古董，医用电子诊断设备，炸药及烟火制品，医用仪器及器械是美国国际市场份额最大的五个工业行业。武器和弹药，艺术品、珍藏品及古董的国际市场份额分别是 42%和 35%，其余三个行业在 24%左右。美国具有国际竞争力的行业大多属于中等和高等技术水平。与 1995 年相比，武器和弹药的国际市场竞争力有较大幅度的下降，约 14 个百分点。艺术品、珍藏品及古董，炸药及烟火制品，氯乙烯聚合物或卤化烯聚合物有所上升，成为竞争优势强的行业。与 1995 年相比，大部分工业行业的国际市场份额在下降。1995 年国际竞争力很强的飞机和相关设备、航天飞机等产品在 2010年已不再是美国的优势产品，15 年间国际市场份额从 37.6%下降到 5.4%。类似的还有非电动的发动机及零件，水蒸汽轮机和其他蒸汽轮机及零件，乐器及其零件和附件、唱片、磁带，这些工业行业的国际市场份额都下降了超过 13 个百分点，不再具有竞争优势。

表 3–4　美国 1995 年和 2010 年出口额占世界比例最大的 20 个行业

行业	技术水平	1995 年出口额占世界比例（%）	2010 年出口额占世界比例（%）	1995~2010 年的变化（百分点）
武器和弹药	0	56.1	42	–14.1
艺术品、珍藏品及古董	0	25.5	35.1	9.6
医用电子诊断设备	3	27.2	24.6	–2.6
炸药及烟火制品	4	19	24.3	5.3
医用仪器及器械	4	25	23.9	–1.1
矿物油用精制添加剂；润滑油，防冻液	4	22.9	21.8	–1.1
氯乙烯聚合物或卤化烯聚合物	4	13.8	20.9	7.1
土木工程和承包商的设备	3	25.2	18.9	–6.3
测量、分析及控制用仪器	4	25.2	18.9	–6.3
电影摄影和照相用品	4	13.4	16.1	2.7
拖拉机	3	15.6	16	0.4
农用机械（拖拉机除外）及零件	3	20.3	15.5	–4.8
塑料的废料及碎屑	4	16.9	14.8	–2.1
其他塑料，原始形态的	4	15.1	14.5	–0.6
载货用及特殊用途车辆	3	11.1	14.3	3.2
医用和药用产品（药物除外）	4	16.1	14.2	–1.9
杂类化学产品	4	17.7	14.2	–3.5
无机酸和金属的盐类及过氧盐	4	19.2	14	–5.2

续表

行业	技术水平	1995 年出口额占世界比例（%）	2010 年出口额占世界比例（%）	1995~2010 年的变化（百分点）
其他有机化学品	4	14.8	13.9	–0.9
特定工业用的其他机械	3	15.1	13.7	–1.4

注：技术水平中，1——劳动密集和资源型制造；2——低等技能和技术制造；3——中等技能和技术制造；4——高等技能和技术制造；0——未分类。

资料来源：联合国贸易数据库。

3. 德国工业化历程

（1）德国工业化的起步晚于欧洲其他发达国家。第一次工业革命的浪潮不仅深刻影响了美国，在欧洲大陆也掀起了翻天覆地的变化。尽管深受分裂割据的困扰，到了 19 世纪 30~40 年代，德国依然在第一次工业革命的冲击下，迟缓地开始了它的工业革命步伐。与工业革命早期的其他资本主义国家一样，德国的工业革命也是从纺织工业开始的。以普鲁士为例，1831 年，它已拥有 25.2 万台麻布织机、2.2 万台毛织机、2.5 万台棉织机和 9000 架丝织机。

（2）德国工业化进程多次受到战争和危机的影响。德国在开始工业革命之际，即确立了工业在国家经济中的核心地位。一直以来，无论是备战、战后重建，还是应对全球经济危机，德国始终将工业作为国家振兴的基础。德国的技术基础雄厚，尽管在两次战争中，资源和基础设施都被严重破坏，很长时间受到抵制，但在“二战”后的几十年间就从战争废墟迅速变为强大的发达国家。为了尽快摆脱落后局面，促进经济腾飞，德国各联邦政府充分发挥国家调控经济的作用，大力推进革命。“二战”以后的一段时间里，德国传统产业得到调整和改造，建立和发展了新兴产业，产业结构发生了较大变化。重工业、化学工业在国民经济中的比重增加，新兴工业出现并发展较快。1973 年和 1980 年，德国相继爆发了两次经济危机，其经济进入缓慢发展时期。德国对工业部门内停滞和衰退的产业进行了调整和技术改造，增大了资本密集型和技术密集型工业在产业中的比重。

（3）近年来德国在机械制造、化学、医药等产业有着很强的竞争力。表 3–5 列示了德国 2010 年出口额占世界比例最大的 20 个工业行业，这些工业行业的国际市场占有率都很高，最低的是 16.4%，最高的是 38%，反映德国具有很多很强的优势产业。其中国际市场占有率最高的五个工业行业是塑料单丝（截面>1 毫米）、印刷和装订机械及其零件、传动轴、客运汽车、飞机和相关设备及航天飞机，出口额占世界的比例在22%~38%。1995年国际市场份额最大的五个行业是塑料单丝（截面>1毫米），印刷和装订机械及其零件，液体泵，非电动机械、工具和机械器械及零件，纺织及皮革用机械及零件，国际市场份额在25%~39%。1995年的前20个优势行业在2010年仍有11个位于前20位，塑料单丝（截面>1毫米）和印刷和装订机械的市场占有率一直保持稳定，分别在38%和31%左右。公路汽车、纺织及皮革用机械及零件1995年的市场占有率在25%以上，到2010年分别下降到了14.5%、16.2%，下降幅度约40%。飞机和相关设备及航天飞机行业的市场占有率从1995年的11.5%提升到2010年的22.3%，提升了约1倍，跃居第五大出口优势行业。

表3-5 德国1995年和2010年出口额占世界比例最大的20个行业

行业	技术水平	1995年出口额占世界比例（%）	2010年出口额占世界比例（%）	1995~2010年的变化（百分点）
塑料单丝，截面>1毫米	4	38.5	38	-0.5
印刷和装订机械及其零件	3	31.8	30.1	-1.7
传动轴	3	24.4	23.5	-0.9
客运汽车	3	20.9	22.8	1.9
飞机和相关设备、航天飞机等	4	11.5	22.3	10.8
造纸厂和制浆厂机械、制造纸制品的机械	3	21.2	21.1	-0.1
铁路车辆及相关设备	2	17.8	20.9	3.1
非电动机械、工具和机械器械及零件	3	25.6	20.4	-5.2
医用电子诊断设备	3	21.7	20.4	-1.3
液体泵	3	25.7	18.5	-7.2
管、水管、塑料软管	4	20	18.3	-1.7
食品加工机械（非家用的）	3	19.1	18.2	-0.9
适用于加工金属、切削材料的机器的零件及附件	3	19.6	18.2	-1.4
切削材料的机床	3	17.5	18.1	0.6
动力机械及零件	3	24.3	17.8	-6.5
卫生、水道、供暖设备和配件	2	18.2	17.5	-0.7
拖拉机	3	19.1	17.3	-1.8
测量、分析及控制用仪器	4	15.9	16.9	1
农用机械（拖拉机除外）及零件	3	17.9	16.7	-1.2
滚珠轴承或滚柱轴承	3	18.2	16.4	-1.8

注：技术水平中，1——劳动密集和资源型制造；2——低等技能和技术制造；3——中等技能和技术制造；4——高等技能和技术制造；0——未分类。

资料来源：联合国贸易数据库。

4. 日本工业化历程

(1) 日本是最早完成工业化进程的亚洲国家。日本的工业化深受德国影响。明治维新是由政府主导的资本主义改革，不过并没有实行西方民主，反而是在加强思想控制的同时，强制实行工业化的历程。从 1885 年到“一战”为日本工业化初始阶段。在这一阶段，日本工业迅速发展，农业也保持了较高的劳动生产率及增长率。农业持续发展不仅促进了工业生产，而且推动大量农村劳动力转移到非农业部门，为非农产业发展提供了人员保障，1910 年以前，农业增长对 GDP 增长的贡献度接近 20%。1889~1920 年，三次产业 GDP 增长率分别约为 1.55%、6.38%和 3.99%。第二产业增长速度最快，并创造了该时期 GDP 增加额的一半左右。1888 年，日本三次产业的 GDP 构成为 41.5∶12.2∶46.3，到 1920 年演变为 24.7∶32.1∶43.2。

表 3-6　日本 1889~1920 年三次产业 GDP 增长及其贡献

单位：%

时期	GDP 增长率			对 GDP 增长相对贡献度		
	第一产业	第二产业	第三产业	第一产业	第二产业	第三产业
1889~1900 年	1.37	6.25	3.16	17.8	31.6	50.6
1901~1910 年	1.66	6.44	4.55	20.8	52.4	26.8
1911~1920 年	1.62	6.46	4.26	11	45	44

资料来源：［日］南亮进. 日本的经济发展（修订版）［M］. 北京：经济管理出版社，1992. 转引自侯力，秦熠群. 日本工业化的特点及启示［J］. 现代日本经济，2005（4）.

日本工业化也是从食品和纺织的轻工业开始发展的。19 世纪后期，日本的工业增长主要得益于轻工业的发展。20 世纪初，由于中日战争、日俄战争的爆发，军备亟须扩增，特别是钢铁、造船、海运、铁路等发展迅速，新兴产业如电机、通信、汽车、化学等产业也迅速发展起来。此时的日本纺织工业较为发达，制造业由以轻工业为主逐步转向以重工业为中心。

(2)“二战”后日本制造业迅速发展。“二战”后日本经济增长势头迅猛。1955~1973 年，取得了连续 19 年平均 9.8%的 GDP 增长率。之后，家电、汽车、电子等新兴主导产业逐渐代替了钢铁、化学等重化工业，新兴产业不但在日本内部需求旺盛，还通过扩大出口拓展了国际需求。和美国相似，日本制造业的发展，也是从劳动密集型的轻工业转变为资本密集型的重化工业，再转变为技术密集型的新兴产业。

1973 年，由于世界第一次石油危机，钢铁、有色金属、金属制品、化学、纸浆等原材料产业开始衰落；机械制造、精密仪器等加工组装产业得以顺利发展。这段时期，由于技术密集型产业具备能耗少、加工度高、附加值高、工艺复杂、技术要求高等特点，开始得到重点发展。到 1984 年，日本传统优势产业如纺织、钢铁、化学、有色金属等比重下降，机械制造、精密仪器等加工组装产业比重上升。在此期间产业结构由资本密集型加速向技术密集型转换。电器机械生产额跃居日本制造业首位，汽车产业在国际上有很强的竞争力。由于 1985 年 9 月五国财长会议的召开，决定在两年半的时间里将汇率由 1 美元兑 237 日元下降至 1 美元兑 120 日元，使得日本制造业的劳动力成本优势迅速消失，家电和汽车产业开始向海外转移。

（3）近年来日本的电影摄影和照相用品、机床、蒸汽轮机等产业有着很强的国际竞争力。表 3–7 列示了日本 2010 年出口额占世界比例最大的 20 个工业行业，其中国际市场占有率最高的五个工业行业是电影摄影和照相用品、切削材料的机床、水蒸汽轮机和其他蒸汽轮机及零件、特定工业用的其他机械、光学制品，出口额占世界的比例在 18%~27%。1995 年国际市场份额最大的五个行业是摄影仪器和设备、机动车和脚踏车、切削材料的机床、船舶及漂浮结构、光学仪器，国际市场份额在 27.6%~34.4%。这五个行业的市场份额在 15 年间都大幅度下降，其中摄影仪器和设备下降幅度最大，为 29 个百分点，接着是机动车和脚踏车、光学仪器，为 20.1 个百分点。

表 3–7　日本 1995 年和 2010 年出口额占世界比例最大的 20 个行业

行业	技术水平	1995 年出口额占世界比例（%）	2010 年出口额占世界比例（%）	1995~2010 年的变化（百分点）
电影摄影和照相用品	4	23.2	26.9	3.7
切削材料的机床	3	31.2	25.1	–6.1
水蒸汽轮机和其他蒸汽轮机及零件	3	18.7	21.8	3.1
特定工业用的其他机械	3	18.3	20.5	2.1
光学制品	4	20.4	18.1	–2.3
船舶及漂浮结构	2	29.2	16.4	–12.8
客运汽车	3	18.2	16	–2.1
录音机或放音机	4	25.8	15.6	–10.2
滚珠轴承或滚柱轴承	3	20.7	15.5	–5.1
未包覆、未镀或未涂的铁或非合金钢压延产品	2	12.8	14.8	1.9
板、片、薄膜、箔及条状塑料	4	7.8	14.7	6.9
合金钢的压延产品	2	21.5	14.5	–7

续表

行业	技术水平	1995 年出口额占世界比例（%）	2010 年出口额占世界比例（%）	1995~2010 年的变化（百分点）
玻璃	1	13.3	14.2	0.9
钢轨及铁道铺轨用的材料、钢铁	2	11.4	13.6	2.2
内燃活塞发动机及零件	3	23.5	13.6	-10
传动轴	3	22.6	13.1	-9.5
土木工程和承包商的设备	3	14.9	12.9	-2
塑料的废料及碎屑	4	5	12.8	7.8
纺织及皮革用机械及零件	3	18.5	12	-6.5
土木工程、客运、货运、公路汽车的零件及附件	3	17.4	11.9	-5.5

注：技术水平中，1——劳动密集和资源型制造；2——低等技能和技术制造；3——中等技能和技术制造；4——高等技能和技术制造；0——未分类。

资料来源：联合国贸易数据库。

（二）世界主要工业强国发展历程对我国的启示

1. 中国工业化进程开始步入后期，仍具较快增长的潜力，仍是经济发展的主要动力

回顾主要工业强国的发展历程，不难看出，英国、美国、德国、日本均率先完成了工业化而成为世界经济强国。改革开放 30 多年来，中国工业经济强有力地支持了中国 GDP 的高速增长，提高了中国的国际地位，增强了中国的国际话语权。中国工业的发展为我国基础设施建设、民生改善和环境保护提供了先进的技术手段、雄厚的物质基础。虽然当前资源环境约束越来越明显，工业增长的资源成本上升，传统的工业发展方式（如依赖低价资源、依赖投资扩张、依赖出口贸易、依赖虚拟金融）也迫切面临着转型升级，但是我们决不能放弃发展工业，而应该让工业更发达。有人提出，工业引发了资源浪费和环境污染，其实，如果不发展现代化的工业，中国综合性的问题会更大，资源、环境等问题也没有解决的条件。诚然，我国重化工业存在着高耗能、资源利用率低和高污染的现象，但是不能“因噎废食”，放弃发展重化工业，而应让工业朝着更节约、更清洁和更安全健康的方向发展。工业特别是制造业，不仅是科技创新的主要载体，而且是提供高质量就业岗位的主体，是教化训练劳动者、形成现代产业文明社会心理文化的主要产业。工业文明不仅是现代经济活动的物质基础，也是其精神基础。

就工业化的时点来看，若根据学术界比较认可的“配第—克拉克法则”，当第一产业比重降至10%左右、第二产业比重由高位下降时，工业化就进入了中后期。有关研究通过考察发达国家如美国、日本等完成工业化的年份的人均GDP发现，人均GDP超过1万美元（2000年不变价美元）或13000国际元（2000年国际元），工业化完成。从经济发展水平和就业结构看，中国已进入中等偏上收入国家行列，2008年人均GDP为23644元（修正数据），按照2000年不变美元计算，为2071美元，按不变美元计算，若中国能保持8%的增长速度，中国还需21年才能够达到10000美元；若按2000年现价计算，为3470美元，按照现价计算，中国还需要14年，也就是2022年左右达到10000美元的发展水平。即使按照购买力平价计算，2008年人均GDP为8065美元，按照典型工业国家完成工业化130000国际元的标准计算，中国在2015年左右实现工业化。从就业角度看，农村2008年人口占比高达39.6%，农村劳动力向城市转移至少还需要持续10年。综合考虑上述几个指标，中国至少要到2020年左右才能完成工业化。

从城市化角度看，当一个经济体的城市化率超过70%，则被认为完成了工业化。2011年，中国城市化率达到了51.3%，要达到70%的城镇化率，还要提高19个百分点。当前中国处于快速的城市化过程中，若中国以后能保持每年提高一个百分点，大体到2030年完成城市化。若城市化进一步加快，每年增长1.5个百分点，大体上还需要12年，也就是2023年前后完成城市化。根据发达国家的国际经验，在人均GDP达到1万美元（2000年不变价美元）之前，工业化和城市化尚未完成，基于上述情景分析，未来10年中国经济仍具有较快增长的潜力。

2. 经济发展要避免产业空心化和虚拟金融化，要依靠发展实体经济

英国工业衰落有很多原因，一个重要原因是把精力过多放在虚拟投资，而忽略了实体投资。一方面，英国新增财富大部分出自证券投资，另一方面，英国极度扩张对外投资，尤其是对原殖民地和美国的投资扩张致使国内投资明显不足，国内实体业生产制造和技术革新失去重要支撑，长此以往导致了产业空心化。2008年以美国为始作俑者的金融次贷危机，使欧美等发达国家的经济受到了沉重的打击，也给实体经济带来了重创。近年来我国货币发行量巨大，但中小企业仍缺乏资金，一个很重要的原因就是钱在金融系统截流空转。此外，金融行业的高回报吸引了大量知识分子等高素质人才和资金资源，使其脱离了实体经济，减少了民族产业的创业冲动，妨害了实体经济的研发投入、创新升级、品牌升级和可持续发展。

让金融回归本原，为实体经济服务。金融是服务业，是为市场上的借贷双方或买卖双方提供信用交易中介服务的代理人，是为实体经济配置资源服务的。以银行为例，在资本主义早期，银行资本与工业资本、产业资本结合，优化了资源配置，促进了实体经济的发展。如 19 世纪，德国兴起了创办银行的高潮，1850~1870 年在普鲁士就兴办了 20 家银行。银行的创办为重工业尤其是钢铁、煤炭、电气、机械和重化学工业等需要大量资金的行业提供了有力的支撑，而且通过中长期的工业投资与企业管理，提高了企业的效率。时至今日，金融已经背离了“产业服务模式”，转变为“金融交易模式”，金融衍生品等金融工具的使用和金融杠杆的作用使得金融业的虚拟规模相当于实体经济的 16 倍。金融创新的过度繁荣导致了金融资产规模的畸形膨胀，并直接引发了金融危机和金融动荡。

2009 年，美国和德国提出了“再工业化”，试图改变经济过分依赖金融服务业的局面，重新重视和发展工业，回归和升级制造业领域。20 世纪 80 年代，美国、日本等发达国家先后经历了“去工业化”的过程，劳动力都从第一产业、第二产业迅速转到第三产业，制造业占 GDP 的比重持续下降。“去工业化”在削弱国家制造业国际竞争力的同时，也使得国内就业率严重下降。据欧盟统计局数据表明，1996~2007 年，工业占欧盟 GDP 的比重从 21%降到 18%，工业部门吸收的就业人口从 20.9%降到 17.9%，失去约 280 万个就业岗位。美国、日本的“再工业化”，不是简单地回归传统的制造业，而是致力于发展高端、高附加值制造业，带动经济增长。这些经验教训告诉我们，应该牢牢把握发展实体经济这一坚实基础，继续坚定不移地发展我国工业特别是制造业。

3. 在推进工业化进程的同时，做好向知识、技术密集型产业转型的准备

欧美等国的工业化道路表明产业结构演变一般是由劳动力密集型产业向资本密集型产业转变，再向知识、技术密集型产业转变。中国工业化基本上也是沿着西方国家工业化的这种结构演变方向推进。长期以来，中国依靠其低成本的劳动力、自然资源、低标准的环境保护要求等低成本要素迅速扩张起来，各个领域的产业规模迅速扩大，尤其是劳动密集型的轻工业部门和资本密集型的重工业部门。中国目前的产业结构偏离了当前经济发展水平，根据联合国工业发展组织发布的数据和王金照等的研究，中国 2008 年重化工业占工业比重为 70%，已经高于同等发展水平其他国家约 10 个百分点。造成中国资本密集型的重化工业比重偏高的主要原因是国家优先发展重工业的发展战略和由此形成的一套体制制度。与日本相似，中国具有高储蓄率，政府由此可以通过高投资发展资本密集型产业，实现经济的高增长，同时这也带来了重工业部门的快速膨胀。中国仍处于工业化中后期，依靠继续加大要素投入促进经济增长仍具有合理性，但也需适时转变增长方式，让产业结构趋于协调保持经济的可持续增长。

工业化后期和工业化中前期的一个主要区别在于工业的核心生产要素逐步由以物质资本为主转变为以人力资本和知识技术创造为主。后发国家通过后发优势实现工业化追赶甚至超越，很大一方面也是通过知识技术的引进、消化吸收和再创造过程来实现。未来中国工业化实现由要素驱动转变为由创新驱动的战略也要求我们未雨绸缪。为此，政府要继续加大教育投入、科技投入和完善创新激励制度：关于加大教育投入，我国教育相对于发达国家滞后，特别是教育投入分布不均衡。教育资源大多被投入城市和发达地区，农村和落后地区的教育投入却非常落后。应当加大落后地区的基础教育和职业教育投入与教育力度，为提高我国人力资本做好保障；关于加大科技投入，科学技术的进步为产业发展提供了源动力。美国、日本和德国等工业强国完成工业化至今仍在制造业主要领域占据着产业制高点，原因就在于它们在这些领域掌握着核心科学技术，具备其他国家所不具备的生产工艺和高端尖端技术平台。为使我国早日攀爬上产业制高点，我们要加强基础科学研究，加大科研投入，加强产、学、研三方合作攻关，早日实现自主技术开发和知识创新；关于完善创新保障制度，日本的经验告诉我们，仅靠教育和科技投入并不能保证创新能力的提高，良好的产权保护制度是自主创新的重要保障。技术进步在依赖技术引进和模仿时，不完善的产权保护制度可能更有利于技术进步，但在技术创新越来越重要的工业化后期和未来，不完善的产权保护制度可能导致一国知识创新能力下降，进而影响一国的经济增长。

三、当前中国工业发展面临的机遇和挑战

18 世纪下半叶，英国发生了以纺织业机械化为始端的第一次工业革命，其中蒸汽机的发明使得具有强大动力的机器可以替代手工生产，而印刷机的应用则直接催生了第一代工业文明；20 世纪初期，发生在美国的第二次工业革命标志着电气时代的来临，电话等通信设备的发明更是改变了人与人之间的交往方式，大型设备流水线使得规模生产成为可能，工业的再一次腾飞彻底改变了人们的生活环境和生活习惯。前两次工业革命告诉我们，工业革命必然与科技革命相伴而生，能源革命与社会交流方式的革命也必然相互融合。当前，随着制造业技术的数字化、可再生能源的日益成熟、互联网的发展和信息技术的飞跃，以智能制造

和低碳能源为主要特征的第三次工业革命依然遵循着历史的路径，也初现端倪[①]。由于新材料、新制造工艺（如 3D 打印技术），更加易于操作的机器人和新的互联网络协作型生产方式的出现，当前的工业生产已经能够以更少的劳动力投入、更加灵活和经济的生产方式来生产更多小批量产品。为了满足消费者多样化的消费需求，当规模化生产逐渐向个性化小批量生产转型时，也意味着生产和就业会逐渐从新兴的发展中国家回流到发达国家。

2008 年发生的国际金融危机对全球经济的影响至今尚未消除，世界经济的复苏依然疲软。美国政府力推“再工业化”战略，试图重塑美国新的竞争优势。在这样一个历史契机，发达国家越发重视高端技术产业，如先进制造技术、智能制造、新能源、生物技术、信息等新兴产业。各国政府也都不断增加其在科研领域的投入比重，鼓励教育和企业创新，希望在新的工业革命到来之前占领技术的制高点。目前我国正处在产业结构调整的关键时期，学界对于工业化与再工业化的认识也产生了分歧。其中一种观点认为，我国经过这么多年的工业化，现在开始进入后工业化时代即服务经济时代，应该大力发展现代服务经济，许多传统制造业应该转移或者淘汰出去。另一种观点则认为，一般意义上，服务业的生产率并没有工业高，对居民生活环境的改善也没有工业作用大，工业依然是未来全球经济发展的主体，中国正在面临和将要面临的几乎一切重大和长远的经济社会问题都高度依赖工业的长足发展。当然，我国需要发展服务经济，包括生产性服务业，因为相对制造业的发展，我国的生产性服务业长期发展迟缓，这是我国产业体系长期存在的问题。但是发展生产性服务业的目标是促进制造业的转型升级，这个转型升级不应该仅仅考虑引进发展一些战略性新兴产业，发展战略性新兴产业也不应该还是在老的制造业生产方式和制造模式上兜圈子，而是应该有远大的目标，要向能够引领未来新一轮工业革命的新生产方式的方向转变，抓住这一历史机遇，率先在第三次工业革命过程中进行布局和投入，使我们在新工业技术革命的过程中不至于被甩得太远（芮明杰，2012）。

当前的中国工业处于这样一个复杂多变的环境，面临着一个重大的战略机遇期，如何决定未来中国工业的发展方向，如何进行下一步产业结构的转型升级，成为摆在社会和政府面前的一道难题。为此，应该全面、深入地分析新时期世

① Rifkin（2011）在他的著作《第三次工业革命：新经济模式如何改变世界》中提出第三次工业革命的观点和理论，2012 年在 The Economist 上发表的《第三次工业革命：制造业与创新》专题报道，也描述了目前正在发生的技术引领的制造业的变化，这引起了全球的广泛关注，并引发了世界对当前工业发展和未来走向的思考。

界经济发展的新趋势、新特点，对复杂多变的国际国内形势做出客观的预判，才能更好地把握历史机遇，加快工业转型发展，从而全面提升中国工业的国际竞争力。

（一）新时期中国工业所面临的主要机遇

1. 金融危机和新兴产业的发展有利于我国传统工业加快转型升级

国际金融危机爆发以来，各国的实体经济尤其是产业经济都遭受了不同的打击，并相继反映出一系列深层次的产业体系问题。为了解决这些问题，提升本国在国际市场上的产业竞争力，新的产业核心技术路线和产业创新体系成为各国亟待构建和争相寻找的对象。为了增加本国在国际金融危机中的抵抗力，减少经济系统的内在失衡可能以及经济系统运行过程带给产业体系的系统性风险，各国也在积极寻找能够维持经济增长的新的传统支柱性产业增长的空间，从而希冀形成带动产业恢复并实现强劲增长的新"引擎"。在这次国际金融危机冲击下，中国工业一方面表现出显著增强的竞争力和抗风险能力，因而能够在世界经济严重衰退的情况下保持增长。即使外向型产业受到很大冲击，中国工业产品的国际市场占有率仍持续提高。另一方面，中国工业发展长期存在的深层问题也在危机冲击下更突出地显露出来。因此经过金融危机之后，中国也将借此契机实行重大的发展战略调整，工业发展也将呈现显著的新态势，进而探索出新型工业化道路，并实现经济发展方式的转变（金碚，2010）。

第三次工业革命中新技术和新的制造业生产方式，都能够在一定程度上加快改造我国的传统工业，并实现其转型升级。它不仅会产生与发展一批新兴产业以替代已有的产业，更重要的是，它将导致传统制造业生产方式、制造模式甚至交易方式等方面的重要变革。以互联网为基础的协作型制造，加快了制造模式的转变。智能制造意味着智慧型计算机在嵌入制造设备后能够使生产设备更快地感知，自我反应，计算判断，分析决策并操作。而且，3D 打印技术和柔性的生产方式使得符合个性化需要的个性化产品的大规模定制生产成为可能。这些都会加快我国传统工业对于新型技术的认知和应用，并加快转型升级。中国与第一次工业革命和第二次工业革命失之交臂，并用了近百年的时间补课。在第三次工业革命到来之时，中国已经进入了工业化后期，并在某些地区基本完成了工业化，中国与发达国家将在同一起跑线上，有效地利用新技术并实施产业转型升级，这将是中国工业经济腾飞和中华民族复兴难得的历史性机遇。

2. 信息技术的快速发展有利于信息化和工业化的深度融合

近年来，虽然我国信息产业取得了长足发展，在促进工业生产自动化方面有较大提高。但是，在广泛利用信息技术、信息设备和信息产品，进而推进整个生产体系的信息化方面，与发达国家还存在较大的差距。第三次工业革命的主要动力之一就是快速发展的信息技术。极端制造技术和虚拟制造技术等数字信息技术在工业部门各领域中的应用极大地提高了发达国家工业产品的生产效率和生产精度。近些年来，“物联网”、“智慧地球”、“数字欧洲”等概念的相继提出也使得人类对未来的信息化生产与协作乃至信息社会的交往都寄予了无限的憧憬。以互联网为基础的协作型制造和智能制造，也在改变着传统的生产制造模式。从当前信息技术发展的速度和深度来看，技术创新的步骤在不断加快，信息技术的革命也在不断深化，这意味着工业和信息化的融合也将进一步紧密。当前，跨国公司的全球化生产与贸易在新一代网络信息与创新技术的应用下正不断地提高效率和节约成本。尤其是与新型信息网络、数字信息相关的技术的不断创新突破，在很大程度上将引起跨国公司工业生产技术与生产组织方式的深度变革。

我国工业和信息化的发展水平与主要发达国家还存在相当大的差距，工业生产过程中数字信息的应用、智能制造技术的实施程度都相对较低，可以说粗放型的生产模式还有很大的生存空间，离精细化知识技术密集型生产还有很大一段距离。因此，随着全球信息技术革命的深化发展，我国必须大力推进工业化与信息化的融合，推动信息技术参与工业生产技术和组织方式的变革。尽管目前中国在新一代网络开放应用等领域尚不具备显著的技术优势，但世界经济新增长点的出现及其衍生，为中国在新时期产业结构调整和优化升级确立了更高的战略方向，提供了更多的选择。

3. “第三次工业革命”有利于缓解当前的要素约束

第三次工业革命将在很大程度上缓解当前中国制造业面临的日益紧迫的劳动力成本和土地成本不断提高的要素约束。由于在第三次工业革命中，工业将进一步结合新的信息技术、制造技术和新材料技术，在对要素投入需求的规模和结构上也产生了较大的变化。新的制造业将以技术、设计和概念的输出为主，以小规模定制生产为主，以自动化设备和机器人生产为主，在生产过程中对于劳动力的需求也将极大地缩减，因此传统意义上普通劳动力成本的比重将会极大地降低。此外，由于在生产过程中，知识与技术的投入占比较高，产品生产的模块化和标准化程度高，因此对资源和能源的消耗将会降低。而且，由于新的制造业一般采取市场取向的定位与选址，在生产制造和运输过程中对信息网络技术的运用也越加成熟，集约化的组织生产与合理化的物流、运输和仓储，都会造成对土地和空间的需求极大地减少。因此，第三次工业革命所带来的对于中国工业生产组织方式与对要素投入需求的变革将在较深层次上缓解当前的要素约束。这也使得我国可以有更多的资源和时间来进行技术创新突破，提高劳动力的素质，发展可持续能源，从而在未来的国际竞争中占领一席之地。

4. 承接国际产业转移有利于我国地区之间的协调发展

改革开放以来，中国工业的发展在很大程度上参与了经济全球化过程中国际产业转移的进程。生产要素的全球配置与贸易产品的全球分配都离不开中国工业体系的贡献。正是由于中国工业的不断发展，中国在国际产业体系中的分工角色也在不断变化。随着我国对外贸易总量与规模的扩张以及工业体系的不断完善，中国参与国际产业转移的程度也在不断加深。但是，当前生产要素的全球化配置还有一定的局限性，劳动力在世界范围内的自由流动还存在着较大的障碍，这就使得全球化的资源配置还不完善。因此，一些劳动密集型产业必然将其工业生产能力向劳动力丰富且成本较低的国家和地区转移。目前，中国的中西部地区在这样的国际环境下对于国际产业梯次转移尚有较大的吸收空间，对于一些跨国公司还具有较大的吸引力。所以，随着国际分工深化的进程加剧，中国在承接新一轮的国际产业转移和参与更深层次的全球要素分工方面还具有较大的比较优势和吸收空间。

此外，针对从西方发达国家转移到中国的传统制造业，可以用现代技术改造和提升，并引导更多投资以推动传统产业转型升级，促进其自主技术研发，从而加快我国产业结构向纵深发展。中国地区之间的发展差异较大，中西部地区的劳动力成本和要素禀赋优势依然能吸引国际和东部沿海地区劳动密集型产业的转移。而且，中国在“西部大开发”、“振兴东北老工业基地”、“中部崛起”等重大区域发展战略的基础上，还相继推出了一系列东部沿海省市的发展规划。这些区域发展战略使东部在深化产业升级与纵深发展方面，中西部地区在承接国际产业转移方面，都将获得更大的税收与政策扶持，这也将在很大程度上促进东西部地区不同产业体系之间形成一定的联动与互补，进一步加快中国工业在地区间的平衡发展。

（二）新时期中国工业所面临的主要挑战

1. 全球经济调整存在较大不确定性

国际金融危机后，世界经济发展的危机和问题不断爆发，经济回暖所面临的问题不断，不确定性增加。2009 年，希腊主权评级下调引发了希腊债务危机，西班牙等欧盟其他国家也或多或少受到债务问题困扰，德国也受到了很大冲击。希腊债务危机升级为欧洲债务危机，在欧洲债务危机下，欧元贬值、股市暴跌，甚至出现欧元区解体的危机，欧元区区域经济复苏前景黯淡。随着近几年美国经济的逐渐回暖，美国退出了量化宽松的货币政策，并开始进入了加息通道。受此影响，各国特别是新兴经济体资本外流的压力增大，促进经济回暖的政策选择范围收窄。同时，地区冲突不断，乌克兰危机后，东欧地区深受影响，俄罗斯货币大幅贬值，经济增长受到严重影响。世界经济呈现出低增长、低贸易流动、低通货膨胀率、低投资、低利率和高债务水平“五低一高”的特点。随着大宗商品价格暴跌和贸易收缩，部分新兴经济体经济增长速度下滑，就业市场问题凸显，开始出现失业率上升或居高不下等问题。

随着中国经济日益融入全球经济体系，中国工业与发达国家已经形成了较为紧密的分工和依赖关系，外部因素对中国工业增长的影响逐渐加大。全球经济复苏过程中的反复和波动将直接影响中国外需型产业的恢复和发展，出口对工业增长的拉动作用减弱。而且中国产业结构调整与全球结构变化互动性增强，以及世界经济增长模式调整的不确定性，也将在一定程度上增加未来中国工业结构升级中主导产业的选择难度。

2. 传统要素禀赋的比较优势逐渐削弱

在新时期的经济条件下，中国传统要素禀赋的比较优势也在逐步被削弱。传统的要素禀赋优势在于较低的土地成本、劳动力成本和较为宽松的环境管制。当前，中国城镇化速度的加快导致土地成本迅速提高，普通劳动力对于薪酬待遇、工作环境和生活质量的要求导致劳动力成本提高，都将压缩我国大部分劳动密集型产业的利润空间，削弱其在国际竞争中的比较优势。尤其是，随着第三次工业革命的到来，直接从事制造的人数减少以及制造中装配组装成本比重的下降，劳动力成本占总成本份额降低，机器人替代劳动的趋势加强，中国现有的低成本劳动力比较优势也将被进一步削弱。

当前，经历了新一轮的经济危机之后，发达国家更加重视工业行业的高端智能化，并在一定程度上压缩普通劳动力占要素投入的份额，从而提高生产效率和制造精度。与此同时，我国的一些中低端制造业（包含外资企业和本土企业）开始向越南、菲律宾等劳动力成本更为低廉的东南亚国家转移。这两种趋势将从高端和低端产业共同挤压我国现有劳动密集型产业的生存空间，进而深刻影响我国工业行业所具有的比较优势和国际竞争力。随着目前国际工业体系技术构成的变化，标准化和模块化生产日趋普遍，核心技术和关键部件的生产成本在产品的价值构成中将占据较大比重，利润及附加值的来源也将更加依靠这些关键零部件。与此对应的是，装配、组装和运输等成本的占比将大幅度下降，这将对我国部分以装配和组装生产为主的制造业行业提出很大的挑战，从而对我国制造业造成巨大冲击，在很大程度上改变我国当前的国际竞争力优势，在更广阔的范围内造成国家内比较优势的重新分配。

3."再工业化"使得国际资本向发达国家回溯

国际金融危机爆发以后，发达国家纷纷推出不同的"再工业化"战略，并通过颁布和实施不同的创新国家战略来推动该国的技术创新，从而力求在新的工业革命中占据科技制高点，通过推动新兴产业的发展来重振实体经济，增加就业岗位，引领经济增长①。发达国家所提出的"再工业化"也不再是简单的重复和回归，而是以高新技术为核心对传统工业的改造和发展。其"再工业化"战略大多以发展高附加值的高端制造业为主，如智能制造、信息技术、生物技术、新能源等新兴产业。其国家创新战略也大多以加大技术研发投资力度、鼓励市场创新、保护知识产权、完善创新制度安排、服务于高新技术研发和知识密集型产业发展为主。

目前发达国家正在进行的"再工业化"，是在原有工业化基础上的又一次工业化，这将进一步催生新的技术革命。值得注意的是，随着第三次工业革命的逐步展开，发达国家（以美国为主）的资本和技术流出将逐渐减少，甚至可能发生逆转，由对外直接投资（FDI）净输出国逆转为净输入国。这种现象的发生不仅涉及资本和技术回流问题，同时还将产生示范效应，引领全球资本向具有升值空间和市场优势的地区流动，从而吸引全球剩余资本，使得中国等新兴市场吸引全球资本的趋势减缓。这种国际资本的回流以技术密集型和劳动集约型的新兴行业为主。这是因为，一方面，发达国家新兴产业的发展在技术供给和市场需求方面的条件相对优于发展中国家；另一方面，随着发展中国家劳动力成本的提高，部分新兴行业开始使用更具有操作性的机器人来替代劳动力，加之新技术会降低生产成本、离发达国家市场近（对本地客户的需求能更加快速做出反应），这也就

① 美国先后于2009年和2011年发布了《美国创新战略》，提出注重国家创新基础架构建设，包括加大研发投资力度和转化创新成果所需的人力、物质和技术资本，恢复美国基础研究的国际领先地位，建立先进的信息技术系统，鼓励市场竞争，调整知识产权政策和改善专利审批制度等。英国推出《英国低碳转型计划》，法国制定《国家研究与创新战略》，欧盟实施"未来工厂伙伴行动"，澳大利亚启动《创新投资跟进计划》等。

使得在发达国家投资设厂成为可能，从而引起资本的回流。此外，发展中国家对知识产权的保护不足，也使得发达国家为了避免模仿，将个别新技术产业回迁国内。这些新的变化无疑都对我国当前的政策提出了新的挑战。因此，只有提供更好的制度环境保护知识产权和创新技术，并鼓励技术革新，进行产业结构的转型和升级才能应对这种挑战。

4. 产业转型升级的体制性障碍依然存在

中国的市场经济体制改革采取的是一种渐进式改革的方法，这种渐进式改革在一定程度上会减弱制度变革所带来的巨大冲击，而给予市场更多的反应和处置空间。但是，在这种改革模式下，中国地区与工业行业所承受的制度扶持和改革空间又不尽相同。受不同区域经济环境的影响，各级经济主体对于政策的理解和运用能力又参差不齐，这就造成了市场经济体制改革的不同步和不均衡，带来的结果便是存在不同程度的体制性障碍。随着国际环境的变化，目前体制改革和制度创新所激发的正向经济效应正在减弱，特别是生产要素的转移效应弱化，如生产要素由农业部门转向非农业部门带动要素产出能力提高的作用逐渐降低。不仅国内通过要素产业间转移提高资源使用效率的空间在减小，而且体制和机制中的深层次矛盾也日益凸显，主要表现在政治体制改革相对滞后、社会分配机制不完善、社会保障体系不健全、金融领域改革开放和现代化发展困难重重、汇率调整和资本市场开放面临诸多风险和压力、深化国有企业改革的推进难度加大、部分行业中行政性垄断依然存在、各级政府经济活动的参与方式和干预程度不合理、中央与地方的发展目标和决策机制有一定冲突等方面（中国社会科学院工业经济研究所课题组，2010）。因此，要推动工业结构调整与优化升级，就要求政府有进一步深化经济体制改革的决心，协调各部门共同解决体制中的痼疾，这是一项各级政府都难以回避的艰巨任务。

第四章　中国工业经济增长动力机制的转换

改革开放30多年以来，中国的工业生产保持了持续高速增长的势头。目前，中国的工业产值已跃居世界第一位，常被称作"世界工厂"①。但是，长期以来，中国工业的发展主要表现为依托低要素成本的规模扩张，而在科技创新能力方面仍显不足、产业结构也不尽合理，发展中的不可持续问题依然突出。由于收入差距偏大、社会保障体系尚不健全等，自主工业品牌长期面临内需不振的制约。与此同时，伴随着国际市场的日渐饱和，我国工业生产规模继续扩张的空间正在逐渐缩小，亟待通过产业升级、产品科技创新的渠道不断开拓新的市场，以突破需求"瓶颈"。对此，中共十八大指明了我国经济未来发展的方向，"以科学发展为主题，以加快转变经济发展方式为主线，是关系我国发展全局的战略抉择。要适应国内外经济形势新变化，加快形成新的经济发展方式，把推动发展的立足点转到提高质量和效益上来，着力激发各类市场主体发展新活力，着力增强创新驱动发展新动力，着力构建现代产业发展新体系，着力培育开放型经济发展新优势，使经济发展更多依靠内需特别是消费需求拉动，更多依靠现代服务业和战略性新兴产业带动，更多依靠科技进步、劳动者素质提高、管理创新驱动，更多依靠节约资源和循环经济推动，更多依靠城乡区域发展协调互动，不断增强长期发展后劲"。就工业而言，报告着重指出要"推动战略性新兴产业、先进制造业健康发展，加快传统产业转型升级"。基于上述背景，本章将对中国改革开放以来工业经济发展的动力转换过程予以梳理，客观展现不同阶段的发展特征，突出现阶段面临的困难，指出未来突破的方向。

① 美国商务部经济分析局2012年4月26日发布的2011年分行业增加值的初步数据显示，2011年美国第二产业增加值28957亿美元，其中工业增加值23754亿美元，工业增加值占GDP的比重为15.7%。根据中国国家统计局的初步核算数据，2011年中国第二产业增加值34154亿美元，是美国的1.18倍，其中，工业增加值29196亿美元，是美国的1.23倍。

一、改革开放以来中国工业增长的动力机制分析

（一）改革开放以来中国工业产出与要素投入的增长

1. 指标的确定及数据的来源与加工整理

本部分的考察时段为1979~2011年，时间跨度涵括了改革开放至今。我们以GDP核算中的工业增加值来度量工业部门的产出，并使用工业品出厂价格指数对该指标进行了以2000年价格为基准的平减，相关数据主要来源于《中国统计年鉴2012》，早期未提供的工业品出厂价格指数从《新中国六十年统计资料汇编》中补齐[①]。工业生产的要素投入包括资本和劳动两项，其中，劳动投入选用就业人员指标来度量，经过以下加工:《中国统计年鉴2012》提供了1979~2011年第二产业的就业人员数据，其为工业与建筑业从业人员数量的加总，为此，我们需要从中剔除建筑业就业人员部分——建筑业就业人员数据可由相关历年《中国统计年鉴》中的“建筑业”部分查询得到。我们也注意到，劳动要素的合意度量应兼顾数量与质量，即应以人力资本存量来代理劳动力数量指标，但是实际操作中我们还很难纳入劳动质量方面的内容，因为关于人力资本的度量还远未形成统一意见，实践操作中困难重重。

第一，人力资本包括技能和健康两个方面，但是各自的相对重要性或者说权重却难以确定，并且两者间很可能存在无法捕捉的非线性关联。

第二，现有研究在实证中更多关注了劳动技能，但受数据可得性的限制，大多只能以受教育程度来代理，鉴于应试教育下的高分低能、学非所用现象在中国广泛存在，受教育程度能否较为精确地代理人力资本仍存在疑问，如果不能确定受教育程度和人力资本之间有接近于1的相关性，那么人力资本的弹性估计将会是有偏的，进而生产函数中的物质资本和TFP估计结果也会被“篡改”。

第三，就我们的研究而言，更为重要的是，由于现有文献之间观点和数据多

① 2004年，国家统计局对1978年以来的GDP数据进行了一次较大规模的修正，修正后的数据收录于《中国国内生产总值核算历史资料1952~2004》，此后历年，一些较小的修正仍偶有发生，因此我们未采用相关历年的《中国统计年鉴》提供的数据，而是使用了最新的《中国统计年鉴2012》所提供的数据。

有不同，以致我们难以确定各种人力资本代理变量可能出现偏误的方向①。因此，我们的研究采用了原始的劳动力数量指标——由于中国的人力资本是逐年提高的（易纲等，2003），就这一指标而言，我们可以确定偏误产生的方向是持续向下的。进一步地，如果劳动要素的弹性占比和波动幅度均是较小的，我们可以预期这一向下的偏误所带来的影响也较小。如郑京海等（2008）在调整了劳动力质量之后估计得到的要素弹性及其变化方向，与调整前相比并没有产生显著的偏离趋势。

由于没有覆盖全国范围的逐年资产清查，相对于劳动投入指标而言，工业部门资本投入的度量更为复杂，对此我们将予以较详细的讨论。目前普遍采用的测算资本存量的方法是 Goldsmith（1951）开创的永续盘存法，该方法可用式（4.1）表述为：

$$K_t = K_{t-1}(1-\delta_t) + I_t \tag{4.1}$$

式（4.1）中，K_t 为第 t 年的资本存量，I_t 为第 t 年的投资，也即资本流量，δ_t 为第 t 年的折旧率。根据式（4.1），要度量工业部门的资本存量，需要确定 1979 年的基年资本存量、投资流量指标、折旧率三个方面；为了保持存量的可比性，还要确定投资的价格指数②。下面我们将分别予以说明。

1979 年的基年资本存量可由《中国工业经济统计资料：1949~1984》中国有和集体所有制的工业企业固定资本净值加总后直接得到，以当年价格计为 2629.7 亿元，经基于 2000 年价格平减后为 9089.1 亿元。这样做的理由是，1979 年中国处于改革开放初期，私营和外资工业企业数量和规模占比均极低，整个工业部门几乎全部由国有和集体所有制工业企业构成，因此，这时候的固定资本净值数据是对当时中国工业部门资本存量的一个合意度量。需指出的是，随着其他所有制形式工业企业的成长，其后继续以该方式直接度量中国工业部门资本存量则显得越来越不适用。

① Mincer（1958）认为，不同教育阶段的回报率是有差别的，由此我们可以推知不同受教育水平的劳动力在生产率方面的差别。彭国华（2005）在计算 TFP 时运用了 Mincer 方程估算人力资本，其所采用的不同教育阶段的收入弹性来自 Psacharopoulos（2004），但事实上 Psacharopoulos（2004）的数据是转引自 Hossain（1997）利用 1989 年的微观数据对中国教育回报率进行的一次估算。以某一个别年份的估算结果直接应用于跨越 30 多年的样本显然是不妥当的，尤其是对于中国这样一个经历着重大经济转型的国家而言。

② 1993 年之前中国采用物质产品平衡体系（MPS）核算国民收入时有可直接利用的积累数据，但其后中国转而采用联合国国民经济核算体系（SNA）体系，这时投资流量和折旧率便需要纳入物质资本估算的考虑视野。

在投资流量指标的选取方面，现有研究有两种思路。一种思路是采用《中国工业经济统计年鉴》提供的固定资产原值和净值相减并进行一定的指数加工得到，如单豪杰和师博（2008）、孔庆洋和余妙志（2008）、王玲（2004），该投资流量指标在理论上应为新增固定资产。但是另一种思路对上述做法提出了有力的质疑：首先，《中国工业经济统计年鉴》中相应的统计口径发生过多次变化，如鲁保林（2012）指出，年鉴上统计的工业企业范围在1998年以前是乡及乡以上独立核算工业，在1998年以后是国有及规模以上非国有工业企业，使用差分方法计算工业投资流量，虽然比较简便，但是会低估中国工业整体的投资水平。其次，即使在企业类型的统计口径方面是一致的，但每年工业企业的统计覆盖范围也在持续发生变化，如“国有及规模以上非国有工业企业”中，随着改革的推进，国有企业进入和退出行为每年均有发生，规模以上非国有工业企业以500万元的规模为限，每年均有大量新的企业进入，同时也有部分企业退出。因此，差分运算中夹杂有每年进入和退出统计范围工业企业的资本存量信息，该方法无法得到连续可比的指标序列。对此，鲁保林（2012）提出用分行业固定资产投资数据作为流量指标，但是，这实际上混淆了资本存量计算中“投资”与统计年鉴中字面意义上的“投资”概念。资本存量是可用作生产性活动的资本，年鉴中与其对应的指标是“新增固定资产”，而不是“固定资产投资”，“固定资产投资”中有相当部分不能在当期形成生产能力，如厂房、办公楼的建设往往不是当年投资、当年便能完工的。也正因如此，有关固定资产投资的统计序列中专门列有“交付使用率”这一指标。综上所述，第一种思路采用“新增固定资产”作为投资流量度量指标，较之第二种思路直接使用统计资料中固定资产投资指标要更为可取；第二种思路指出，第一种思路直接利用《中国工业经济统计年鉴》中固定资产数据进行差分处理的方法并不可取的观点也是十分中肯的。为此，我们将利用《中国统计年鉴》和《中国固定资产投资统计资料（1950~1985）》中分行业的新增固定资产指标来度量投资流量。具体地，2002年之前工业的新增固定资产分成基本建设投资和更新改造投资两部分来统计，《中国统计年鉴2004》提供了1985~2002年的这两组数据，1984年以前的数据通过《中国固定资产投资统计资料（1950~1985）》得到。2003年以后，伴随着行业划分标准由《国民经济行业分类与代码》（GB/T4754-1994）向《国民经济行业分类》（GB/T4754-2002）的转变，分行业的新增固定资产将基本建设投资和更新改造投资进行了合并统计，该数据可从《中国统计年鉴 2012》中得到。[①]

在折旧率方面，现有研究之间的分歧较大，被广泛采用的数值高度集中于5%左右和 10%左右两档。设若 5%的折旧率，依中国法定残值率 3%~5%计算，资本的平均服役年限要高达 58~68 年，这显然不符合实际情况。首先，改革开放后，由于国外先进设备的不断引进和设备自主研发能力的持续提高，设备的精神磨损是比较快的。其次，随着改革开放之后城市化的快速推进，城市内部空间结构经历了持续快速的重构过程[②]，工业建筑普遍未达到设计寿命便被拆毁并移址重新建造，如今，在绝大多数中国城市已难以轻易觅得新中国成立前的老旧工业建筑。综上所述，容易被大家接受的一个事实是，中国改革开放之后资本的实际使用寿命要大大短于其设计使用寿命。那么，一边是接近设计使用寿命的 5%的折旧率，另一边是接近实际使用寿命的 10%的折旧率，如何取舍是显而易见的。由此我们认为，Maddison（1993）、Maddison（1998）、张军等（2004）、孙琳琳和任若恩（2005）、王志刚等（2006）、单豪杰（2008）、李宾（2011）等在对折旧率的处理上相对更为可取，避免了计算过程中资本对 TFP 贡献的“侵蚀”。具体地，我们将采用单豪杰（2008）提供的折旧率。该研究参考了财政部《国有企业固定资产分类折旧年限表》，将建筑年限确定为 38 年、机器设备年限确定为 16 年，根据我国 3%~5%的法定残值率估算出建筑的折旧率为 8.12%，设备的折旧率为 17.08%，平均折旧率为 10.96%。该研究的一个优势在于，意识到了 20 世纪 80 年代以来我国固定资产投资结构逐渐发生变化——“建筑安装工程部分在投资总额中所占比重呈现出较快的下降趋势，设备工器具购置所占比重呈现出随经济周期波动而波动的情况，但稳定程度相对稍高一些，而其他费用部分在投资总额中所占比重呈现较快的上升趋势”。为此，该研究在确定建筑和设备折旧率后，根据年鉴提供的两者之间的结构比重对折旧率进行加权平均，得出每年的折旧率。

对于投资的价格指数，我们采用《中国国内生产总值核算历史资料（1952~

---

① “新增固定资产”的分类除了基本建设投资和更新改造投资外，还包括房地产投资和其他费用（其他费用主要涉及科学实验和基础设施建设等）两部分，但是，后两者与工业中“新增固定资产”的形成基本无关。2002 年以前基本建设投资和更新改造投资形成“新增固定资产”的加总小于 2003 年后统计给出的全社会“新增固定资产”数据，主要是因为房地产行业的“新增固定资产”随着统计口径的变化而出现了猛增。

② 一般性的重构规律是，城市中心地带的工业和居住区逐渐演变成中心商务区，工业区从城市内部搬离至土地成本较低、所产生污染对人群健康生活影响较小的城市外围及郊区，居住区则位于中心商务区和工业区的中间地带，以最小化日常出行成本。

2004)》提供的固定资本形成价格指数，对于缺失的 2005 年以后部分，我们采用固定资产投资价格指数进行替代。经过价格平减处理，计算得出了基于 2000 年不变价格的工业部门资本存量。

2. 数据展示与分析

根据上述处理得到的我国工业部门投入产出数据，以及由此加工得到的人均产出和人均资本数据。表 4–1 展示了上述数据，并给出了各个指标逐年的变动情况。为了形象地展示逐年演进的情况，我们将三项产出投入指标的增速和人均产出、人均资本指标汇总制成了图 4–1。

表 4–1 1979~2011 年改革开放以来中国工业部门历年产出和要素投入

年份	增加值		资本存量		从业人员		人均产出		人均资本	
	绝对值（亿元）	变动（%）	绝对值（亿元）	变动（%）	绝对值（万人）	变动（%）	绝对值（万元）	变动（%）	绝对值（万元）	变动（%）
1979	5936.45	—	9089.06	—	6348.32	—	0.935	—	1.432	—
1980	6663.92	12.25	9105.15	0.18	6724.30	5.92	0.991	5.98	1.354	–5.42
1981	6823.51	2.39	9117.44	0.14	6906.59	2.71	0.988	–0.31	1.320	–2.51
1982	7217.36	5.77	9130.65	0.14	7135.83	3.32	1.011	2.37	1.280	–3.07
1983	7937.26	9.97	9242.04	1.22	7351.11	3.02	1.080	6.75	1.257	–1.74
1984	9189.83	15.78	9408.07	1.80	8058.80	9.63	1.140	5.61	1.167	–7.14
1985	10454.06	13.76	9857.31	4.78	8682.60	7.74	1.204	5.58	1.135	–2.75
1986	11584.96	10.82	10849.22	10.06	9415.40	8.44	1.230	2.19	1.152	1.50
1987	12411.54	7.14	11976.01	10.39	9873.50	4.87	1.257	2.16	1.213	5.26
1988	13596.60	9.55	13072.76	9.16	10252.60	3.84	1.326	5.50	1.275	5.12
1989	12866.82	–5.37	13903.21	6.35	10202.60	–0.49	1.261	–4.90	1.363	6.87
1990	13072.99	1.60	14912.40	7.26	12139.30	18.98	1.077	–14.61	1.228	–9.85
1991	14515.96	11.04	15930.10	6.82	12231.70	0.76	1.187	10.20	1.302	6.02
1992	17284.82	19.07	16990.91	6.66	12393.80	1.33	1.395	17.52	1.371	5.26
1993	19230.05	11.25	18023.34	6.08	12808.30	3.34	1.501	7.65	1.407	2.64
1994	22095.15	14.90	19596.20	8.73	12863.20	0.43	1.718	14.41	1.523	8.26
1995	24629.37	11.47	21490.88	9.67	13143.10	2.18	1.874	9.10	1.635	7.33
1996	28249.24	14.70	23976.84	11.57	14081.13	7.14	2.006	7.06	1.703	4.14
1997	31676.68	12.13	26522.28	10.62	14445.49	2.59	2.193	9.30	1.836	7.83
1998	34131.64	7.75	29222.45	10.18	14570.01	0.86	2.343	6.83	2.006	9.24
1999	36865.60	8.01	31768.53	8.71	14400.87	–1.16	2.560	9.28	2.206	9.99
2000	40033.59	8.59	34332.19	8.07	14224.83	–1.22	2.814	9.94	2.414	9.41
2001	44154.63	10.29	36460.45	6.20	14123.07	–0.72	3.126	11.09	2.582	6.96

续表

年份	增加值		资本存量		从业人员		人均产出		人均资本	
	绝对值（亿元）	变动（%）	绝对值（亿元）	变动（%）	绝对值（万人）	变动（%）	绝对值（万元）	变动（%）	绝对值（万元）	变动（%）
2002	49137.05	11.28	39363.89	7.96	13436.73	-4.86	3.657	16.97	2.930	13.48
2003	55641.74	13.24	44982.54	14.27	13512.70	0.57	4.118	12.60	3.329	13.63
2004	62239.68	11.86	52588.77	16.91	14151.54	4.73	4.398	6.81	3.716	11.63
2005	70269.67	12.90	63840.24	21.40	15066.07	6.46	4.664	6.05	4.237	14.03
2006	80660.90	14.79	79095.03	23.90	16016.30	6.31	5.036	7.98	4.938	16.54
2007	94706.75	17.41	97408.05	23.15	17052.32	6.47	5.554	10.28	5.712	15.67
2008	104403.67	10.24	117180.56	20.30	17238.46	1.09	6.056	9.05	6.798	19.00
2009	114582.36	9.75	147447.64	25.83	17407.62	0.98	6.582	8.68	8.470	24.61
2010	129073.25	12.65	180732.00	22.57	17681.70	1.57	7.300	10.90	10.221	20.67
2011	142789.74	10.63	225581.33	24.82	18691.53	5.71	7.639	4.65	12.069	18.07
几何年均增速（%）	10.80		10.92		3.54		7.01		7.12	

资料来源：笔者计算整理。

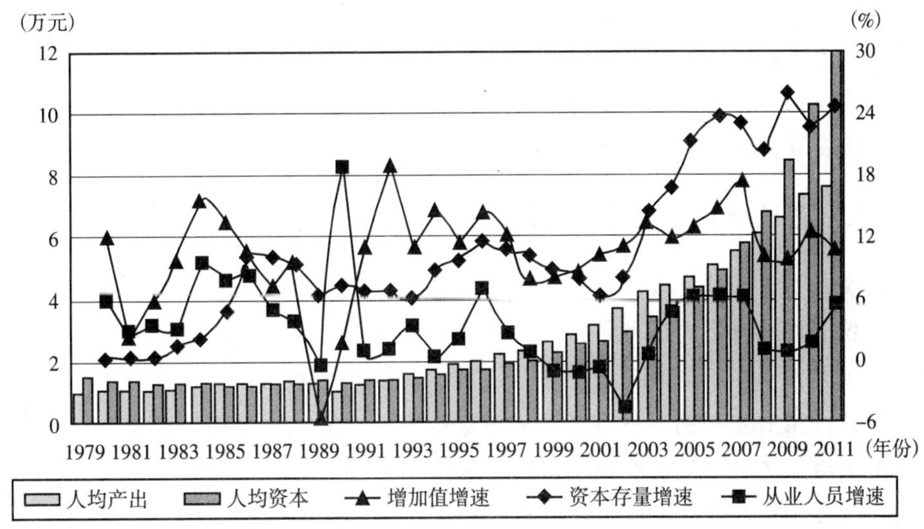

图 4-1 1979~2011 年改革开放以来中国工业部门历年产出和要素投入的演进情况

根据表 4-1 和图 4-1 的内容，我们可以直观地得出以下几点认识。

第一，改革开放以来中国工业部门的规模成长非常迅速。工业增加值和资本存量的年均增速均超过了 10%，分别达到 10.80%和 10.92%，从业人员数量虽然在 1989 年和后亚洲金融危机的经济调整期间有所下降，但总体上依然维持了

3.54%的年均增长率。1979~2011 年，中国工业部门的工业增加值、资本存量和从业人员数量分别扩大了 23.05 倍、23.82 倍和 1.94 倍。

第二，改革开放以来中国工业部门在成长过程中表现出了显著的资本深化特征。从业人员数增速较之工业增加值增速、资本存量增速过于缓慢，使得人均产出和人均资本均呈现了较快的增长速度。1979~2011 年，两者分别扩大了 7.17 倍和 7.43 倍。这实际上意味着，中国工业部门经历了一段长期的动态转移过程，要素边际产出递减的力量尚未在现实中得到充分显示。理论上，造成这一现象的原因在于：中国工业部门在改革开放之初位于一个非常落后的起点——资本严重稀缺、技术水平普遍落后；体制改革所释放的生产积极性和技术引进、模仿所带来的全要素生产率（Total Factor Productivity， TFP）的不断进步。

第三，2003 年之后，中国工业部门资本存量和人均资本的增速越来越快于工业增加值和人均产出的增速，要素产出边际递减的约束日益显现。理论上，上述现象出现的原因在于，随着逐渐靠近世界技术前沿，以往依靠技术引进和模仿途径的 TFP 改进的空间日趋狭小，此外，体制改革速度的放慢也限制了制度激励作用的持续发挥，进而，工业生产的 TFP 进步速度放缓，要素边际递减的力量随之显现。这在客观上意味着，中国工业部门的快速发展已无法继续依赖横向规模扩张的传统路径，而必须通过产业升级转型、产品科技创新等渠道为未来长期的持续较快发展提供支撑。

（二）方法设计

1. 生产函数的构建方式

增长核算的方法大体可分为两种：一种是利用统计资料直接给定生产函数的要素产出弹性参数，进而求出产出与投入间的 TFP 余值，另一种是基于样本数据，通过计量方法来估算生产函数的参数或者建立线性规划模型来求得 TFP。前一种方法最大的问题来自参数设置的可靠性，通过探讨间接统计资料所得出的弹性值，其准确性在很大程度上难以直接验证。对此，理论上的一个可操作性方法是通过资本、劳动收入占总产出的比重来估定，但是排除相关统计资料可得性的限制，由于中国的市场经济还处于发育过程，一般均衡结论很难套用于中国，尤其不能运用于改革之初计划经济仍占据重要地位的时期。后一种方法在中国一般是基于分省或分行业数据展开。应用该方法的主要障碍在于贯穿改革开放期间的分省或分行业样本数据的可得性和可比性，这在前文的数据讨论中已有较多涉及。

为获得稳健的结论，我们将对生产函数的设置进行探索性分析，就不同的参数展开模拟。为在客观反映现实的同时而又不失简便、直观，我们将采用常见的集约式的 CD 生产函数模型，具体如式（4.2）所示：

$$y_t = A_t k_t^{\alpha} \tag{4.2}$$

2. 经济增长贡献率的分解

由于宏观经济生产函数是耦合性质的，其无法进行存量的线性分解，但是流量的线性分解在存量变化水平并不高的情况下是可以近似展开的①。这种分解方法的思路实际上体现的是微分的思想。设 X_{it} 表示第 i 种要素在t时期的投入，$i=1, 2, \cdots, n$；$f(X_{it})_t$ 表示 t 时期采用 X_{it} 作为投入的产出（$t=1, 2, \cdots, n$）。考虑微分式（4.3）：

$$df(X_{it}) = \sum_{i=1}^{n} df_{X_i}(X_{it}) + df_{TFP}(X_{it}) \tag{4.3}$$

将式（4.1）扩展为由 t 到 t + 1 期的变动，则经济增长可做如式（4.4）的近似分解：

$$\frac{f(X_{i,t+1})_{t+1} - f(X_{it})_t}{f(X_{it})} \approx \sum_{i=1}^{n} \frac{f(X_{i,t+1})_t - f(X_{i,t})_t}{f(X_{i,t})_t} + \frac{TFP_{t+1} - TFP_t}{TFP_t} \tag{4.4}$$

由式（4.4）可导出各个要素和 TFP 分别对经济增长所做出的贡献，设 $P_{X_i,t+1}$ 和 $P_{TFP,t+1}$ 分别表示要素X_i 和 TFP 在 t + 1 期对经济增长的贡献比例，则它们的百分比形式分别如式（4.5）和式（4.6）所示：

$$P_{X_i,t+1} = \left(\frac{f(X_{i,t+1})_t - f(X_{i,t})_t}{f(X_{i,t})_t}\right) \Bigg/ \left(\sum_{i=1}^{n} \frac{f(X_{i,t+1})_t - f(X_{i,t})_t}{f(X_{i,t})_t} + \frac{TFP_{t+1} - TFP_t}{TFP_t}\right) \times 100 \tag{4.5}$$

$$P_{TFP,t+1} = \left(\frac{TFP_{t+1} - TFP_t}{TFP_t}\right) \Bigg/ \left(\sum_{i=1}^{n} \frac{f(X_{i,t+1})_t - f(X_{i,t})_t}{f(X_{i,t})_t} + \frac{TFP_{t+1} - TFP_t}{TFP_t}\right) \times 100 \tag{4.6}$$

对于无法单独归类的余额部分所占比重，可以用式（4.7）计算：

① 在中国，年度工业产出水平变化虽然较大，但一般不超过 12%，近似线性分解是可行的。只有在对个别极高速增长的新兴产业进行分解时，这种方法才会造成较大的误差。

$$\varepsilon_{t+1}=\left(\frac{f(X_{i,t+1})_{t+1}-f(X_{it})_t}{f(X_{it})}-\sum_{i=1}^{n}\frac{f(X_{i,t+1})_t-f(X_{i,t})_t}{f(X_{i,t})_t}-\frac{TFP_{t+1}-TFP_t}{TFP_t}\right)\Big/\left(\frac{f(X_{i,t+1})_{t+1}-f(X_{it})_t}{f(X_{it})}\right)\times 100 \tag{4.7}$$

一般情况下，经济增长率越高，无法得到归因的耦合部分越大，当然，这在一定程度上还受到要素和 TFP 构成比重变化的影响。需要指出的是，以往研究计算 TFP 对经济增长的贡献时以 TFP 变动率比经济增长率来表示，这事实上是将要素和 TFP 耦合部分的贡献全部纳入 TFP 的贡献之中，对于中国这样经济增长率较高的国家，往往会造成较大的度量误差。具体的误差变动规律较为复杂，这里不再展开讨论。此外，个别年份要素和 TFP 耦合部分的贡献有可能偏大，对此，我们在分析中将更注重总体趋势。

（三）改革开放以来中国工业部门的 TFP 变动

我们先利用 CD 生产函数对中国工业部门的 TFP 进行探索性核算。具体地，我们将资本弹性 α 分别设置为 0.25、0.3、0.4、0.5、0.6、0.75、0.9 七组固定参数值进行了模拟。这样做的理由在于：在发达工业化国家，劳动相对于资本是稀缺的，或者说资本是丰裕的，因此，资本价格下降极快，如孙文凯等（2010）比较了中国与美国、日本的资本回报率，发现中国的资本产出比要低于上述两国，而资本回报率高于上述两国，因此我们取资本丰裕的美国的资本产出弹性 0.25 作为参数下限；综合郑京海等（2008）、Romer（1987）等的研究，资本产出弹性在实证计量估计中有可能表现得很好，根据他们的实证结果，我们将资本产出弹性的参数上限设置为 0.9。为给上述参数值以比较的基准，我们依据要素等边际产出的原则将资本产出弹性设置为 $\alpha^*=k/(1+k)$ 并进行了模拟。下面，我们将加权计算得出的中国工业部门 1979~2011 年的 TFP 模拟结果列于表 4-2，并分段计算了 1979~1992 年、1992~2002 年、2002~2011 年以及 1979~2011 年的总体 TFP 几何平均增速。出于直观形象的考虑，我们将改革开放以来中国工业部门历年 TFP 增速的模拟结果列示于图 4-2 中。

表 4-2　1979~2011 年改革开放以来中国工业部门历年 TFP 的模拟结果

年份	α=0.25	α=0.3	α=0.4	α=0.5	α=0.6	α=0.75	α=0.9	α*
1979	0.855	0.840	0.810	0.782	0.754	0.714	0.677	0.757
1980	0.919	0.905	0.878	0.852	0.826	0.790	0.754	0.832
1981	0.922	0.909	0.884	0.860	0.836	0.802	0.769	0.844

续表

年份		α=0.25	α=0.3	α=0.4	α=0.5	α=0.6	α=0.75	α=0.9	α*
1982		0.951	0.939	0.916	0.894	0.872	0.841	0.810	0.881
1983		1.020	1.008	0.985	0.963	0.941	0.909	0.879	0.950
1984		1.097	1.089	1.072	1.055	1.039	1.015	0.992	1.049
1985		1.166	1.159	1.144	1.130	1.116	1.095	1.074	1.125
1986		1.188	1.179	1.163	1.146	1.130	1.106	1.083	1.141
1987		1.198	1.186	1.164	1.141	1.120	1.088	1.057	1.131
1988		1.248	1.233	1.203	1.174	1.146	1.105	1.066	1.157
1989		1.167	1.149	1.114	1.080	1.047	1.000	0.955	1.055
1990		1.023	1.012	0.992	0.972	0.952	0.923	0.895	0.961
1991		1.111	1.096	1.068	1.040	1.013	0.973	0.936	1.022
1992		1.289	1.269	1.229	1.191	1.154	1.101	1.050	1.162
1993		1.378	1.355	1.310	1.266	1.223	1.162	1.104	1.230
1994		1.546	1.514	1.452	1.392	1.334	1.253	1.176	1.332
1995		1.657	1.617	1.539	1.465	1.395	1.296	1.204	1.381
1996		1.756	1.710	1.621	1.537	1.458	1.346	1.243	1.435
1997		1.884	1.827	1.720	1.618	1.523	1.390	1.269	1.480
1998		1.968	1.901	1.773	1.654	1.543	1.390	1.252	1.472
1999		2.101	2.019	1.865	1.724	1.592	1.414	1.256	1.485
2000		2.258	2.161	1.978	1.812	1.659	1.453	1.273	1.509
2001		2.466	2.352	2.139	1.946	1.770	1.535	1.332	1.578
2002		2.795	2.649	2.379	2.137	1.919	1.633	1.390	1.641
2003		3.048	2.871	2.545	2.257	2.001	1.671	1.395	1.633
2004		3.168	2.966	2.602	2.281	2.001	1.643	1.350	1.563
2005		3.251	3.024	2.618	2.266	1.961	1.579	1.272	1.450
2006		3.378	3.119	2.659	2.266	1.932	1.520	1.196	1.334
2007		3.592	3.293	2.766	2.324	1.952	1.503	1.157	1.260
2008		3.751	3.408	2.814	2.323	1.918	1.439	1.079	1.139
2009		3.858	3.467	2.800	2.262	1.827	1.326	0.962	0.974
2010		4.083	3.635	2.881	2.283	1.810	1.277	0.901	0.879
2011		4.099	3.619	2.821	2.199	1.714	1.180	0.812	0.766
几何平均增速（%）	1979~1992 年	3.21	3.23	3.26	3.29	3.33	3.38	3.43	3.35
	1992~2002 年	8.05	7.64	6.83	6.02	5.22	4.02	2.85	3.51
	2002~2011 年	4.34	3.53	1.91	0.32	−1.25	−3.55	−5.80	−8.12
	1979~2011 年	5.19	4.83	4.11	3.39	2.68	1.63	0.59	0.04

资料来源：笔者计算整理。

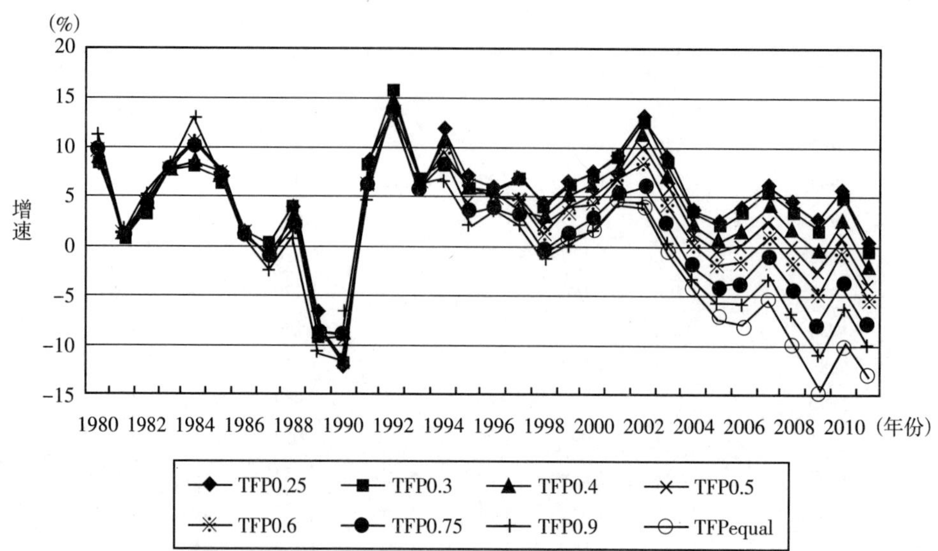

图 4-2　1979~2011 年改革开放以来中国工业部门历年 TFP 增速的模拟

由表 4-2 和图 4-2 的内容可以总结出以下两点直观认识。

第一，资本产出弹性参数取值的变化并不影响对中国工业部门逐年 TFP 变动方向的判断，但是，不同参数取值下模拟结果间的差异伴随着工业部门的成长在逐渐变大。具体地，1979~1993 年，TFP 改进的速度与资本产出弹性参数取值的关系较弱，即可以形成较为一致的结论；1993 年之后，不同参数取值下模拟结果间的差异开始逐渐增大，此时，依据要素边际产出相等条件下的资本产出弹性计算，中国工业部门的 TFP 下降幅度较大。即使考虑到资本价格的相对下降，依名义价格计算，资本的产出弹性大约在 0.5 时，中国工业部门的 TFP 依旧表现出了围绕 0 增速波动下降的态势。

第二，虽然整体来看，改革开放以来 TFP 对中国工业部门的增长具有正向贡献，但是，一方面，其数值水平相对于快速的增加值增长而言相对较低，积极作用并不显著；另一方面，其时间趋势的变动较大，阶段性特征明显，尤其是近年来其表现出明显的下降态势。具体来看，中国 TFP 变动可分为三个阶段。第一阶段为改革开放初期的 1979~1992 年，由于该阶段改革进程的骤起骤落，TFP 变动也显现出了较大的波动性，有的年份甚至为负值，但整体来看这一阶段的效率改进还是较为突出的，年平均达到了 3.3%左右。第二阶段为改革重启至经济软着陆的 1993~2002 年，该阶段中经济体制改革的大方向已经巩固确立，TFP 变动的波动性特征亦随之消失，且 TFP 增速基本上保持为正，年平均改进速度依资本产出弹性 0.5 和等边际产出时的弹性计算，分别为 6.02%和 3.51%，为三个阶段中增速最高的时期。第三阶段为国民经济由调整转向快速增长的 2003~2011 年，虽然该阶段工业增加值的增速为三个阶段中最高，达到 12.58%，但 TFP 变动却逐渐走低，趋于负值，年平均改进速度依资本产出弹性 0.5 计算，仅为 0.32%，为三个阶段中增速最低的时期。

（四）改革开放以来中国工业增长的动力机制演进与转换过程

根据前文介绍的方法，我们计算了资本产出弹性等于 0.5 时中国改革开放以来资本、劳动和 TFP 对工业经济增长的贡献情况，具体结果如表 4-3 所示。此外我们还制作了资本、劳动和 TFP 绝对值变动和对工业经济增长贡献值变动的趋势图，以期直观展现中国工业经济增长的动力转换过程。

表 4-3　1980~2011 年改革开放以来中国工业部门历年经济增长的构成

单位：%

年份	TFP 贡献值	资本贡献值	劳动贡献值	TFP 贡献率	资本贡献率	劳动贡献率	耦合部分占比
1980	9.11	0.09	3.05	74.33	0.81	25.61	-0.75
1981	0.97	0.07	1.35	40.92	2.88	56.43	-0.23
1982	4.02	0.07	1.68	70.21	1.33	29.43	-0.97
1983	7.78	0.64	1.56	78.80	6.64	16.14	-1.59
1984	9.87	0.96	4.95	64.27	6.47	32.21	-2.95
1985	7.29	2.49	3.98	54.59	18.84	29.70	-3.13
1986	1.50	5.05	4.27	14.51	46.83	39.86	-1.20
1987	-0.44	5.12	2.46	-6.38	70.64	34.83	0.91
1988	2.99	4.59	1.97	32.28	48.13	21.21	-1.62
1989	-8.13	3.00	-0.24	153.58	-52.66	4.32	-5.24
1990	-10.69	3.53	8.77	-709.35	214.56	505.81	88.98
1991	7.16	3.48	0.40	66.04	32.13	3.80	-1.97
1992	14.83	3.52	0.72	79.25	19.49	4.08	-2.82
1993	6.40	3.11	1.74	58.22	28.31	16.00	-2.53
1994	10.18	4.49	0.23	69.83	30.95	1.65	-2.42
1995	5.46	4.87	1.14	48.94	42.84	10.35	-2.13
1996	5.13	5.86	3.69	36.52	40.46	25.99	-2.97
1997	5.43	5.34	1.35	46.21	44.35	11.66	-2.22
1998	2.27	5.03	0.45	30.08	64.23	5.94	-0.26
1999	4.27	4.34	-0.61	54.33	54.03	-7.92	-0.44
2000	5.19	4.04	-0.64	61.37	47.18	-7.82	-0.74
2001	7.51	3.16	-0.38	73.93	31.27	-3.86	-1.34

续表

年份	TFP 贡献值	资本贡献值	劳动贡献值	TFP 贡献率	资本贡献率	劳动贡献率	耦合部分占比
2002	9.87	4.04	-2.63	88.04	36.37	-25.19	0.77
2003	5.83	7.10	0.30	45.61	53.42	2.40	-1.43
2004	1.15	8.27	2.44	10.18	68.22	21.29	0.31
2005	-0.73	10.32	3.33	-6.06	77.11	26.56	2.39
2006	0.02	11.50	3.28	0.15	74.86	23.03	1.96
2007	2.72	11.30	3.40	16.69	63.38	20.48	-0.55
2008	-0.04	9.72	0.57	-0.38	90.84	5.81	3.73
2009	-2.80	12.06	0.51	-30.50	115.54	5.47	9.49
2010	1.01	10.82	0.83	8.43	82.02	6.90	2.65
2011	-3.96	11.68	2.92	-39.90	103.48	28.12	8.29
平均	3.47	5.30	1.78	32.16	49.09	16.44	0.25

注：贡献值为对工业经济增长率的绝对贡献，贡献率为对工业经济增长的相对贡献；耦合部分占比为无法单独归于要素投入和 TFP 的共同作用部分占工业经济增长率的比重。

资料来源：笔者计算整理。

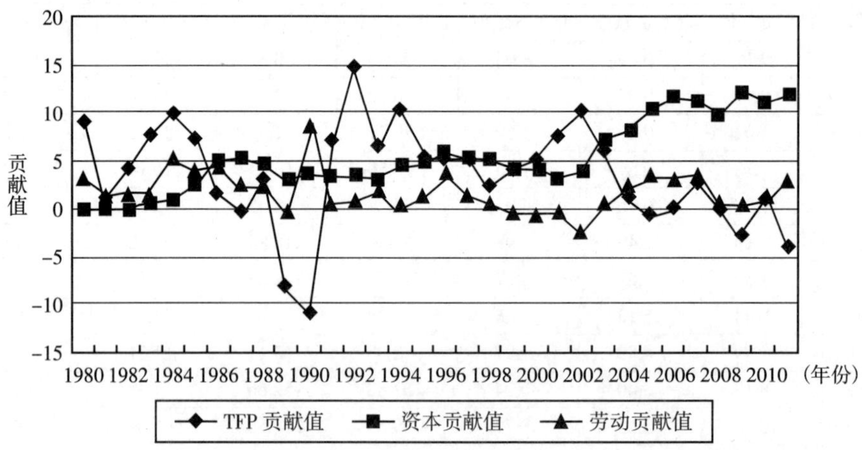

图 4-3 1979~2011 年改革开放以来中国工业部门历年资本、劳动和 TFP 对产值增长的贡献值

由表 4-2、图 4-2 和图 4-3 的内容可以得出以下四点认识。

第一，资本投入是中国工业经济增长的最主要动力来源，30 多年来其对中国工业经济增长的平均贡献率达 49.09%，占要素与 TFP 能够独立解释部分的一半。贡献值数据显示，考察期间仅依靠投资拉动，中国工业经济便可实现 5.3% 的较快增长。除了对经济增长的贡献水平突出外，投资拉动作用还具有长期波动式上升的趋势特征，尤其是 2002-2011 年间其持续上升趋势非常明显，以贡献值来看，平均每年都要提高 0.8 个百分点。1993 年以来，资本投入增速长期明显高于工业增加值增速。目前来看，这一高投入的趋势尚有一段时期的持续能力，但是随着资源要素价格的提高，投资拉动的持续性正面临着极大的挑战。

第二，劳动投入对中国经济增长的贡献最小，这一方面源于人口更新换代速度的客观制约，令其在投入量上的变化幅度较小；另一方面源于长期过剩的劳动力供给抑制了劳动边际产出的提高。同样由于人口更新换代速度的客观制约，劳动投入对工业经济增长的贡献未出现较大的绝对值波动。考虑到人口红利的逐渐消耗和与此同时结构转型滞后的困扰，劳动要素对中国工业经济增长的支撑作用未来并不乐观，最明显的一个事例便是持续较长时间的“用工荒”现象。

第三，TFP 对中国工业经济增长的贡献率将近 1/3，不到投入要素贡献的一半，比较而言其贡献水平较低。随着近些年来 TFP 的显著下降，2004 年之后，TFP 对工业经济增长的贡献值与资本投入对工业经济增长的贡献值之间的差距逐渐放大，就绝对值来看，其甚至低于劳动要素的贡献值。可见，目前 TFP 停滞所导致的中国工业部门粗放式增长态势已愈发令人担忧。此外还需指出的是，TFP 是决定经济增长的一项重要因素：TFP 的变化内生决定了要素积累的变化速度，进而其对经济增长的影响并不仅仅局限于其对于增加值的直接贡献①。

第四，中国工业经济增长的动力转换大体可划分为三个阶段。第一阶段为 1979~1992 年，改革开放初始时期，其间关于改革的争论和经济转型中的矛盾使得宏观经济的波动十分剧烈，TFP 也随着改革的骤起骤停而表现出了极大的波动性。这一时期总体而言，资本投入、劳动投入和 TFP 进步对工业经济增长起到了较为平衡的贡献，此时中国工业经济增长的动力表现为“三驾马车各显其能”的态势。第二阶段为 1992~2003 年，正值改革重启后第一轮经济增长热潮到经济“软着陆”，伴随着宏观经济形势的起伏，工业部门的 TFP 也表现出了相对较大的波动性，总体来看，这一时期资本投入与 TFP 对工业经济增长的贡献旗鼓相当，成为经济增长最重要的来源。第三阶段为 2003 年至今，此间中国经济经历了第二轮经济增长热潮，政府宏观调控的技术和手段逐渐成熟，对经济干预的力度逐渐增强，资本积累率也随之进一步提高，但是经济转型的矛盾一直未能解决，粗放型发展的特征日益强化。此时中国工业经济增长的动力表现为资本投入与 TFP 反向角力的态势，劳动投入的作用逐渐趋于中性②。

① 相关的详细讨论可参见 Barrow R. J. and Sala-i-Martin X. Economic Growth, Second Edition [M]. Cambridge, Mass: MIT Press, 2004.

② 资本投入和 TFP 的贡献围绕着 5%的增长率水平呈对称分布。

（五）从宏观需求方面看工业增长动力的转换

宏观经济方面三大需求对于经济增长的贡献及其变化趋势，在很大程度上也能从需求方面反映工业增长动力的转换。从表 4-4 可以得出以下三个结论。

第一，从资本形成率和最终消费率的变化趋势来看，改革开放以来的前 3 个 10 年投资对于 GDP 的贡献不断上升。特别是 2001 年以来，投资对 GDP 的贡献快速上升，2000 年资本形成率为 35.3%，1991~2000 年资本形成率的平均值为 37.8%，而 2011 年资本形成率为 48.3%，比 2000 年上升了 13 个百分点；而最终消费率 2001 年以来则呈现不断下降的趋势，2000 年最终消费率为 62.3%，而 2011 年最终消费率为 49.1%，下降了 13.2 个百分点。

第二，从三大需求对于经济增长的贡献率及其变化趋势来看，改革开放以来的前 3 个 10 年投资对于经济增长的拉动作用不断加强，一度逐渐取代消费成为拉动经济增长的主导力量。1981~1990 年，消费对于 GDP 增长的贡献率平均值为 61.9%，投资对于 GDP 增长贡献率的平均值为 28.6%，净出口对于 GDP 增长的贡献率平均值为 9.5%；1991~2000年，消费对于 GDP 增长的贡献率下降至 56.8%，投资对于 GDP 增长的贡献率平均值上升至 36.2%，净出口对于 GDP 增长的贡献率下降至 7.0%；2001~2011 年，消费对于 GDP 增长的贡献率平均值急剧下降至 43.7%，投资对于 GDP 增长的贡献率平均值则急剧上升至 52.4%，净出口对于 GDP 的贡献率平均值进一步下降至 3.9%。不难看出，2000~2011 年，投资已逐渐超越消费成为拉动经济增长的主导力量。

第三，近年来中国经济增长过于依赖投资拉动。20 世纪 90 年代以来，中国的资本形成率大致在 35%~42%波动。近年来，随着固定资产投资的快速增长，投资率（资本形成率）显著提高，2011 年资本形成率高达 48.3%，与 2007 年（金融危机爆发前）相比提高了 6.6 个百分点。李稻葵等（2012）的研究表明，控制经济增长率及其他重要解释变量之后，中国的投资率仍然明显高于其他高增长国家，中国的固定效应系数明显高于日本、韩国、马来西亚、泰国等高投资国家。其研究进一步表明，2002 年以后，平均资本形成率与社会福利最大化时的资本形成率相比高 5%；相对于福利最大化时的投资路径，过高投资率造成了社会福利上较为严重的损失。

表 4-4　1978~2011 年改革开放以来中国三大需求对经济增长的贡献

单位：%

年份	资本形成率	最终消费率	最终消费支出贡献率	最终消费支出拉动率	资本形成总额贡献率	资本形成总额拉动率	货物和服务净出口贡献率	货物和服务净出口拉动率
	(%)	(%)	(%)	(百分点)	(%)	(百分点)	(%)	(百分点)
1978	38.2	62.1	39.4	4.6	66.0	7.7	-5.4	-0.6
1979	36.1	64.4	87.3	6.6	15.4	1.2	-2.7	-0.2
1980	34.8	65.5	71.8	5.6	26.4	2.1	1.8	0.1
1981	32.5	67.1	93.4	4.9	-4.3	-0.2	10.9	0.5
1982	31.9	66.5	64.7	5.9	23.8	2.2	11.5	1.0
1983	32.8	66.4	74.1	8.1	40.4	4.4	-14.5	-1.6
1984	34.2	65.8	69.3	10.5	40.5	6.2	-9.8	-1.5
1985	38.1	66.0	85.5	11.5	80.9	10.9	-66.4	-8.9
1986	37.5	64.9	45.0	4.0	23.2	2.0	31.8	2.8
1987	36.3	63.6	50.3	5.8	23.5	2.7	26.2	3.1
1988	37.0	63.9	49.6	5.6	39.4	4.5	11.0	1.2
1989	36.6	64.5	39.6	1.6	16.4	0.7	44.0	1.8
1990	34.9	62.5	47.8	1.8	1.8	0.1	50.4	1.9
1991	34.8	62.4	65.1	6.0	24.3	2.2	10.6	1.0
1992	36.6	62.4	72.5	10.3	34.3	4.9	-6.8	-1.0
1993	42.6	59.3	59.5	8.3	78.6	11.0	-38.1	-5.3
1994	40.5	58.2	30.2	4.0	43.8	5.7	26.0	3.4
1995	40.3	58.1	44.7	4.9	55.0	6.0	0.3	—
1996	38.8	59.2	60.1	6.0	34.3	3.4	5.6	0.6
1997	36.7	59.0	37.0	3.4	18.6	1.7	44.4	4.2
1998	36.2	59.6	57.1	4.4	26.4	2.1	16.5	1.3
1999	36.2	61.1	76.8	5.8	24.7	1.9	-1.5	-0.1
2000	35.3	62.3	65.1	5.5	22.4	1.9	12.5	1.0
2001	36.5	61.4	50.2	4.2	49.9	4.1	-0.1	0.0
2002	37.8	59.6	43.9	4.0	48.5	4.4	7.6	0.7
2003	41.0	56.9	35.8	3.6	63.2	6.3	1.0	0.1
2004	43.0	54.4	39.5	4.0	54.5	5.5	6.0	0.6
2005	41.5	53.0	38.7	4.4	38.5	4.3	22.8	2.6
2006	41.7	50.8	40.4	5.1	43.6	5.5	16.0	2.1
2007	41.6	49.6	39.6	5.6	42.5	6.0	17.9	2.6
2008	43.8	48.6	44.1	4.2	46.9	4.5	9.0	0.9
2009	47.2	48.5	49.8	4.6	87.6	8.1	-37.4	-3.5
2010	48.1	48.2	43.1	4.5	52.9	5.5	4.0	0.4
2011	48.3	49.1	55.5	5.2	48.8	4.5	-4.3	-0.4

二、世界主要工业化国家增长动力机制研究

（一）增长动力机制的国际比较与分析：基于供给方面的分析

在基于中国自身的纵向比较之后，这里还将与其他工业化、新兴工业化和工业化中期国家的增长动力来源进行横向国际比较。相关数据资料来源于 Barrow R. J.和 Sala-i-Martin X.（2004）对现有关于各国经济增长来源分解研究的总结，具体结果如表 4-5 所示。

表 4-5　世界主要国家的增长核算比较

国家或地区	GDP 增长率	资本的贡献	劳动的贡献	TFP 增长率
A 部分：1947~1973 年 OECD 国家				
加拿大	0.0517	0.0254 (49%)	0.0088 (17%)	0.0175 (34%)
法国	0.0542	0.0225 (42%)	0.0021 (4%)	0.0296 (54%)
德国	0.0661	0.0269 (41%)	0.0018 (3%)	0.0374 (56%)
意大利	0.0527	0.0180 (34%)	0.0011 (2%)	0.0337 (64%)
日本	0.0951	0.0328 (35%)	0.0221 (23%)	0.0402 (42%)
荷兰	0.0536	0.0247 (46%)	0.0042 (8%)	0.0248 (46%)
英国	0.0373	0.0176 (47%)	0.0003 (1%)	0.0193 (52%)
美国	0.0402	0.0171 (43%)	0.0095 (24%)	0.0135 (34%)
B 部分：1960~1995 年 OECD 国家				
加拿大	0.0369	0.0186 (51%)	0.0123 (33%)	0.0057 (16%)
法国	0.0358	0.0180 (53%)	0.0033 (10%)	0.0130 (38%)
德国	0.0312	0.0177 (56%)	0.0014 (4%)	0.0132 (42%)

续表

国家或地区	GDP 增长率	资本的贡献	劳动的贡献	TFP 增长率
B 部分：1960~1995 年 OECD 国家				
意大利	0.0357	0.0182 (51%)	0.0035 (9%)	0.0153 (42%)
日本	0.0566	0.0178 (31%)	0.0125 (22%)	0.0265 (47%)
英国	0.0221	0.0124 (56%)	0.0017 (8%)	0.0080 (36%)
美国	0.0318	0.0117 (37%)	0.0127 (40%)	0.0076 (34%)
C 部分：1940~1990 年拉丁美洲国家				
阿根廷	0.0279	0.0128 (46%)	0.0097 (35%)	0.0054 (19%)
巴西	0.0558	0.0294 (53%)	0.0150 (27%)	0.0114 (20%)
智利	0.0362	0.0120 (33%)	0.0103 (28%)	0.0138 (38%)
哥伦比亚	0.0454	0.0219 (48%)	0.0152 (33%)	0.0084 (19%)
墨西哥	0.0522	0.0259 (50%)	0.0150 (29%)	0.0113 (22%)
秘鲁	0.0323	0.0252 (78%)	0.0134 (41%)	-0.0062 (-19%)
委内瑞拉	0.0443	0.0254 (57%)	0.0179 (40%)	0.0011 (2%)
D 部分：1966~1990 年东亚国家和地区				
中国香港	0.073	0.030 (41%)	0.020 (28%)	0.023 (32%)
新加坡	0.087	0.056 (65%)	0.029 (33%)	0.002 (2%)
韩国	0.103	0.041 (40%)	0.045 (44%)	0.017 (16%)
中国台湾	0.094	0.032 (34%)	0.036 (39%)	0.026 (28%)

资料来源：Barrow R. J. and Sala-i-Martin X.（2004）。

由表 4-5 可以得出以下几个重要结论。

第一，在现代发达国家经济增长过程中，TFP 扮演了重要的角色。一般情况下，TFP 增长构成了发达国家经济增长的 1/3~2/3。即使从绝对值来看，发达国家的 TFP 进步也往往优于长期徘徊在工业化门槛之外的拉美国家，这意味着，发达工业化国家和 TFP 进步缓慢的传统发展中国家之间未能出现发展水平的收敛，发展中国家被固化在了世界经济的低端环节。虽然美国和加拿大的情况有所差异，但是不具备一般性，尤其是相对于我国而言。美国经济增长过程中劳动贡献比例较大，源于其移民速度的快速增长，外来劳动力资源丰富，并且不乏从中国、印度等国家流入的高端技术移民。加拿大经济增长过程中资本的贡献比例较大，源于其国土广袤，并且地广人稀，人均资源丰富，要素边际递减约束较弱。鉴于中国的人才流失、“人口红利”渐趋耗尽、人均资源相对匮乏等现实因素的制约，我们的成长道路应更多地参照西欧、日本等发达国家，而不是北美。

第二，在工业化道路上表现不佳的拉美国家，TFP 的增长无论绝对贡献还是相对贡献，均乏善可陈。早在 20 世纪 30 年代，部分拉美国家便已达到了工业化国家的人均产出水平。但是，即使一直处于相对和平稳定的发展环境之下，所有拉美国家却均没有迈过工业化的门槛，缩小与发达国家在经济发展水平上的差距。从增长核算的分解来看，拉美国家与发达工业化国家之间的显著区别就在于，前者的经济增长主要依靠要素投入的增加，而后者更多地依靠 TFP 进步。

第三，“亚洲四小龙”作为仅有的由发展中国家或地区转化成发达工业化国家或地区的例子，其经济增长也包含了相对较多的 TFP 增长内容。虽然，相对于 9%左右的增长速度而言，“亚洲四小龙”效率改善的贡献率相对较低，与拉美国家相仿；但是就绝对数值而言，其总体上仍是相对较高的，除新加坡外，均达到了发达国家 1973 年快速增长时期的平均水准。

第四，比较而言，1979~2011 年，中国工业 TFP 平均每年拉动产值增长 3.47 个百分点，贡献比例为 32.16%，总体表现优于绝大部分 1947~1973 年 OECD 国家和 1966~1990 年“亚洲四小龙”。但是，近些年来中国工业增长中 TFP 的作用急转直下，使得中国工业的增长前景并不乐观。根据前文的总结，一般而言，TFP 的持续较快进步是发达国家经济增长的一项显著特征，也是发展中国家实现经济赶超、迈入发达工业化国家行列的重要路径。中国要在工业化道路上持续快速前进，必须扭转当前严重依赖要素投入的增长路径，回到此前包含 TFP 较快增长的路径上来。

（二）典型发达国家增长动力结构的转换：基于需求面的分析

1. 作为先行发达国家的美国

罗斯托的研究认为，美国 1843~1860 年经历了经济起飞阶段，1900 年进入成熟阶段。1860~1900 年，美国工业投资总额增长了 9 倍，工业制成品的价值增长了 7 倍。在这一阶段，投资需求的增长对美国经济的迅速增长做出了巨大贡献。19 世纪的后 30 年，美国 GDP 的年增长率接近 4%，总投资占 GDP 的比重接近 30%。人均固定资产从 1849 年的 50. 6 美元提高到 1859 年的 69.6 美元。在 19 世纪美国经济增长过程中，投资占 GDP 的比重持续增长。1839~1848 年，以不变价格计算的投资率约占 GNP 的 14% ，1869 年达 24%，1889~1898 年达 29%。此后，投资占 GDP 的比重总体呈不断下降趋势，并逐渐稳定在 15%~20%，1978~2005 年，美国的平均投资率为 18.8%。

表 4–6　世界及部分国家和地区投资率与消费率

单位：%

		1978 年	1980 年	1985 年	1990 年	1995 年	2000 年	2005 年	1978~2005 年
世界	投资率	24.2	24.0	21.7	23.5	22.6	22.3	21.0	22.1
	消费率	75.6	76.1	77.7	76.8	77.0	77.6	78.8	77.6
美国	投资率	22.0	20.3	20.3	17.7	18.1	20.5	16.5	18.8
	消费率	79.1	80.2	82.5	83.7	83.1	83.4	89.2	83.9
日本	投资率	30.9	32.3	28.3	32.6	28.0	25.2	23.2	27.4
	消费率	67.3	68.6	68.3	66.4	70.6	73.3	75.4	71.0
德国	投资率	23.4	25.4	21.4	23.5	22.2	21.8	17.2	21.1
	消费率	80.9	82.0	81.6	77.0	77.3	77.9	77.8	78.5
英国	投资率	20.3	17.6	18.4	20.2	17.0	17.5	16.8	17.6
	消费率	79.1	80.4	80.8	82.4	83.5	84.5	87.1	84.1
韩国	投资率	33.1	31.8	30.0	37.5	37.7	31.0	30.1	32.7
	消费率	69.7	75.0	67.8	62.7	63.5	66.1	66.7	65.2
巴西	投资率	23.0	25.0	19.2	22.9	22.3	21.5	20.6	21.2
	消费率	78.4	83.3	75.6	75.3	79.5	80.0	75.6	78.2
印度	投资率	22.3	20.9	24.2	25.2	26.5	22.6	23.5	23.3
	消费率	87.3	88.2	84.8	79.0	74.8	77.4	75.7	78.7
印尼	投资率	20.5	20.9	28.0	30.7	31.9	22.2	22.2	26.4
	消费率	78.4	70.8	70.2	67.7	69.4	68.2	73.7	70.9
埃及	投资率	40.6	39.5	29.4	28.3	16.6	17.7	18.6	22.6
	消费率	76.1	75.2	78.9	80.1	87.3	87.9	90.9	84.1
亚洲	投资率	29.0	28.8	27.2	30.7	29.5	26.1	26.5	27.8
	消费率	70.0	69.1	71.9	68.7	69.8	71.2	69.7	70.3

资料来源：联合国统计署数据库。

2. 德国、日本、韩国等成功追赶型经济体

从德国、日本、韩国成功追赶型经济体在增长阶段转换前后，总需求中投资

与消费结构也发生显著变动。在增长阶段转换前的高速增长期，投资快速增长，投资占 GDP 的比重持续上升；增长阶段转换后投资增速将逐渐下降，投资比重也将随之下降，消费比重则相应上升。包括存货资本在内的全部资本形成占 GDP 比重（即资本形成率）的变化规律，和固定资本比重的趋势基本一致。日本的资本形成率在“二战”后到 20 世纪 70 年代初呈上升趋势，1973 年达到峰值 37.1%，与经济增长阶段转换的时间点大体重合。随后，资本形成率逐渐下降，到 2007 年降至 23.4%。韩国在经济高速增长期固定资产投资快速增长，资本形成率呈现明显上升势头，从 1960 年的 11.4%升至 1991 年的 38.9%，1998 年亚洲金融危机爆发时资本形成率也保持在 37%左右，之后随着投资增速下降，资本形成率也显著下降，到 2008 年已降至 29.3%。德国的资本形成率转折和增长阶段转换的时间点也基本重合。20 世纪 50 年代中期其资本形成率保持在 25%左右，1965 年达到“二战”后的峰值，为 28.3%，之后逐步回落，到 2008 年已降至 19.2%（刘世锦，2012）。

3. 中国与其他国家的比较

20 世纪 90 年代至 2008 年国际金融危机爆发之前，中国的资本形成率大致维持在 35%~42%，这已高于美国（作为先行发达国家）资本形成率的峰值 30%，也高于德国资本形成率峰值（作为成功追赶型经济体）的 28.3%，也略高于韩国与日本投资率在高位时期的平均值。金融危机以来，随着固定资产投资的快速增长，投资率（资本形成率）显著提高，2011 年资本形成率高达 48.3%，与 2007 年（金融危机爆发前）相比提高了 6.6 个百分点。中国作为快速扩张增长的新兴市场国家，其投资积累率远远超过发达国家不足为奇，但是泰国、韩国、马来西亚的资本形成率及其平均值、最高值及高投资率的持续时间均低于中国，印度、巴西等国的投资率则远低于中国。

（三）工业经济增长中政府与市场

1. 作为先行国家的英国、美国：市场驱动主导型

英国、美国在工业化和工业发展过程中，市场以及市场驱动的创新始终是推动工业经济增长与工业不断转型升级最为核心的动力。英国、美国政府甚少直接干预市场，尤其是美国政府通常只是在经济出现大的经济危机时，才对宏观经济进行适当干预，这种干预通常也只是一种短期行为，且尽可能不影响市场机制的自发调整。在这种发展模式中，虽然市场始终是推动工业发展与转型升级的主导力量，但是政府在这一过程中却始终具有举足轻重的关键性作用：政府建立合适

市场经济运行的制度基础和制度框架，并促进市场体系的发育。政府提供的制度框架包括界定并保护财产权利，保证公正契约得以执行，维护法律与秩序，提供标准货币，提供负有限责任的公司制度安排，规定破产程序，保障资本市场的长期稳定及有效运转等。

2. 作为成功追赶型经济体的德国和日本：市场主导与政府适度干预的结合

德国和日本在“二战”后一段时期经济快速增长，成为世界上最主要和最发达的经济体之一。“二战”以后，德国和日本在美国的改造下，市场经济体制完全确立，过去一些阻碍市场竞争和效率提升的机制被破除，这为经济长期发展提供了极为有利的条件。不同于美国、英国等的自由市场经济体制，德国、日本仍保留了政府对经济一定程度的干预。德国建立的是“社会市场经济”，其实质是以自由竞争为基础，国家进行适当调节，并以社会安全为保障的资本主义市场经济。日本政府对经济的干预程度相对高一些，其具体表现是制订各种经济发展计划，并通过税收和政策性银行实施产业政策，“扶植”和“引导”企业发展。必须指出的是，从 20 世纪 70 年代开始，日本经济中市场机制的调节作用逐渐增强，政府干预逐渐让位于市场机制的自发调整，产业政策的重要性逐渐下降。

3. “亚洲四小龙”：市场经济体制下强政府干预模式及其调整

“亚洲四小龙”的发展仍然是建立在以市场经济为基础的经济体制上。与多数发展中国家相比，“亚洲四小龙”的经济自由度非常高，其主要表现在对私有产权的保护、自由的企业制度、灵活的劳动力市场、较少进行价格控制。中国香港、新加坡的市场化程度很高。韩国和中国台湾对经济的干预也主要体现在选择性的产业政策上，而不是对于政策经济制订计划，对价格进行控制。但与英国、美国、德国等相比，政府对于经济的干预仍比较强。

随着经济的不断发展，东亚成功经济体适时调整了政府和市场的关系，培育持续增长动力（刘世锦，2012）。这些成功的国家或地区在工业化高速增长阶段，政府都较多地参与了资源配置。但随着经济发展到一定阶段，市场发展到一定规模，经济复杂程度日益加深，政府对于微观经济的过多干预就会阻碍经济发展。这时，东亚经济成功经济体的政府均适时调整了政府与市场关系，逐步放松管制，创新监管方式，减少政府干预，改革金融体系，精简政府机构，强化公共服务，完善市场体制，注重发挥市场在资源配置、技术创新、产业升级方面的基础性和决定性作用，转向以市场主导、创新驱动为主的发展模式。

4. 中国：政府主导下的宏观调控与市场竞争相结合

中国政府主导工业经济增长的模式主要体现在两个方面：第一个方面，工业经济发展中一些重要资源（土地、矿产与部分金融资本等）的配置权仍掌握在各级政府手中，在政府主导地区竞争的大背景下，各级政府通过利用和配置这些重要资源推动工业资本积累与工业经济增长，甚至影响工业发展的方向；第二个方面，进入21世纪以来中央政府运用产业政策手段对微观经济活动的干预有所增强，地方政府对微观经济的干预比“亚洲四小龙”更为广泛、细致和直接，从而易于出现以政府选择代替市场机制、某些领域市场竞争不足和市场配置资源中的行政色彩。

中国政策部门通过产业政策对市场主体进行宏观调控主要体现在以下三个方面：

第一，中国的产业政策通常承担着宏观调控的职能，在产业布局和规划上对微观市场主体进行调控和引导。全球金融危机爆发前后，政府对宏观经济和微观市场主体的逆周期调节有所加强。

第二，中国产业政策通过目录管理来引导市场主体的投资方向。目录指导政策在产业指导和项目区域布局上发挥了积极的作用，但也带来了发挥市场竞争对产品、技术和工艺等选择作用不够的问题；产业组织政策也要在提高产业集中度过程中更好地发挥市场的优胜劣汰机制；产能过剩、重复建设的痼疾在一定程度上也是产业政策和审批制度带来的供需调节机制失衡。

第三，中国产业政策的另一个重要特征是抓大放小和淘汰落后。在经济运行中比较有利于大型企业的发展，而中小企业获取资源的能力相对逊色。随着“大众创业、万众创新”国家战略的实施，中小企业发展的活力将逐渐被激发出来。

三、中国工业增长动力机制转换的迫切性

（一）改革开放以来中国工业增长机制演进的成因

综合前文的分析，中国改革开放以来工业经济增长的动力机制演进有两个明显特征，即投资拉动的作用持续保持很高的水平，效率驱动的作用逐渐弱化。下

面，我们将围绕这两个特征展开动力机制演进成因的探讨。

改革开放之初，中国濒临崩溃的国民经济迫切需要迅速恢复与增长，计划经济体制下国家对社会经济的全面掌控为实现贫穷状态下的高积累创造了制度条件，从而有力地推动国民经济跨越了“贫困陷阱”，走上了持续增长道路。需要提到的两点是，农村改革的率先实行，不仅夯实了工业经济发展的基础，而且保证了高积累状态下群众基本生存资料的满足；当物质极度匮乏时，平均主义能够尽最大可能释放生计水平以上的收入转作积累。以上两点是保证改革开放之初工业部门“低收入、高积累”能够在稳定的社会状态下得以实现的重要条件。同时，经济体制改革所猛烈激发出来的生产积极性，对外开放所引进的先进技术，也带来了改革开放初期工业 TFP 的较快增长。因此改革开放初期中国的经济增长在要素积累与 TFP 进步两个方面均有较为突出的表现。

计划体制向市场体制的转型在 20 世纪 80 年代中期以后处于激烈的争论之中，改革过程表现为时进时退的态势，而这与宏观经济的剧烈波动有着密切的联系。一方面，缺乏经验与制度规范的银行体系在竞相发展的年代超发了大量的投资资金，引发了改革开放期间第一次严重的通货膨胀，加快了工业积累的速度；另一方面，在旧有计划体制根深蒂固的工业厂矿，改革的任务相当艰巨，“一放就乱，一收就死”成了当时形象的写照，时放时收所带来的经济秩序紊乱也引致了工业投资和 TFP 的剧烈波动。

1992 年市场经济体制改革方向确立之后，处于调整期的国民经济呈现爆发式增长，工业生产的增长更是一马当先。同样由于缺乏经验与对银行体系的制度规范，造成了不久之后的第二次严重通货膨胀。从这一次通货膨胀开始，工业投资与 TFP 之间的反向变动关系逐渐露出端倪。一方面，当工厂以较低的管制配给价格获得贷款之后，资金使用者缺乏有效利用资金的足够动力，其投资项目的经济效率往往也会相应较低；另一方面，通货膨胀往往与“资产泡沫”接踵而至，过多的资金造成了资产价格的上涨，而“资产泡沫”进一步推动了房地产等缺乏创新产业的虚幻增长，这也带动了建材等相关工业部门的过度投资。更为重要的是，市场充斥资金，意味着积累率在提高，消费率在下降，这时候将资金用于生产消费品势必面临缺乏国内市场的问题。对此，一方面，消费品生产者利用“人口红利”提供的价格竞争优势开拓国际市场；另一方面，资金更多地运用于生产资料而非消费资料的生产，工业结构逐渐凸显出超越发展阶段和偏离正常需求结构的倾向。面对产能的持续扩大和消费率的持续下降，投资和出口成为工业经济增长的主要动力。当国外市场仍未饱和、劳动力价格持续低廉时，低效率的生产模式便难以通过强有力的竞争压力和资源约束得到转变。

1997 年的经济“软着陆”和亚洲金融危机推动中国走向凯恩斯主义的宏观调控道路。实现经济过热“软着陆”之后，由于社会投资乏力和经济停滞的连带风险增大，政府利用不断增长的财政实力直接参与扩大投资，从而保持了投资对经济增长的持续重要贡献。由于政府职能的限制和在公共品投资方面的相对优势，这一时期的财政投资主要用于基础设施建设，这一方面扩大了与此相关的工业产能，另一方面扩大了缺乏创新的传统工业行业在工业结构中的比重。随着中国经济由总供给与总需求基本平衡向供大于求转变，加上中国加入 WTO，促使外向型出口经济模式得到强化。

2003 年国民经济进入新一轮快速增长期，加上货币政策相对宽松，资本价格管制下的低融资成本和地方政府“增长饥渴症”驱使下的融资平台建设，推动此前一轮通货膨胀下的情景再度重现：煤电油运的全面紧张和投资的大幅增长，房地产投机泡沫与建设高潮再度重现，进而带动了生产资料行业的快速扩张，工业结构再次重型化、低端化。在此阶段，改革后的国有企业竞争能力有所提高，又进入新一轮的跨越式的成长，但由于要素资源的瓶颈制约，也在一定程度上在某些领域形成对民营企业的“挤出”效应。与此同时，政府用于再分配的资源持续被投资占用、城乡二元市场分割、行政垄断引致的行业收入差别，使得投资与消费分化的增长模式被强化。随着投资快速增长和房价大幅上涨，资金有脱离实体经济领域而转向炒作房地产等赚快钱领域的倾向，企业经营者无心于企业的长期发展，这在一定程度上削弱了中国工业进步的制度基础和必要的企业家精神，也造成了重化工领域较为严重的产能过剩。

基于上述分析，我们认为中国工业经济增长动力机制演进的原因主要有以下几个：

第一，政府在运用积极财政政策和货币政策方面的强大能力，令投资率总能维持在较高的水平，不至于因社会投资意愿的缺乏而陷入低谷。

第二，政府将大量税收收入用于投资而不是转移支付，这在造成高投资率的同时，还挤压了居民收入，以致国内无法消化的过剩产能需要靠出口来消化，这强化了对要素价格优势的依赖。

第三，居民收入占比的下降和收入分配状况的恶化降低了社会消费能力，资本投入只能投向基础设施和大宗生产资料工业的生产，但这些缺乏创新的产能部分的扩大将会拉低整体的工业经济效率表现。

第四，“人口红利”除降低了居民收入水平外，还降低了劳动投入价格，国外市场未饱和时，这一成本优势使得缺乏创新的简单劳动密集型行业得以长期存在，即使是被普遍视为技术水平较高的外资企业，实际上也是大量分布于价值链低端的加工贸易领域。

（二）当前中国工业增长动力机制迫切需要转换

经过了30多年持续高速增长，中国工业经济原有的经济增长动力逐步减弱，传统竞争优势逐步弱化，转变发展方式、实现增长动力转换的迫切性日益凸显。

（1）近年来中国工业经济的全要素生产率恶化，对于工业经济增长的贡献大幅减弱。从改革开放30多年的历程来看，TFP对增长的贡献率将近1/3，不到投入要素贡献的一半，但其贡献值为3.47，这一水平并不低。但是，近些年来TFP进步显著恶化，2004~2011年，TFP对工业经济增长的平均贡献值为-0.32，平均贡献率为-5.17%。可见，TFP停滞所导致的中国工业部门粗放式增长态势已越发令人担忧。虽然目前来看，粗放的高投入式增长暂时抵御住了效率维度缺失的制约，但是这一反向角力态势的逐渐强化将可能随着资源约束的触顶、资本边际产出的持续下滑而引发严重的增长危机。应当说，近几年中国工业经济增长持续下滑已经反映出这种深刻的内在矛盾，未来迫切需要加快实现经济增长的动力机制由投资拉动向效率驱动的转变。

（2）资源环境的约束不断强化。中国工业经济的快速增长主要是依靠物质资源的大量投入实现的，这种增长方式正面临不断强化的资源、环境约束。有统计数据显示，目前，经济发展所需的45种主要矿产，我国只有一半能满足需求，1/3将有资源缺口，主要矿产将面临资源枯竭问题。同时，这种大量投入物质资源的增长方式造成了高排放、重污染、生态环境遭到严重破坏的问题：不仅各大水系水质和生态遭到严重破坏，而且土地污染、盐碱化、荒漠化、天然草原退化现象严重。森林覆盖率只有18%，比世界平均水平的27%低了近10个百分点，天然草原有退化现象的达九成。同时，我国每年因环境污染造成的经济损失相当于GDP的2.4%左右，约为2380亿元，环境污染造成的经济社会代价巨大。

（3）中国制造业在全球价值链中仍处于中、低端，迫切需要向附加值高的高端环节提升，以拓展工业增长的空间。作为全球价值链外包体系中的承包者，中国制造业企业在具有比较优势的传统劳动密集型产业以及高新技术产业中的加工环节上融入全球产业链。在产业链的“微笑曲线”中，上游的研发、设计环节，下游的销售、品牌持有环节附加值高，对企业的能力要求也高，而中游的生产加工环节，虽然附加值较低，但对企业的技术要求也较低。中国制造业企业的研发能力、设计能力以及品牌营运能力还难以和先进的跨国企业进行正面竞争，在技术密集型产业和高技术产业中也主要集中在具有比较优势的劳动密集型加工组装环节，在全球价值链中处于中、低端，获得的附加值比较低。中国在具有传统优势的劳动密集型产业中，也仅处于产业链相对低端的位置。例如在纺织、服装、制鞋等行业的全球价值链中，由于缺乏品种款式设计能力、品牌运营能力、在国际市场上的营销能力以及面料的开发能力，企业多处在增值率较低、利润率较低的接单和加工环节，而增加值较高的设计、品牌和营销环节被国外品牌制造商、品牌营运商、大型零售商等跨国公司所控制。

（4）中国制造业传统国际竞争优势正面临越来越严峻的挑战。中国制造业乃至整个国民经济的快速发展，很大程度上依赖于粗放式的规模扩张，在国际上的竞争优势也主要来自低生产成本、低价格以及庞大的生产能力。世界经济已由危机前的快速发展期进入深度转型调整期，低速增长态势仍将延续，全球需求结构正在发生深刻变化，国际市场需求将长期低迷；而在劳动密集型产品市场，后发国家和地区对中国低成本优势的挑战将日益严峻；第三次工业革命的发展与发达国家的再工业化，可能进一步削弱中国制造业的国际竞争力。新一代信息技术的迅猛发展，带来了技术的快速更替、产业环境的迅速变化以及市场范围与市场机制的加速演变。寻求和创造“正确的”产品（或服务）和市场、创造新的商业模式、创造新的组织模式或交易模式，取代过去以扩大生产规模、提高产品质量、降低生产成本与产品价格为主的竞争方式，成为企业之间最为重要的竞争形式，同时也成为国家间产业竞争力最为核心的组成部分。在这种新的发展态势下，此前中国过于依赖规模扩张的产业发展模式、基于低成本的产业传统竞争优势均面临异常严峻的挑战，产业转型升级与创新发展的迫切性更为凸显（李平等，2013）。

（5）中国工业过于依赖投资拉动与要素驱动的经济增长模式带来日益严重的产能过剩问题，严重影响工业的长期健康发展。IMF 2012 年 7 月 6 日发布的（中国）国别报告指出，中国正面临严重的产能过剩问题，当前的产能利用率只有 60%左右，而危机前的产能利用率略低于 80%。美国当前的全工业产能利用率为 78.9%，而金融危机高峰期这个数据为 66.8%，这意味着此时中国的产能利用率低于美国 2008~2009 年金融危机高峰期水平。产能过剩涉及的行业广泛：钢铁、水泥、平板玻璃、煤化工、造船等传统行业产能大量过剩；铜、铝、铅锌冶炼等有色行业生产形势低迷，产能过剩问题凸显；多晶硅、风电设备等新兴产业领域的产品也出现产能过剩；氮肥、电石、氯碱、甲醇、塑料等一度热销的化工产品也因为产大于需而销售困难。产能过剩又导致了金融风险加大，近两年不良贷款率呈现持续上升的势头。

（6）中国工业企业创新动力和创新能力均严重不足，严重制约中国工业的转型、发展。多数企业创新动力不足，热衷于扩大生产规模，创新研发投入不足。科技部提供的数据显示，2010 年我国大中型工业企业有研发活动的只有 28.31%，研发投入占主营业务收入的比例只有 0.93%，远低于发达国家企业研发投入 2.5%~4%的水平。尽管国家出台了大量扶持政策鼓励企业自主创新，并提供相应的财税政策支持，却难以有效激活企业创新积极性。中国工业企业研发能力严重不足。2010 年，中国人口总数占世界的 20%，GDP 占全球总量的 9%，研发支出占全球的 12%，但向中国境外的任何一家重要专利受理机构提交的专利申请或被其授予的专利权只占世界的 1%。此外，中国原创专利中有一半是授予外资跨国公司在华子公司的。

（三）中国工业经济增长模式迫切需要改变

在现行财政体制和官员政绩考核晋升制度下，各级地方政府具有促进本地经济增长的强烈冲动，各级政府同时掌握着相当大的资源配置权和影响力。各级政府利用这些重要资源推动基础设施建设、动员本地资本等要素资源、提供交易者信用并在一定程度上改善市场环境，成为近年来推动工业经济高速增长的主导力量。然而，这种增长方式存在重要缺陷，随着工业经济的不断发展，这种缺陷所带来的问题和矛盾越来越突出，严重影响工业经济长期、健康发展。当前研究主要关注以下三个方面的问题。

第一，政府配置重要资源或者干预重要资源配置的行为，不仅破坏了公平竞争的市场环境，降低了资源市场配置的效率，而且影响了市场的发展活力。

第二，能源、土地、金融、劳动力等要素市场不同程度的扭曲，导致资源误配和结构失衡。例如，要素市场扭曲促成了“虚高”的出口竞争力和过高比重的资源消耗产业。

第三，以国有企业为主体、垄断性强的非贸易部门（以基础产业为主）与以非国有企业为主、高竞争性的贸易部门（以出口导向型产业为代表）并存的二元结构。前者在占有大量资源的同时产出效率大大低于后者，而中国产业竞争力却主要来源于后者（刘世锦，2012）。

更为重要的是，这种增长模式带来较为严重的政府越位和缺位问题，并进而阻碍以创新和效率驱动为特征的新增长模式的形成。政府缺位是企业创新动力缺乏、创新效率不高与核心技术缺乏的重要原因；而政府越位则导致较为严重的竞争扭曲与产能过剩问题，加剧新兴产业发展中的技术风险与市场风险，同时带来设租、寻租等问题。

政府缺位主要表现在，政府为产业创新发展构建良好的制度环境及市场环境进展相对缓慢。一是要素市场严重扭曲的问题并未明显改善。要素市场扭曲会严重降低和抑制企业通过创新活动来获得企业利润的动力。政府拥有土地、资本、劳动力等关键要素的定价权，使得企业可以通过寻租获取超额利润，大量寻租机会的存在会明显降低企业进行创新活动的动力。二是知识产权制度和执行机制中的根本缺陷依然存在。企业进行创新活动无法得到正常收益回报，从而降低了企业创新的动力。三是金融体制改革滞后。资本市场发育不足，多元化、多层次的投融资机制尚未形成，不能适应产业创新发展的需要。四是中介组织发育不足。由于政府管制和缺乏相应的市场制度，创新成果产业化中介组织缺乏且行为不规范，知识产权等无形资产管理程序复杂，评估周期漫长且作价困难，股权激励手段难以有效实施，不利于调动创新创业积极性。五是科研体制仍不完善。科研与市场、经济脱节问题突出，科研成果转化率低，科研效率也亟须提高。

政府越位则主要体现在以下三个方面：

（1）政府代替市场选择重点发展的产业、技术创新路线甚至工艺与产品进行重点支持。政府作为面临严重信息约束的政策制定者，实际上无法选择应该发展和不应该发展的产业、应该开发或者不应该开发的技术，这些只能由市场与竞争来决定，否则会放大新兴产业发展的技术风险与市场风险。例如，日本政府主导的第五代（人工智能）计算机计划，不但没有实现赶超反而延缓了整个日本计算机产业的发展。日本政府主导的模拟高清晰度电视的研发等项目也都遭遇了同样的失败。

（2）政府选择特定产业企业进行补贴和扶持。这种政策倾向实际上由政府代替市场来挑选创新主体和产业发展的主体，实际上政府很难知道哪些行业的哪些企业具有更强的创新能力以及更高的效率。企业的创新能力与动力以及生产经营效率处于不断的变化中，政府更不可能实时、动态、准确了解这些市场信息。此外，政府补贴的领域应主要集中于基础研究和产业基础技术研究方面，不宜将补贴的领域放得过宽，否则会带来较为严重的寻租行为。

（3）地方政府为新兴产业产能投资提供大量优惠政策，甚至直接参与企业组建、投资等各个环节。这在很大程度上是替代、扭曲市场的资源配置功能。在中国，产业政策支持意味着更容易获得地方政府对廉价土地的支持、税收优惠甚至财政补贴，以及更容易获得地方政府在融资上的帮助。一旦技术壁垒被打破，在地方政府投资优惠政策的作用下，大量新进入者会涌入这个新兴行业，对这个行业的产能投资会随之激增。地方政府的大量优惠政策一方面给投资企业带来了大量补贴性收益，另一方面使得企业能以较少的投资撬动大的投资项目，并将投资风险转嫁给银行和社会。在这种体制下，当某个新兴行业的市场出现市场需求的扩张时，整个行业和行业中的多数企业都会对需求的扩张做出过度反应，导致行业产能远大于市场需求的扩张。

四、中国工业增长动力机制转换的政策建议

前文对中国工业增长动力机制演进成因的分析启示我们，以资本投入为主要动力来源的中国经济增长面临着不可持续的挑战，这一挑战不仅来自于现实中有限资源的约束，而且来自于经济结构转换的紧迫性。近来的经济状况表明：国外市场已逐渐趋于饱和，过度投资及由此带来的产能过剩难以被进一步消化，单纯依靠投资来推动国内工业经济增长已难以为继；房地产市场的过度扩张和土地“杠杆”撬动的天量信贷、低廉的名义资金使用价格、通过资金的行政配给，将不可避免地引致工业创新动力的降低，扭曲真实的市场需求结构。对此，我们对中国未来工业增长动力机制的转换提出以下几点建议。

第一，转换工业经济增长动力的关键在于理顺政府与市场的关系，进一步推动市场经济体制改革。对于现阶段中国而言，由于市场体制存在诸多不完善的地方，严重阻碍创新驱动增长方式的形成，为创新发展方式的形成构建良好的制度环境和市场环境，是中国政府当前最为紧迫的任务。一是加快要素市场的市场化改革，减少市场扭曲与寻租所造成的中国企业自主创新动力不足的问题。包括完成资源、能源价格的市场化改革；积极、稳妥地推进利率市场化；继续推进土地制度改革，促进土地流通和土地市场的发展，使土地的定价机制更加合理。二是放松政府对经济的管制。大幅减少政府不必要的行政审批，扩

大企业经济活动的自由度，尤其是扩大企业进入、退出市场和自主投资的自由度，为新兴产业的发展创造一个开放、公开、公平的竞争环境。三是健全和完善知识产权制度，强化创新激励机制。进一步完善相应的法律法规，增加知识产权侵权赔偿额，强化司法保护力度。建立和完善知识产权评估和交易体制。逐步建立企业、行业组织、研发机构与服务机构共同参与的维权援助体系。四是进一步完善金融体制。在加强金融监管的同时，消除不必要的审批和准入管制，大力发展创业投资基金和私募股权投资基金，积极发展能推动科技型中小企业发展的中小金融服务机构，健全多层次的资本市场体系，以支持战略性新兴产业的技术创新活动和产业化进程。五是积极推进垄断行业的行政管理体制改革。推动电力行业的管理体制改革，为清洁能源的发展扫清制度性障碍；推动电信网、广播电视网、互联网的管理体制改革，为“三网融合”扫清制度性障碍。

第二，推动利率市场化进程和相应的金融体系改革，将工业企业的资金使用成本和风险成本充分反映到资金价格中去，从而从根本上抑制低效率的粗放型投资和提高资金的使用效率，减少过剩产能，这也将提高经济主体的生产效率。进一步硬化银行预算软约束，理顺地方政府与银行的关系，通过市场化手段提高企业投资中自有资金的比例，降低企业投资行为中的风险外部化行为。与此同时，还应积极推进金融市场主体的多元化，放宽市场准入，允许民间资金设立各类股份制的小型金融机构，打破垄断所导致的低效率资金配给状况，提高资本的配置效率，为有竞争力、具备企业家才能资源的，同时又对市场需求敏感的民营经济提供必要的金融支持。

第三，政府需要有选择、有计划地减轻企业和居民的税收负担，增加劳动收入在 GDP 中的占比，通过转移支付手段增加居民福利，进一步完善社会保障以化解预防性储蓄压力，进而带动国内消费需求的提高，引领工业经济发展由畸形的“过度积累—扩大再生产”，转移到供需平衡的发展轨道上来。推动增值税转型、个人所得税改革以及资源、环境相关税收改革，形成适应新形势需要的税收体系。应该进一步考虑提高个人所得税起征点，降低和取消利息税。在财政支出上，政府应当向社会保障、医疗保障、教育和住房保障倾斜，增加对居民的转移支付能力，消除城乡居民的后顾之忧，提高居民的消费能力。

第四，抑制过度的公共基础设施建设和房地产开发，将相应的资金疏导到具有创新性和成长前景的新兴产业中去，从而减小技术进步缓慢的传统产业的比重，改善产业结构。当然，对于已有研究指出的基础设施建设对于中国 TFP 增长的正面效应（刘秉镰等，2010；刘生龙和胡鞍钢，2010），本章并不否认，只是说，在发挥其正面效应的同时，应考虑公共投资边际成本过高和配置的问题，提高投资效率，降低机会成本，将更多的市场机会交给具备需求基础的、类别更为多样化的工业企业。尤其重要的是，要理顺中央与地方之间的利益分配机制，使财权与事权相对应；要推动地方财政透明化与民主化改革，使地方政府更着眼于社会管理、基础设施和公共服务领域，避免地方政府为企业投资提供财政补贴与过度基础设施。

第五，改进国有经济管理体制，有意识地促进国有工业企业参与市场竞争，实质性放开某些垄断行业的市场准入，以期通过平等的、较充分的竞争来提高整个工业行业的效率表现。与此同时，这还将有助于扭转持续扩大的行业收入差距，提高国民经济中消费的比率，引导国内工业生产和消费逐渐走向均衡。强化国有企业财务约束机制与激励约束机制，完善国有企业的退出机制；从国有企业利润中提取一定比例设立辅助调节基金，主要用于国有企业退出（破产或被并购）时职工的社会保障和安置；限制各级政府用财政资金为经营不善的国有企业提供救助；在竞争性行业，消除政策制定和实施中的所有制与规模歧视，建立不同规模、不同所有制企业公平竞争的市场环境。

第六，培育本土品牌、提升工业企业的市场营销能力，助推民族工业迈向品牌营销的高端环节。应将国内基础较好、已具有或可能形成国际竞争优势的企业作为重点扶持对象，为其在国内各个区域的销售提供便利和必要的保护，以帮助其充分利用国内市场规模的优势，扩大产品销售范围和知名度。进而，在国内声誉的基础上，稳步实现向国际进军。这事实上也就是利用庞大的国内市场作为本土企业获取未来世界市场的孵化器。鼓励有条件的企业提升在国际分工中的地位，与国外跨国公司在核心技术研发、产品设计、品牌推广等高附加值环节进行合作，提高出口产品的档次。同时，逐步培育出口产品特色，形成系列优势产品，在某些高端产品领域实现突破，巩固和提升我国制造业的国际地位。着力打造属于中国的国际知名品牌，企业要增加对品牌建设的投入，特别要注重保护老字号品牌，树立品牌的法律意识，加快推进在境外注册相应商标的工作，逐步减少 OEM 在出口产品中所占份额，使国内企业成为出口产品市场的主导力量。

第七，鼓励本土企业在客观评估风险收益的基础上收购国外既有知名品牌，以降低自主品牌培育的成本和时间投入，更快地消化、吸收国外品牌运营管理的技术与经验。尤其是在当前金融危机尚未退去，发达国家诸多产业内部出现冲击性调整的契机下，本土企业可利用较为丰裕的外汇资金以相对低廉的成本展开“趁火打劫”式的品牌收购，变以往的“借船出海”为“买船出海”。政府层面也应加强对本土企业收购国际品牌的支持，而不是将大部分资金过度投资于国外矿产、基础设施等缺乏后续价值创造的领域。政府应为本土企业海外并购创造良好的制度和市场环境：一是完善外汇管理制度，为企业“走出去”提供有利条件。二是扩大国内企业在境外投资的商业信贷资源，改善买方信贷制度，使境外投资企业和其他对外经济技术合作和传统外贸出口享有同等的信贷政策待遇。三是设立海外产业投资基金，该基金内包括对外投资信贷基金和对外投资保险基金，专门用于支持和鼓励企业的对外投资行为。四是积极设立海外投资保险，落实投资保险制度，打消中国企业在境外投资中的顾虑，充分发挥保驾护航的作用。

第八，对于市场基础、技术基础较为牢固的制造业，制定并执行较高的质量标准，以提升国内工业产品的形象、档次和质量，以品牌建设为突破口向价值链高端攀登。品牌建设是一项系统工程，其最终需要通过高质量的产品来体现。目前，国内产品质量标准大多较低，如食品安全标准、汽车环保标准等，且执行不力。相应地，本土工业企业在面向国内经营时往往为节约成本而只期满足最低质量标准。长期在这种经营环境中成长的本土企业，在面对更为苛刻的国际质量标准时，将很难实现由国内品牌到国际品牌的跨越式转变。因此，对于本土知名品牌，应另按国际质量标准予以考核，并由权威部门定期公布考核结果，借此督促和激励本土企业致力于提高产品质量，为本土品牌成功地实现国际化打下最为根本的质量基础。

第九，政府应在鼓励企业在市场化运作的基础上出于自主意愿的技术研发，通过在技术创新方面予以配套支持，使得政府的支持和市场导向的研发需求能够有效对接起来。其间，对于政策支持创新的资金使用应进一步规范分配，加强过程监管，提高政策支持创新资金的利用效率。各地政府应加强市场化环境建设，将支持工业发展的工作重心由单纯的政策优惠和补贴转移到制度建设中来，推进工业部门生产经营活动和创新研发活动的市场化和企业主体化。鼓励企业组成技术创新或管理创新联盟，并对企业及企业联盟的研发和管理创新活动进行资助。由政府出面联合企业、大学或研究机构成立研究开发中心，并提供技术开发资助，从新产品开发、技术流程创新与管理创新方面着手，推动企业价值链的低端环节向高端环节拓展。同时，进一步做好知识产权保护工作。强化企业申请专利、保护创新成果的意识，设立相应的奖励机制。扩大知识产权保护的广度和深度，对违法事件进行处理。建立和完善知识产权交易市场，促进技术成果流通，鼓励企业参与国际专利交换工作。加大对企业自主创新的资金支持力度，要给予自主创新型企业财政、税收等政策优惠。积极利用风险资金等新型融资手段，探索适合传统产业的风险投资市场。

第五章　工业经济增长的趋势分析

工业部门是中国经济的核心“引擎”，对于经济增长、劳动力转移和劳动生产率的提高具有不可替代的作用，有效推进工业经济增长动力机制的有序转换，是打造“中国经济升级版”的关键所在。当前中国工业已经进入新的发展阶段，面临的内、外部条件已发生了根本变化，结构失衡成为制约工业经济可持续发展的核心障碍。有序推动工业经济增长动力机制转换，实现“新型驱动增长”，已经成为中国经济稳中求进、持续健康发展的根本途径。

一、中国工业经济增长动力机制分析

动力机制是指某一子系统与其所处环境系统中其他要素相互关系、相互作用而产生的使自身发生某种行为的内在驱动力的方式、方法的总和。工业经济增长动力机制主要是指推动工业经济增长的各种驱动因素及其关系。从需求层面看，工业经济增长动力机制的研究主要体现在三大需求对工业增长的拉动分析；从供给层面看，工业增长动力机制主要体现在资本、劳动、全要素生产率等不同生产要素对工业增长的贡献分析；从行业层面看，工业经济增长动力机制的研究主要体现是不同阶段、不同行业对工业经济增长的贡献分析。

（一）三大需求对工业经济增长的拉动分析

最终消费、投资（资本形成）、净出口从需求方面共同拉动国民经济发展，被称为三大需求。三大需求对于我国工业经济增长的拉动作用并不平衡，而是在不同历史阶段、不同年份有着不同的地位（见表 5-1）。

表 5-1　2000~2010 年三大需求对 GDP 增长的贡献率和拉动率

单位：%

年份	最终消费		资本形成		货物和服务净出口	
	贡献率	拉动率	贡献率	拉动率	贡献率	拉动率
2001	50.24	4.17	49.86	4.14	–0.10	–0.01
2002	43.91	4.00	48.51	4.41	7.57	0.69
2003	35.85	3.58	63.30	6.33	0.95	0.09
2004	39.05	3.94	53.98	5.45	6.98	0.70
2005	39.00	4.41	38.78	4.38	22.22	2.51
2006	40.33	5.12	43.61	5.54	16.06	2.14
2007	39.55	5.62	42.41	6.02	18.03	2.56
2008	44.21	4.24	46.98	4.51	8.82	0.95
2009	49.80	4.58	87.58	8.06	–37.38	–3.54
2010	43.14	4.49	52.91	5.50	4.05	0.42
2011	56.52	5.26	47.70	4.44	–4.22	–0.39
2012	55.00	4.24	47.12	3.63	–2.12	–0.06
2013	50.00	3.90	54.40	4.20	–4.40	–0.30
平均	45.12	4.43	52.09	5.12	2.80	0.44

资料来源：笔者根据国家统计局数据整理计算。

（1）投资是中国工业经济增长的主导拉动力量，尤其是 2000 年以来形成了以投资驱动为主要特征的工业经济增长方式。改革开放以来，资本形成对 GDP 增长的贡献率出现了逐步上升的趋势，2000 年以后超过了最终消费，成为经济增长的第一拉动力量。据测算，1978~1990 年我国的经济增长中，资本形成贡献率均值为 30.38%，比最终消费贡献率均值低 32.53 个百分点，1991~2000 年资本形成贡献率均值上升到 36.24%，比最终消费贡献率均值低 20.57 个百分点，2001~2013 年资本形成贡献率均值进一步上升到 52.09%，比最终消费贡献率均值高 6.97 个百分点。从国际比较来看，中国的投资率高于各种分类的“国际平均水平”，无论采取怎样的“一致性”（收入、文化传统、地理、发展阶段）分类标准，我国的投资率均远高于各种分类经济体的平均投资率，也超过各类经济体的历史最高水平。

高投资率造成了我国投资效率的下滑，导致投资所能带来的 GDP 增长越来越有限。从投资效益来看，改革开放以来中国固定资产投资效益指数出现了明显的下降趋势，1981~1990 年均值为 0.49，1991~2000 年均值为 0.46，2001~2012 年均值为 0.25（见图 5-1）。其中，2009 年和 2012 年固定资产投资效益指数更是下降到历史最低点，低至 0.12，意味着单位固定资产投资仅仅能够带来 0.12 单位的 GDP 增长。这说明中国固定资产投资在大幅增长的同时，所能带来的 GDP 增长却迅速减少，反映了固定资产投资边际效益的下降。

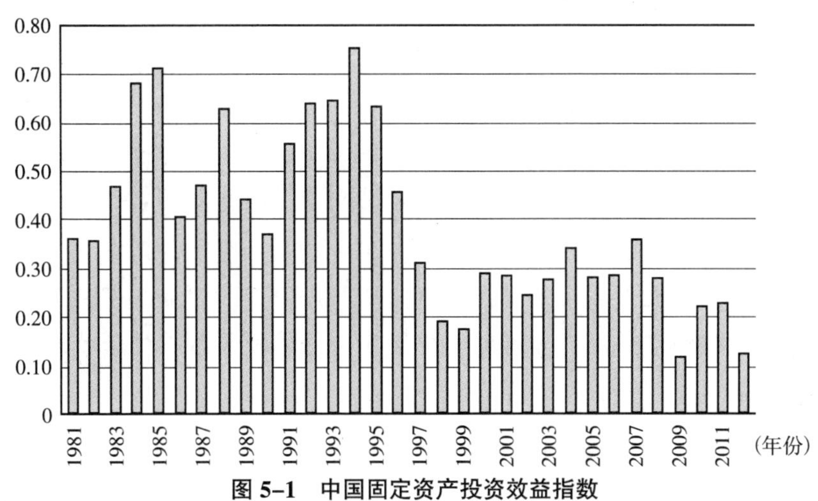

图 5-1 中国固定资产投资效益指数

资料来源：笔者根据国家统计局数据整理计算。

（2）消费是工业经济平稳较快增长的根本立足点。消费需求是最终需求，也是一切生产活动的最终目的。工业增长的根本目的，还是提高我国居民的福祉水平。2001 年以前，消费一直是 GDP 增长的首要拉动力量，但从 2002 年开始被投资超越。2001~2013 年，我国消费增长慢于经济总产出增长，国内消费需求增长贡献率相对下降，2001~2013 年阶段性贡献率均值仅为 45.12%，平均每年拉动 GDP增长 4.43 个百分点。虽然消费对经济增长的贡献率低于投资，但却是维持经济平稳增长的关键力量。2001~2013 年，最终消费对 GDP 增长贡献率的方差为 43.3，远低于资本形成对 GDP 增长贡献率的方差 152.1 和货物及服务的净出口对 GDP 增长贡献率的方差 217.9，这说明最终消费对 GDP 增长的拉动作用总体上比较平稳，起到了经济增长“稳定器”的作用。

（3）出口不仅拉动了工业经济的增长，而且大幅促进了工业经济效率的提高。改革开放以来，中国工业品出口总体上采取了“奖出限进”的贸易政策，通过巨额的贸易顺差，利用外需消化本国的过剩产能，在这种思路下，对外贸易对工业增长的作用主要体现在净出口对 GDP 增长的贡献上。当贸易顺差比较大时，对 GDP 增长的需求拉动就比较大；相反，需求拉动就比较小，甚至为负拉动。

2003~2008 年国际金融危机前的一段时间里，中国经历了贸易顺差的快速增长，货物和服务净出口对 GDP 增长的贡献率最高达到了 22.22%，拉动 GDP 年度增长2.52 个百分点。然而，国际金融危机发生以后，中国货物和服务净出口增速大幅下滑，甚至货物和服务净出口对 GDP 增长的贡献率转为负值，达到了–37.38%，造成 GDP 年度增速下滑 3.54 个百分点。在这种情况下，很多人开始忽略甚至怀疑出口对经济增长的作用，认为虽然“大进大出”但贸易平衡的进出口模式与“不进不出”的进出口模式基本没有区别。事实上，这种思路并不正确。进出口贸易对一个国家工业增长的拉动绝不仅仅体现在贸易顺差上，而更重要的是体现在一国企业利用全球资源、参与全球分工，从而实现自身效率的提高。甚至说，进口对一个国家工业增长的促进作用要大于出口。改革开放以来，进出口贸易保障了工业经济增长所需要的资源，促进了中国工业更好地参与全球分工体系，从而对于中国工业经济发展取得的成就起到了不可或缺的作用。

（二）不同生产要素对工业增长的贡献分析

建立集约式科布—道格拉斯函数 $y_t = A_t k_t^{\alpha}$，设资本弹性 $\alpha = 0.6$[①]，可计算获得全要素生产率。从计算结果来看，改革开放以来资本存量、劳动、全要素生产率的提高均对工业经济产出的增长做出了积极贡献。然而，在不同阶段，贡献率和拉动率有着明显差异（见表 5–2）。总体来看，资本存量对工业产出的增长贡献率最大，达到 46.61%；接着是全要素生产率，达到 42.60%，最低为劳动，仅为 9.25%。分阶段来看，1981~1992 年资本存量的提高对工业产出增长的贡献最大；1993~2007 年全要素生产率的提高对工业产出增长的贡献最大；2008~2012 年资本存量的提高对工业产出增长的贡献最大。

（1）资本存量的提高是工业经济产出增长的首要驱动力，但资本过度深化导致了资本边际回报率加速递减。改革开放以来，中国工业的资本存量大幅提升，如图 5–2 所示，1980~2012 年工业资本存量增长了 18 倍。分阶段来看，2003 年以后中国工业资本存量出现了加速增长，主要原因是 2000 年以后中国进入了加

① 对资本弹性的设定采取了经验分析的方法，综合了不同学者对中国资本弹性的测算结果。不同学者对中国资本弹性的测算结果基本一致，例如，张军、施少华（2003）的测算结果为 0.6029；郭庆旺、贾俊雪（2004）的测算结果为 0.69；郑京海、胡鞍钢（2005）的测算结果为 0.6；曹吉云（2007）的测算结果为 0.557；李宾、曾志雄（2009）的测算结果为 0.6；黄梅波、吕朝凤（2010）的测算结果为 0.6749。

表 5-2 1981~2012 年不同生产要素对工业产出增长的拉动率和贡献率

单位：%

时期	工业产出	资本存量	劳动	全要素生产率
1981~1985 年	9.52	5.84	1.96	1.69
		61.36	20.59	17.76
1986~1992 年	5.89	5.50	1.53	-0.99
		93.44	25.94	-16.78
1993~2000 年	11.82	4.99	-0.61	7.25
		42.24	-5.15	61.39
2001~2007 年	20.96	4.83	1.83	13.42
		23.06	8.72	64.05
2008~2012 年	13.63	8.82	1.69	3.20
		64.72	12.36	23.50
1981~2012 年	12.44	5.80	1.15	5.50
		46.61	9.25	42.60

注：每个时期资本存量、劳动和全要素生产率的第一行和第二行分别代表各自对工业产出增长的拉动率和贡献率；工业产出、资本存量、劳动的计算参考了陈诗一（2011）的计算方法；总量数据是国家统计局两位数行业分行业数据加总获得的，木材采运、橡胶制品、塑料制品、其他工业等少数行业数据没有计算在内。

资料来源：笔者根据国家统计局数据整理计算。

速重化工业化阶段，工业投资规模增长非常迅速，无论是新增固定资产，还是技术改造投资，均取得了很大的成绩。在中国资本存量快速增长的过程中，出现了明显的资本深化现象。从资本劳动比和资本产出比来看，从 20 世纪 90 年代中期开始，中国工业资本密度加速上升，也正是从这个时期开始，中国工业进入了加速重化工业化的阶段。资本深化一方面带来了工业经济的加速增长，带来了人均产出的迅速提高；另一方面也导致了工业经济增长过度依赖于投资，降低了工业经济增长吸纳劳动力的能力，大量资本沉积于生产能力过剩的环节，而用于消费环节的资源过少，以至于投资效率的大幅下降。从 2007 年开始，资本产出比下降速度明显放缓，甚至从 2009 年开始，资本产出比出现上升趋势，这说明了从这一阶段开始中国工业资本边际回报率加速递减，投资效率大幅下降。

（2）劳动力数量增长对工业产出增长的直接贡献较小，但对中国工业经济增长产生了重要的间接贡献。从直接贡献来看，1980~2012 年劳动力增长平均每年拉动工业经济增长 1.15 个百分点，对工业经济增长的贡献率为 9.25%，远远低于资本存量和全要素生产率。但从间接贡献来看，劳动力从农村向城市转

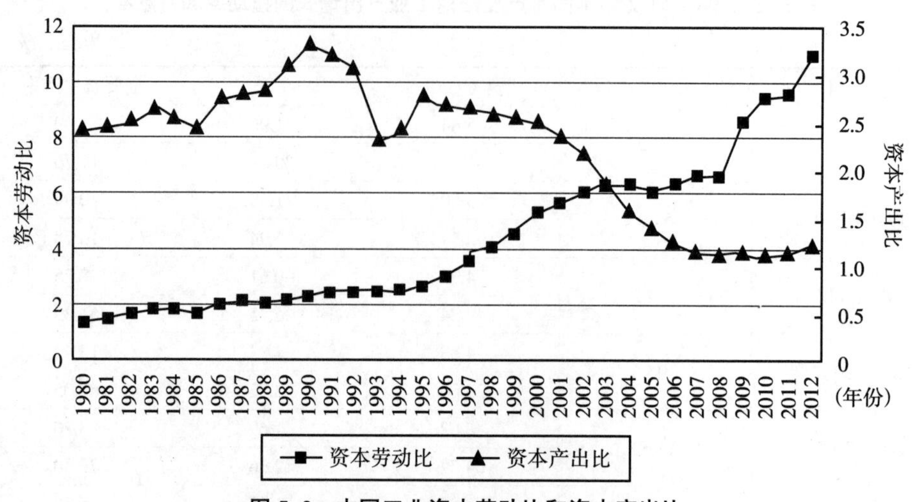

图 5-2　中国工业资本劳动比和资本产出比

资料来源：笔者根据国家统计局数据整理计算。

移为工业经济的增长起到了不可替代的作用。改革开放以来，很长一段时间里中国工业的竞争力主要体现在充裕劳动力数量带来的低成本优势上，如果没有充足的劳动力数量，中国工业可能很难吸引到大量外商直接投资，并深度参与到全球分工体系。同时，充足的劳动力数量也是工业经济创新发展的必要条件，只有足够多的人参与工业活动，才可能形成足够多的“草根创新”，从而形成经济增长的内生动力。

（3）全要素生产率的提高对工业经济增长起到了重要作用，甚至在一些阶段超过了资本存量增长，但近年来对工业经济增长产生了负拉动。如图 5-3 所示，1993~2000 年和 2001~2007 年，全要素生产率的提高对工业经济增长的贡献超过了资本存量增长的贡献，分别达到了 61.39%和 64.05%，说明在这个阶段中国工业存在着明显的效率改善。具体来看，这种效率改善可能主要来源于两个方面：一是资源配置效率的提升带来的效率改善，既包括资源在工业不同行业间配置效率的提升，也包括资源在行业内配置效率的提升。行业间资源配置效率的提升主要体现为将资源从低效率产业转移到高效率产业，20 世纪 90 年代以来中国工业总体上行业间资本回报率差异和资产偏离度呈降低趋势，中国垄断行业改革取得了积极成效，资本在不同行业间的流动更加通畅。行业内资源配置效率的提升主要体现在将资源从低效率企业转移到高效率企业，中国工业企业包括国有企业和私营企业，而大部分研究认为国有经济存在一定的效率损失，资源从国有企业转移到私营企业有利于资源效率的提高。二是工业素质提升带来的效率改善，包括工业技术水平提升、产业基础更加扎实以及基础设施完善等方面。从工业技术进步来看，近年来工业企业的研发投入一直保持着较快的增长速度，带来了工业企业技术水平的快速提高。从产业基础夯实来看，中国工业在发展中十分重视对基础产业的技术改造，包括改进原有产品、改造落后设备、改造传统工艺、改造管理手段等很多方面，从而强化工业发展中的薄弱环节，提高了产业综合配套能力。从完善基础设施来看，经过改革开放 30 多年的发展，中国已经建立起了门类齐全的工业体系，产业基础更加夯实，基础设施更加完善。2008 年中国基础设施存量达到了 192378 亿元（2008 年价格），是价格调整后 1979 年基础设施存量的 34 倍、1953 年基础设施存量的 200 多倍，反映了中国基础设施建设所取得的巨大成就（金戈，2012）。在肯定全要素生产率在中国工业经济增长中作用的同时，应当指出一个问题，中国工业全要素生产率在 2007 年以来出现增速下滑，甚至在 2010 年以来出现负增长，从而造成对工业经济增长的负拉动。这说明近年来中国工业经济效率非但没有改善，而且出现下滑的趋势。造成这一情况的原因有很多，包括大量的产能过剩导致企业新增投资难以形成规模经济、经济体制改革步伐放缓导致制度红利大大降低、与国外企业技术差距缩小导致企业模仿创新空间缩小、企业长期不重视研发投入导致技术创新能力减弱等。

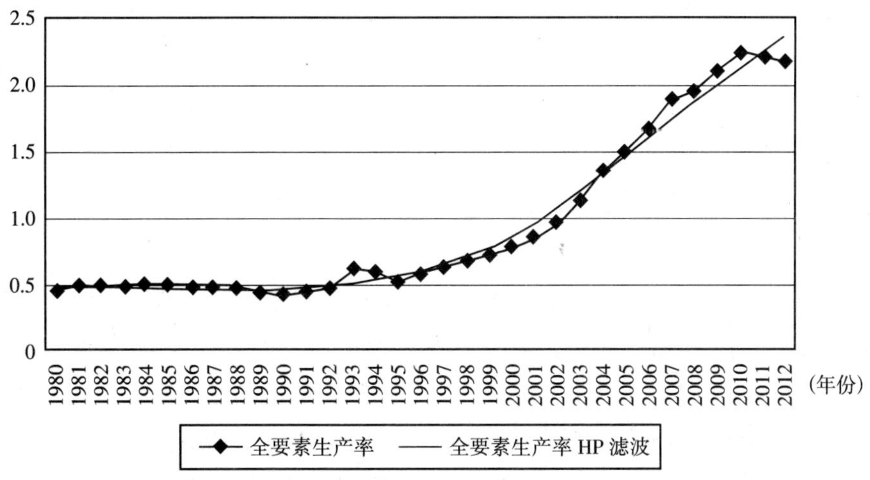

图 5-3 中国工业全要素生产率和全要素生产率 HP 滤波

资料来源：笔者根据国家统计局数据整理计算。

（三）不同行业对工业经济增长的贡献分析

1981~2012 年，中国工业产出持续快速增长，年均增速达到了 12.44%。然而，不同行业增长并不平衡，年均增速最快的行业与年均增速最慢的行业相差接近 22 个百分点。从具体产业来看，年均增速最快的行业分别为计算机通信设备、燃气生产供应和交通设备制造；相比之下，年均增速最慢的行业分别为石油开采、石油加工和水的生产与供应。一个行业到底能够为工业经济增长做出多大贡献，既取决于自身的增长速度，也取决于其规模大小。经过计算可获得 1981~2012 年不同行业对工业经济增长的贡献排序，其中对工业经济增长贡献最大的五个行业为计算机通信设备、交通设备制造、电气机械制造、化学原料及制品和通用设备制造（见表 5-3）。如果进一步对不同行业进行归类，可以获得劳动密集型产业、资本密集型产业、高新技术产业等不同类型产业对工业经济增长的贡献情况。

表 5-3　1981~2012 年不同行业产出增速及对工业增长的贡献率

增长最快的五个行业		贡献率最高的五个行业	
行业	年均增速（%）	行业	贡献率（%）
计算机通信设备	24.01	计算机通信设备	20.33
燃气生产供应	19.71	交通设备制造	8.56
交通设备制造	16.99	电气机械制造	8.04
医药制造	16.81	化学原料及制品	5.86
木材加工	16.03	通用设备制造	5.42

注：增速为价格调整后的实际增速。
资料来源：笔者根据国家统计局数据整理计算。

（1）劳动密集型产业对工业经济的增长起到了重要作用，且目前地位非但没有降低，反而有所提高。将制造业中 1980~2011 年平均资本劳动比最低的六个产业归为劳动密集型产业，具体为服装、文体用品、皮羽制品、家具制造、金属制品、电气机械制造。这六个产业的发展，无论是对于工业增加值的增长，还是对于解决就业问题，均做出了巨大的贡献。从就业来看，1980 年这六个劳动密集型产业解决就业人数占整个工业的比重为 15%左右，而 2009 年以后，上升到了 23%以上；从增加值来看，1980 年这六个劳动密集型产业增加值占整个工业增加值的比重不足 8%，而到了 2013 年这一比重上升到 11%以上（见图 5-4）。事实上，劳动密集型产业对于解决就业问题有着十分重要的意义，而且在未来很长一段时间里，劳动密集型产业将始终是中国在全球市场中十分具有竞争力的产业。对一些低技术但并非高污染、高耗能的劳动密集型产业，其长期存在具有客观必然性，国家应为其发展创造良好的外部环境。

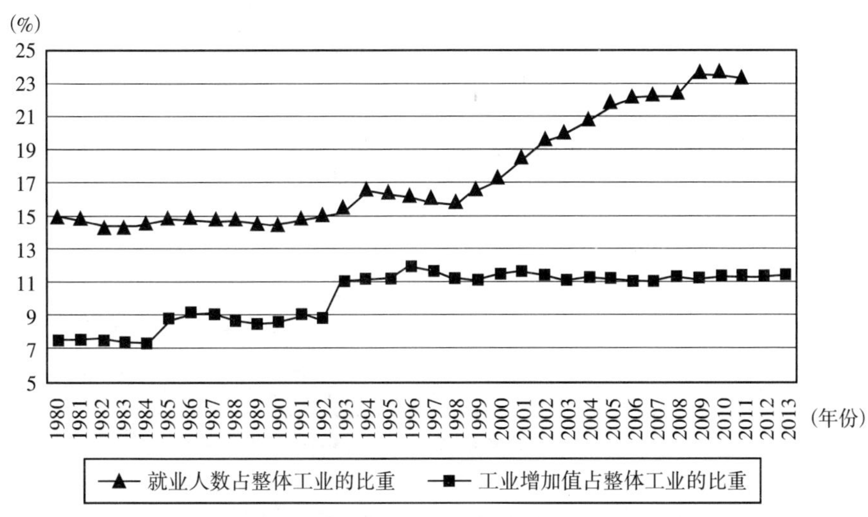

图 5-4　劳动密集型产业指标占整个工业的比重

资料来源：笔者根据国家统计局数据整理计算。

（2）资本密集型产业对工业经济增长的贡献正逐步减弱，且资本效率下滑的速度快于整个工业。将 1980~2011 年制造业平均资本劳动比最高的六个产业归为资本密集型产业，具体为烟草加工、石油加工、化纤制造、黑色金属加工、化学原料及制品、有色金属加工。这六个产业工业增加值占整个工业的比重、资本存量占整个工业的比重均出现下降趋势，且工业增加值占整个工业的比重下降速度快于资本存量占整个工业的比重。具体来看，资本存量占整个工业的比重在 1995 年以前基本处于上升趋势，1996 年和 1997 年为最高点，达到了 25%以上，但目前已经降低到 18%左右；工业增加值占整个工业的比重在改革开放初期最高曾经达到了 20%以上，而目前已经不足 13%（见图 5-5）。这一方面说明当这些资本密集型产业达到一定规模以后，其进一步扩张的空间已经有限，因此在中国工业经济增长中的地位逐步下降；另一方面也说明由于这些资本密集型产业存在严重的产能过剩，因此资本效率下滑非常迅速，远远快于整个工业资本效率的下滑速度。总体上看，资本密集型产业曾经是推进中国工业化、实现工业经济快速增长的重要动力，然而目前受产能过剩、资本效率下滑等因素的制约，中国工业要想继续依靠传统的资本密集型产业的大规模扩张实现工业经济增长已经变得越来越困难，新的主导产业的形成是中国工业增长动力机制转换的重要条件。

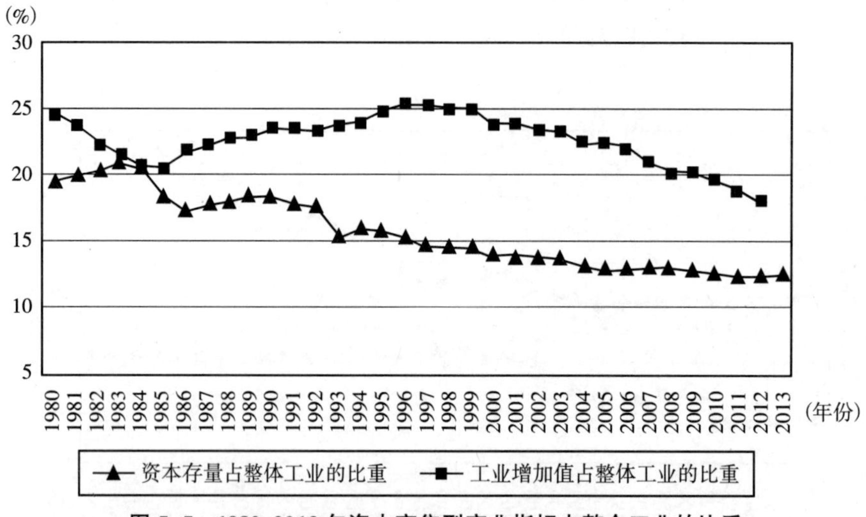

图 5-5 1980~2013 年资本密集型产业指标占整个工业的比重

资料来源：笔者根据国家统计局数据整理计算。
由于原始数据的缺失，工业增加值占整体工业的比重缺少 2013 年数据。

（3）高新技术产业的发展不仅带来了工业经济产出规模的增长，而且带来了生产效率的提高。计算机通信设备行业是信息革命以来世界各国重点发展的新兴产业，也是中国出台优惠政策重点扶植的高新技术产业。在政策的扶植下，计算机通信设备行业成为对中国工业经济增长贡献最大的行业，不仅体现在对工业经济增长的直接拉动上，而且体现在对工业经济增长的间接拉动上。从直接拉动来看，1981~2012 年计算机通信设备行业对工业经济增长的总体贡献达到了 20%以上。分阶段来看，计算机通信设备行业对工业经济增长的贡献度 1980~1985 年为 3.6%，1986~1992 年提高到 5.9%，1993~2000 年和 2001~2007 年进一步大幅提高到 27.9%和 23.4%，2008~2012 年有所下降，为 19.5%。从间接拉动来看，在计算机通信设备行业快速增长的同时，生产率也得到了提高。计算机通信设备行业的资本生产率明显高于其他行业（见图 5-6），也正因如此，吸引了更多资源进入，资本存量增长幅度也明显高于整体工业。例如，1980~2012年计算机通信设备资本存量增长 37 倍多，远远高于整个工业资本存量的增长幅度（17 倍多）。同时，计算机通信设备行业的劳动生产率也要明显高于其他行业（见图 5-6）。总之，计算机通信设备行业是信息技术应用的产业基础，而信息技术应用是链接各产业部门与活动、提高经济运行效率的重要手段，中国工业生产效率的提高，在很大程度上是以计算机通信设备行业为基础的信息服务业发展的结果。

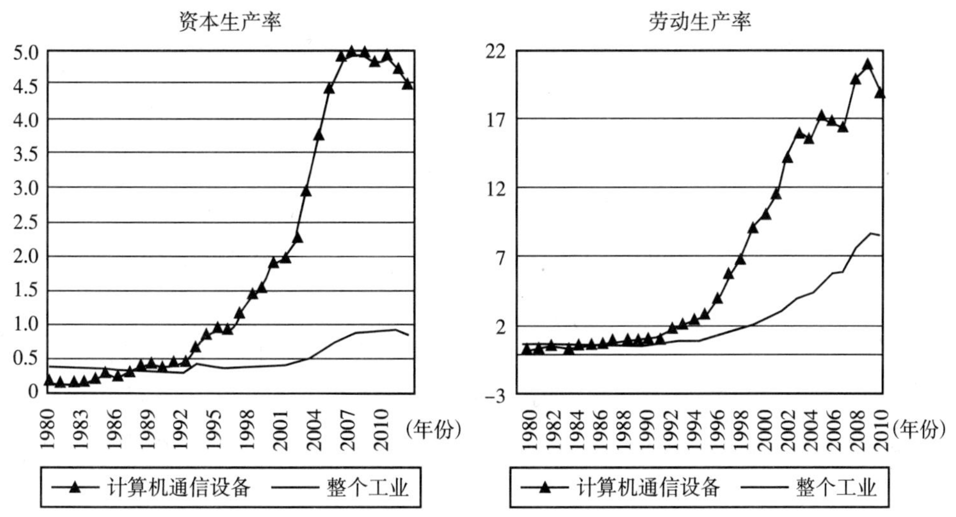

图 5-6 计算机通信设备行业与整个工业的生产率比较

资料来源：笔者根据国家统计局数据整理计算。

二、工业经济增长的内外部条件变化

（一）要素禀赋条件变化推动比较优势转换

与改革开放初期相比，中国的要素禀赋条件已经发生了根本性变化，曾对工业增长起到关键作用的低成本优势正逐步丧失。例如，从以购买力平价计算的工资成本来看，越南工人工资是 85 美元/月，印尼是 148 美元/月，而 2013 年中国各地月最低工资标准平均值为 1172.4 元/月，按最新汇率约合 191.6 美元/月。然而，最终决定一个国家经济增长潜力和产业竞争力的不是资源、气候、地理位置、非技术工人和半技术工人等低级生产要素，而是现代化通信的基础设施、高级人力资本，技术，各大学、研究所等高级生产要素。中国在丧失传统比较优势的同时，也积累了一些新的、更加高级的比较优势。一是劳动力受教育程度增加，劳动力质量得到很大提升。劳动力受教育程度的提高对劳动力质量改善起到了最重要的作用，而且这种作用呈现加速提升的趋势，1982~1987 年劳动力受教育水平提高带来的劳动力质量改善导致了劳动力投入年均增长 0.17%，而 1987~1990年为 0.85%、1990~1995 年为 0.71%、1995~2000 年为 1.70%（岳希明等，2008）。劳动力人口受教育水平的提高，最重要体现在未上过学人数的减少和受过高等教育人数的增加，这对于改善劳动力素质和提高人力资本水平能够起到至关重要的作用。二是基础设施条件大幅改善。中国始终高度重视基础设施建设，在短短几十年里基础设施建设爆发式成长。三是资本积累取得很大成绩，形成了巨额外汇储备。在多年贸易顺差下，中国的外汇储备快速增长，在 2013 年 3 月达到了34426.49 亿美元。目前，中国已跻身对外投资大国行列，非金融类对外直接投资从 2007 年的 248 亿美元上升到 2012 年的 772 亿美元，年均增长 25.5%。四是技术水平大幅提升，年度专利申请数量居全球首位。2012 年，我国三种专利申请授权量和发明专利申请授权量分别为 125.5 万项和 21.7 万项，分别比 1994 年增长了约 28 倍和 32 倍；发明专利申请授权量占三种专利申请授权量的比重总体上也呈现上升趋势。

（二）中国工业化进入了新的发展阶段

目前中国已经逐步进入工业化后期的前半阶段（陈佳贵等，2012），与前期和中期相比，工业化后期工业经济的增长趋势和运行机制将发生转变。一是工业规模继续大幅扩张的空间面临制约。一个国家在工业化初期和中期，通常是工业规模迅速扩张的阶段，而到了工业化后期，工业规模的扩张速度会大大放缓。例如，美国建国以后便开始了工业化历程，到 1860 年进入工业化中期，1925 年进入了工业化后期（马亚华，2010），其中不同阶段经济增长速度明显不同：GDP 年均复合增长率 1820~1870 年为 4.2%，比世界同期快 3.27 个百分点；1870~1913 年为 3.94%，比世界同期快 1.83 个百分点；1913~1950 年为 2.84%，比世界同期快0.96 个百分点。二是工业对国民经济的作用由增长拉动转向结构升级和效益提高。进入工业化后期的一个重要特征就是技术进步取代要素投入成为经济增长的核心动力。工业作为技术进步的基础载体，将不断改造第一产业和第三产业，从而带动整个国民经济的生产组织方式和资源利用方式的改进。例如，美国进入工业化后期以后，吸引了全世界的技术资源，成为世界科学中心。从投入和产出两个角度分析，均可得出 20 世纪 20 年代美国逐步进入技术集约化阶段的结论。三是工业对服务业的带动作用大大增强。先进制造业是一个国家进入工业化后期以后工业发展的主要形式，也是当今世界西方国家控制全球分工体系的战略制高点。先进制造业实质上是工业和服务业的融合发展，是将高新技术成果综合应用于产品的研发、设计、制造、检测、销售、服务、回收全过程。下一阶段，随着中国先进制造业的发展，工业企业会将越来越多服务业务外包，逐步形成对生产性服务业发展的巨大需求，从而提升服务业比重和质量。例如，美国进入工业化后期以后，服务业占国民经济的比重开始稳步上升，1947 年达到 53%，目前已经接近 80%。

（三）三大结构性失衡成为制约工业经济可持续发展的核心障碍

经过多年发展，中国工业已建立起竞争力较强、门类齐全的产业体系，且 2010 年超越美国成为世界第一制造业大国。然而，中国工业规模快速增长的同时，也积累了很多结构性矛盾，对未来工业经济发展造成严峻挑战。一是产业结构失衡。产业结构失衡主要体现在很多行业中普遍存在的产能过剩与产能不足并存。一方面，大量社会资本向一些行业集中，造成了严重的产能过剩问题，很多产业的产能利用率都低于 70%，在经济不景气的时候，甚至不足 50%。另一方面，由于技术水平落后、体制机制不顺等原因，很多行业存在严重的产能不足，甚至很多产能过剩产业的高端环节，同样依赖于大量进口，例如，虽然我国已经成为光伏组件的第一生产大国，但多晶硅一直需要大量进口，2010 年我国多晶硅的进口比例占需求量的 48.9%。二是需求结构失衡。2002 年开始，资本形成代替最终消费，成为中国工业经济增长的主导拉动力量，形成了以投资驱动为主要特征的工业经济增长模式，然而这种模式现在已经难以持续。高投资率造成了我国投资效率的下滑，同时也带来了一系列问题。2012 年投资效果系数为 7.31%，处于有历史数据的最低水平，即固定资产投资每增加 1 亿元，GDP 只增加 0.0731 亿元，而这一数据 1994 年为 22.64%，2000 年为 21.77%，2005 年为 20.15%，这说明在投资规模增大的同时，资本投入的生产效率却在加速降低。三是财富创造机制失衡。长期以来，中国工业在快速发展的同时创造了劳动财富，但却损耗了大量自然财富和人文财富，以致于大量生产行为徒劳无益，效用相互抵消，陷入了“有增长无发展”陷阱（李海舰等，2008）。目前，中国已经成为世界第二大经济体，但在代表自然财富的环境绩效指数（EPI）和代表人文财富的人文发展指数

(HDI) 排名上，却分别位居全球第116位[①]和第89位[②]。对一个国家来讲，如果三大财富失衡长期得不到解决，必将走向彻底贫穷，即受自然财富贫穷和人文财富贫穷的影响，劳动财富创造能力也逐步减弱，最终处于三大财富全面贫穷的境地。

（四）世界制造业的发展呈现一些新趋势

长期以来，西方国家制造业占整个国民经济的比重出现逐步降低的趋势，呈现一种“去工业化”的发展模式，但这并不意味着“去工业化”是西方国家的真正意愿。事实上，美国、欧洲、日本等国家从来没有放弃发展制造业，而是始终将制造业放到国家战略的核心位置，尤其是在国际金融危机以后，更是提出“再工业化”战略，对制造业发展战略进行了一系列调整。一是加大了对新能源产业、低碳产业、生物医药等新兴产业的支持力度，利用绿色技术重塑传统产业的竞争优势。已经失去竞争优势的“夕阳产业”在植入新能源技术后有可能变成“朝阳产业”，重新具有竞争优势，参与国际竞争。在新的节能环保标准下，国家之间、企业之间旧的“游戏规则”有可能得到根本性重塑，当前的全球分工体系也将可能出现根本性的调整。二是加大制造业出口推动“全球经济再平衡”。西方一直盛行一种观点，即全球经济失衡是引发危机的原因之一，主要表现为出口型经济体对美国保持大量贸易顺差，部分顺差再回流到美国金融市场，从而助推了“金融泡沫”的形成。为改变这种状况，西方国家着力改变自身经济政策，积极推动制造业的出口，利用绿色标准、反倾销等手段削弱中国等发展中经济体的贸易竞争力。三是积极推行以互联网技术和可再生能源结合为标志的“第三次工业革命”。“第三次工业革命”在短期内难以真正实现。然而目前来看，“第三次工业革命”孕育的新技术对世界制造业的影响却已经逐步显现，世界上很多跨国公司也纷纷在信息技术、新能源技术、新材料技术、先进制造技术等方面进行技术储备，并积极推动制造业生产组织模式的重大变革。四是德国提出了“Industry 4.0战略”。“Industry 4.0战略”的核心是将物联网、服务网以及信息物理系统融入制造环境，打造“智慧工厂”。“Industry 4.0战略”将对整个世界工业的发展方式产生重要影响，也将为中国工业经济增长方式转变创造机遇。

---

① 资料来源：2012年耶鲁大学研究成果，采用了2010年数据，共132个国家参与排名。

② 资料来源：联合国开发计划署研究成果《人文发展报告》，采用了2010年数据，共169个国家参与排名。

三、宏观政策取向对工业经济影响的模拟分析

在工业经济增速持续下滑的压力下，国家在制定政策上面临着“两难选择”：如果以“稳增长”为优先政策取向，继续实施要素扩张型政策，将面临工业结构失衡进一步加剧的压力；如果以“调结构”为优先政策取向，实施结构调整型政策，淘汰落后产能，不出台经济刺激政策，政府则担心工业经济有可能进一步下滑至超过所能接受的程度。在这种情况下，对国家不同宏观政策取向的效果进行模拟，量化分析不同宏观政策取向对经济总量、结构等指标的影响，能够为国家制定政策提供有益借鉴。

（一）模型构建和数据来源

政策评估主要有计量方法、投入产出方法和可计算一般均衡模型（CGE）以及动态可计算一般均衡模型。相对于计量模型和投入产出方法而言，CGE 模型不仅可以将政策力度和效果清晰地展现出来，且可将其作用机制展开，从而获得政策作用的机理。而动态 CGE 可以将政策的长短期效应模拟出来，进而成为分析和评估财政货币政策的有力工具。一般均衡模型解的理论问题，如存在性、唯一性、最优性和稳定性相关理论在 20 世纪 60 年代得到完善和发展。之后，斯卡夫（1967a，1967b，1973）在推动一般均衡理论应用于实践领域做出了杰出的贡献。70 年代初，斯卡夫的学生 Shoven 和 Whalley 成为 CGE 模型应用领域的重要学者。此后，CGE 在众多领域得到应用，如财政税收、资源环境、国际贸易、收入分配等。1997~2000 年，中国社会科学院数量经济与技术经济研究所同荷兰中央计划局（CPB）合作，研制了一个中国经济多部门动态的CGE 模型；在此基础上，李雪松（2000）研究开发了中国 40 个部门、动态 CGE 模型。本书在此基础上将模型拓展至 42 个部门，针对国家实施的“调结构”和“稳增长”政策进行评估和预测。

1. 模型构建

模型采用新古典闭合规则，即认为商品市场、劳动力市场出清、要素市场可以完全流动。模型考虑了家庭、企业、政府以及国外四个行为主体，两种劳动与资本生产要素，并假设所有的国外生产者与消费者是同质的，家庭由为数众多、

同质的国内消费者组成。根据研究需要，设置要素扩张型宏观政策取向、谨慎延续型宏观政策取向、结构调整型宏观政策取向三种方案，并假设政策的实施是通过政府补贴或减税，直接影响企业成本，进而影响企业生产决策对其产生作用。

（1）生产模块。生产过程通过两层嵌套的生产函数来描述，第一层嵌套是资本和劳动复合而成，第二层嵌套是由第一层嵌套和中间投入组成。第二层嵌套中，中间投资的生产技术固定，技术条件为 Leontief 技术，在最小化成本的企业规则假定前提下，中间投入的需求量由外生的投入产出系数决定。

第一层嵌套的方程为 $\min\sum_j PV_{ij}\cdot V_{ij}+PVA_i\cdot VA_i$。其中，$PV_{ij}$ 为中间投入的价格，PVA_i 为增加值的价格，V_{ij} 为中间投入数量，VA_i 为增加值数量。在 Leontief 生产技术假定条件下，中间投入的价格和增加值的价格对产出没有影响。

第二层嵌套方程为 $\min W_i\cdot L_i+PK_i\cdot K_i$，受约束于 $VA_i=A[\alpha_i^kK_i^{\rho i}+\alpha_i^lK_i^{\rho i}]^{\frac{1}{\rho_i}}$，资本和劳动以 CES 生产技术生产增加值。

经济体处在均衡状态时有：$Q_i=V_i+VA_i$；$V_i=\sum_j a_{ij}\cdot Q_i$。其中，$a_{ij}$ 为投入产出系数。

成本价格序列为：$PQ_i=(\sum_j PV_{ij}\cdot V_{ij}+PVA_i\cdot VA_i)[1-(itax_i+gsub_i)]$。其中，$itax_i$ 为企业间接税率，$gsub_i$ 为补贴率，PQ_i 为企业的成本总额。

由于政府对行业的补贴是异质性的，也就是说，政府对有些行业进行补贴，对有些行业不进行补贴，企业会根据成本最小化的原理在不同行业间配置，进而达到政策“调结构”或者“稳增长”的目的。

（2）消费模块。家庭消费由线性消费函数表示，且可以通过一个转换矩阵转换为最终消费需求。该消费函数是由消费者最大化自身当期效用的结果。最大化效用函数以及约束条件为：$\max U=\prod_{i=1}^{n}(C_i-\theta_i)^{\varepsilon i}$，受约束于 $\sum\varepsilon_i=1$；$\sum_{i=1}^{n}PC_i\cdot C_i=YD-HSAV$。根据上式可以得到居民的消费需求量：$C_i=\bar{\theta}_i+\frac{\varepsilon_i}{PC_i}\cdot\left(YD(1-mps)-\sum_{j=1}^{n}PC_j\cdot\bar{\theta}_i\right)$，其中，$C_i$、YD、HSAV、$PC_i$ 分别为居民消费、居民可支配收入、居

民储蓄、消费品价格。其中，θ_i 为最低基本需求（该值需要外生给定）；mps 为家庭边际储蓄率；ε_i 为家庭消费份额。

居民和企业最优化行为组成了 CGE 模型的核心，由此推导出七大模块。除了上面的生产模块和消费模块的居民消费之外，还存在企业消费和政府消费。假定企业总消费是各部门总消费之和，部门消费的份额外生给定。政府消费需求用政府总消费与固定的部门消费份额表示。政府对企业的补贴分为出口退税补贴和针对性补贴，并用相应的补贴率分别乘以总产出、总出口来表示。为了区分名义GDP 和实际 GDP，模型的实际 GDP 为各项最终消费、投资需求以及净出口之和。

（3）价格模块。由于产品是国内产品和国外产品的复合，总价格取决于两者的复合，模型采用 Armington 假设，以反映国内生产商品和进口商品之间是不完全替代的特征。增加值价格是在生产价格上扣除间接税率、加上补贴率、再扣除中间投入复合商品价格之后的值。资本价格由各部门资本价格加权平均得到，其权数为各部门实际使用资本量所占的份额。消费价格由不同部门中间投入商品价格加权平均得到，其权数为各部门投入使用商品值所占的份额。价格参照体系是外生给定的GDP 平减指数，设基年价格为 1。

（4）资本积累和投资模块。投资模块包含两方面内容，分别是固定资产投资和企业库存。其中，名义固定资产投资由名义总投资减去名义库存增加和总预算赤字之和得到；固定资产折旧则通过各部门折旧率按照各部门所占比重作为权数计算得到；不同部门库存变动由外生的库存增加系数乘以产出得到。

（5）收入模块。国民收入分配包括初次分配和再分配。在初次分配中，国民收入被分解为政府收入、资本收入、劳动者收入三个部分。其中，政府因为提供安全环境以及公共设施获得对生产行为征税的权利，进而获得税收收入；资本所有者通过提供资本使用权获得资本收入；劳动者提供劳动投入获得劳动者收入。在再分配中，在政府收入、资本收入、劳动者收入三者之间进行调节，一个部门的再分配收入必然等于另一个部门的再分配支出。

（6）贸易模块。模型采用 Armington 假设，假定本国商品与进口商品为不完全替代，且从不同国家进口的类似商品亦为不完全替代，而后再经由 CES 函数对进口品与本国商品进行加总，最后成为一个最终需求的复合商品。进口需求函数则是通过成本最小化 CES 函数得到的一阶条件导出，国内外市场相对价格的变化导致进口商品占国内销售商品比率的变化，使用价格替代弹性用来度量本国产品与进口商品之间的可替代程度，以类似的方法处理进口。

（7）均衡模块。本章涉及三种要素市场出清和三种宏观均衡约束。三种要素市场出清包括商品市场出清、劳动市场出清以及资本市场出清。商品市场出清是指各部门复合商品的总供给与各部门商品的国内总需求相等，这种出清条件是恒等式，因为商品市场供给通过存货调节供需不相等的情况，劳动市场出清则是一个强假设，要求各部门的劳动力总和等于外生给定的劳动力总量，资本市场均衡设置与劳动力市场均衡设置相同。三个宏观均衡约束包括政府预算均衡约束、贸易均衡约束以及储蓄投资均衡约束。通过采用“新古典封闭”原则的储蓄驱动，施加储蓄等于投资的约束；通过内生化政府储蓄盈余施加对政府财政收支恒等的约束；通过内生化国内贸易盈余、外汇储蓄施加国内外贸易收支均衡的约束。

2. 数据来源与参数估计

本章的数据主要从三种渠道获得：一是作者编制的社会核算矩阵（SAM）和各类统计年鉴；二是文献参考；三是作者自行估算。各行业劳动力人数是在总量控制下，以行业注册登记在册的人数按比例分配到各行业中估算得来。折旧率中大部分工业产业的数据来自徐杰、段万春和杨建龙（2010），其余行业参考翁宏标和王斌会（2012）进行估算。参数估计采用校准方法进行。编制 SAM 表主要有两种方式：第一种方式被称为“自上而下”，先编制宏观 SAM，在宏观 SAM 的

表 5-4　社会核算矩阵

单位：万亿元

		支出									
		1. 商品	2. 活动	3. 要素	5. 居民	4. 企业	6. 政府	7. 资本积累	8. 存货	9. 世界其他国家	10. 合计
收入	1. 商品		55.28		9.66		3.52	10.54	0.55		79.55
	2. 活动	72.15					0.56			9.55	82.26
	3. 要素		23.84								23.84
	5. 居民			11.00		6.04	0.54			0.03	17.61
	4. 企业			12.83			0.35				13.18
	6. 政府	0.14	3.15		0.40	0.88		0.57		0.32	5.46
	7. 资本积累				7.56	6.27	0.48			−2.64	11.66
	8. 存货							0.55			0.55
	9. 世界其他国家	7.26									7.26
	10. 合计	79.55	82.26	23.84	17.61	13.18	5.46	11.66	0.55	7.26	

资料来源：笔者计算。

控制下，编制微观 SAM；第二种方式被称为“自下而上”，先编制微观 SAM，通过加总得到宏观 SAM。本章采用第一种方式。SAM 的数据来源于 2007 年中国投入产出表、2008 年中国统计年鉴、2008 年财政统计年鉴等。

（二）不同类型宏观政策对当期工业经济的冲击

1. 三种宏观政策取向

针对当前工业经济运行形势，国家下一阶段可能有要素扩张型、谨慎延续型和结构调整型三种不同的宏观政策取向。一是要素扩张型。国家将“稳增长”作为政策首要目标，出台大的经济刺激政策，且每当工业经济增速出现下滑趋势，便出台新的刺激政策，利用投资规模增长带动工业经济增长，同时为了实现“稳增长”目标，要容忍结构的失衡和生产效率的降低。二是谨慎延续型。国家延续现有政策，将“稳增长”和“调结构”放到同等重要位置，既不出台大的“稳增长”政策，也不出台大的“调结构”政策，容忍工业经济不超过一定幅度的下滑。三是结构调整型。国家将“调结构”作为政策的首要目标，推动工业经济转型，彻底改变利用房地产业拉动工业增长的方式，加快化解产能过剩，即使工业经济增速出现一定的下滑趋势，也不会出台不利于结构调整的经济刺激政策，以保证结构调整政策的有效性。在三种不同的宏观政策取向下，工业经济产出和结构都将产生明显区别，因为宏观政策取向的不同导致了资源在不同产业之间的分配方式不同，从而带来了明显的产出总量和经济效率差异。在本章 CGE 模型中，谨慎延续型政策是一种基准参考，以此为基点衡量要素扩张型和结构调整型政策的经济效果，描述当前经济状况，不需要进行特殊处理，而要素扩张型政策和结构调整型政策反映了国家宏观政策的影响，需要调整模型变量输入进行模拟。

要素扩张型政策更多地将资源集中于生产环节，而减少国民收入分配中其他环节的资源投入，从产业来看，更多是将资源集中于一些更容易受基础设施投资拉动的产业。在本章 CGE 模型中，将采取对产业补贴（减税）的方式进行模拟，根据国际金融危机下 4 万亿元投资计划的实际效果，对不同类型产业给予不同程度的补贴①。具体分为两种情景：一是较强的政策力度，模拟方法为在国家统计

① 据“中国 2007 年投入产出表分析应用”课题组（2011）的测算结果，4 万亿元投资对建筑业和农林牧渔业的拉动作用最大，其他拉动较大的行业有金属冶炼及压延业，化学工业，通用、专用设备制造业，通信设备、计算机及其他电子设备制造业，以及批发和零售业等。

局产业分类的42个行业中，对建筑业，农、林、牧、渔业，金属冶炼及压延业，通用、专用设备制造业，通信设备、计算机及其他电子设备制造业、批发和零售业六个扩张政策敏感型行业减税20%，对煤炭开采和洗选业，石油和天然气开采业，金属矿采选业，非金属矿及其他矿采选业，石油加工、炼焦及核燃料加工业，化学工业，非金属矿物制品业，金属制品业，交通运输设备制造业，电气机械及器材制造业，仪器仪表及文化办公用机械制造业11个重工业减税10%，对其他24个轻工业和服务业减税5%。二是较弱的政策力度，模拟方法为对六个扩张政策敏感型行业减税10%，对其他行业减税5%。

结构调整型政策更多是按照供需平衡的方式来分配资源，资源更多是被配置到居民消费等环节，从产业来看，更多是将资源集中于有利于产业结构调整和升级的产业。在本章的CGE模型中，对产能过剩行业采取逆向补贴（增税）的方式进行模拟。具体分为两种情景：一是较强的政策力度，模拟方法为对金属冶炼及压延加工业，煤炭开采和洗选业，金属矿采选业，非金属矿物制品业，石油加工、炼焦及核燃料加工业，化学工业，造纸印刷等严重产能过剩行业增税20%，对交通运输设备制造业，电气机械及器材制造业，通信设备、计算机及其他电子设备制造业，仪器仪表及文化办公用机械制造业，食品制造及烟草加工业，纺织业等部分或轻微产能过剩的行业增税10%，对其他不存在产能过剩的行业不做任何处理。二是较弱政策力度，模拟方法为对严重产能过剩行业增税10%，对部分或轻微产能过剩的行业增税5%，对其他不存在产能过剩的行业不做任何处理。

2. 不同宏观政策取向对工业经济的影响

不同宏观政策取向会对经济总量产生影响（见表5-5）。要素扩张型政策能够带来经济总量的增长，提高GDP和工业增加值的增速，在较弱政策力度情境下，能够带动GDP和工业增加值增速分别提高0.63和1.74个百分点，在较强政策力度情境下，能够带动GDP和工业增加值增速分别提高1.14和3.12个百分点。相比之下，结构调整型政策有利于从长期提高全要素生产率和资源的配置效率，但在短期内却会导致产出减少，从而降低GDP和工业增加值的增速，在较弱政策力度情境下，能够导致GDP和工业增加值增速分别降低0.32和1.10个百分点，在较强政策力度情境下，能够导致GDP和工业增加值增速分别降低0.68和2.20个百分点。要素扩张型政策能够导致进、出口额的增长，但总体上进口增长快于出口增长，反映了政策具有明显外部性，也就是说，中国经济刺激政策在一定程度上拉动了其他国家的经济。在较弱政策力度情境下，要素扩张型政策导致进口增长 2.04%，出口增长 1.66%，两者差额为 0.38 个百分点；在较强政策力度情境下，导致进口增长 3.67%，出口增长 2.90%，两者差额为 0.77 个百分点。结构调整型政策能够导致进、出口额的减少，但总体上出口减少要快于进口减少，反映了结构调整政策有利于改变外需依赖性的工业经济增长道路，使内需在拉动工业经济增长中作用提升。在较弱政策力度情境下，结构调整型政策导致出口下滑 1.10%，进口下滑 0.32%，两者差额为 0.78 个百分点；在较强政策力度情境下，导致出口下滑 2.20%，进口下滑 0.68%，两者差额为 1.52 个百分点。

表 5–5　不同类型宏观政策对经济总量的冲击

	谨慎延续型政策	要素扩张型政策				结构调整型政策			
		较弱政策力度		较强政策力度		较弱政策力度		较强政策力度	
	价值量（万亿元）	价值量（万亿元）	变动率（%）	价值量（万亿元）	变动率（%）	价值量（万亿元）	变动率（%）	价值量（万亿元）	变动率（%）
GDP	25.37	25.53	0.63	25.66	1.14	25.29	–0.32	25.20	–0.68
工业增加值	10.91	11.10	1.74	11.25	3.12	10.79	–1.10	10.67	–2.20
进口额	7.35	7.50	2.04	7.62	3.67	25.29	–0.32	25.20	–0.68
出口额	9.65	9.81	1.66	9.93	2.90	10.79	–1.10	10.67	–2.20

资料来源：笔者计算。

不同宏观政策取向会导致不同行业产出的不均衡增长，从而带来产业结构变动（见表 5–6）。从三次产业比重来看，要素扩张型政策能够导致第二产业比重的进一步上升以及第三产业比重的下降，在较弱政策力度情境下能够带来第二产业上升 0.75 个百分点，第三产业下降 0.12 个百分点，在较强政策力度情境下能够带来第二产业上升 1.3 个百分点，第三产业下降 1.21 个百分点。相比之下，结构调整型政策能够导致第二产业比重下降以及第三产业比重上升，在较弱政策力度情境下能够带来第二产业下降 0.44 个百分点，第三产业上升 0.43 个百分点，在较强政策力度情境下能够带来第二产业下降 0.88 个百分点，第三产业上升 0.86 个百分点。从高加工度产业来看，要素扩张型政策能够导致高加工度产业比重的上升，在较弱政策力度情境下上升了 0.28 个百分点，在较强政策力度情境下上升了0.52 个百分点，而结构调整型政策反而导致了高加工度产业比重的下降，在较弱政策力度情境下下降 0.16 个百分点，在较强政策力度情境下下降了0.32 个百分点。这种结果在很大程度上是因为数据统计范围，很多产能过剩行业均属于高加工度产业，对这些行业进行结构调整会导致高加工度产业比重的下降。从高端服务业比重来看，要素扩张型政策导致了高端服务业比重下降，在较弱政策力度情境下下降了 0.37 个百分点，在较强政策力度情境下下降了 0.64 个百分点，而结构调整型政策能够导致高端服务业比重上升，在较弱政策力度情境下上升了0.22 个百分点，在较强政策力度情境下上升了 0.43 个百分点。

表 5-6 不同类型宏观政策对经济结构的冲击

	谨慎延续型政策		要素扩张型政策				结构调整型政策			
			较弱政策力度		较强政策力度		较弱政策力度		较强政策力度	
	价值量（万亿元）	占比（%）	价值量（万亿元）	占比（%）	价值量（万亿元）	占比（%）	价值量（万亿元）	占比（%）	价值量（万亿元）	占比（%）
第一产业	2.67	10.17	2.68	10.13	2.68	10.08	2.67	10.18	2.66	10.20
第二产业	13.72	52.19	14.01	52.94	14.23	53.49	13.55	51.75	13.39	51.31
第三产业	9.89	37.64	9.77	36.93	9.69	36.43	9.97	38.07	10.05	38.50
高加工度产业	4.48	17.05	4.59	17.33	4.67	17.57	4.42	16.89	4.37	16.73
高端服务业	5.42	20.68	5.37	20.31	5.33	20.04	5.47	20.90	5.51	21.11

资料来源：笔者计算。

要素扩张型政策能够导致原本产能已经过剩的产业规模进一步扩张，而对一些本来就供给不足的行业产生严重的“挤出效应”，造成产业结构进一步失衡。对扩张政策比较敏感的六个行业中，金属冶炼及压延业存在严重产能过剩，通用、专用设备制造业和通信设备、计算机及其他电子设备制造业存在部分或轻微产能过剩，要素扩张型政策能够直接带动这些产业产出规模的扩张。在要素扩张型政策的持续作用下，产能过剩问题还可以得到一定程度的掩盖，但一旦要素扩张型政策退出，产能过剩问题将立刻凸显。另外，要素扩张型政策会带来严重的“挤出效应”，建筑等对扩张政策比较敏感的六个行业的拉动系数很高，能够带动国民经济快速增长，但拉动系数高也就意味着对资源配置的影响力很强，能够导致资源进一步集中于少数产业，而使原本资源就不足的产业资源更加匮乏，尤其会对教育、研发等决定国民经济长远发展能力的领域产生严重的“挤出效应”。在要素扩张型政策作用下，产出增长最多的前十个行业分别是建筑业，非金属矿物制品业，通用、专用设备制造业，通信设备、计算机及其他电子设备制造业，金属冶炼及压延加工业，金属矿采选业，非金属矿及其他矿采选业，交通运输设备制造业，电气机械及器材制造业，金属制品业；“挤出效应”最严重的前十个行业分别是公共管理和社会组织，教育，水利、环境和公共设施管理业，卫生、社会保障和社会福利业，文化、体育和娱乐业，研究与试验发展业，邮政业，造纸印刷及文教体育用品制造业，纺织业，住宿和餐饮业。

结构调整型政策能够促进资本进入供给不足的产业，使资源配置更加符合市场需求。产能过剩的形成在很大程度上是因为政府补贴造成生产要素定价机制的混乱，以及信息不充分等因素造成了资本对部分产业的过度进入，而进入之后又缺乏有效的资本退出机制，从而造成了整个产业的资源配置无效率。产能过剩的治理需要借助外部力量来打破这一无效率的市场均衡，使资源退出过剩产业，重新进入市场进行分配。从 CGE 模型的模拟结果来看，国家的结构调整型政策是有效的，在市场化的国民收入分配机制作用下，从产能过剩行业中退出的资本并没有大规模回归这些产业，而是通过国民经济系统进入了其他供给不足的产业。在结构调整型政策的作用下，产出减少最多的前十个行业分别为建筑业，非金属矿物制品业，金属冶炼及压延加工业，通用、专用设备制造业，金属矿采选业，非金属矿及其他矿采选业，交通运输设备制造业，电气机械及器材制造业，通信设备、计算机及其他电子设备制造业，金属制品业；产出增长最多的前十个行业分别为公共管理和社会组织，教育、水利、环境和公共设施管理业，卫生、社会保障和社会福利业，文化、体育和娱乐业，研究与试验发展业，邮政业，租赁和商务服务业，住宿和餐饮业，造纸印刷及文教体育用品制造业。

（三）不同政策情境下工业经济增速模拟

前文模拟了宏观政策对经济系统的当期影响，而宏观政策对经济增长未来趋势的影响则通过改变不同生产要素的规模和质量实现。在模型动态化过程中，假定各种经济结构如消费偏好、分配结构、税收结构等不变，仅由受政策影响的技术结构（劳动—资本比）和技术水平（全要素生产率）发生变动。

1. 生产要素变动趋势

工业经济增长是劳动力、资本以及全要素生产率等多种生产要素共同作用的结果，多重因素的共同作用实现了工业经济持续的快速增长。从劳动力来看，中国工业部门劳动力就业数量总体上出现了持续增长的过程，2011 年工业部门从业人员数量与 1979 年相比增长了 2 倍多，同时劳动力质量得到了很大提高，

1982~2000 年从业人数年均增长率为 1.8%，而考虑劳动质量改善之后的劳动投入年均增长率高达 3.23%，两者之差为劳动质量改善对劳动投入的贡献，其贡献度超过 44%（岳希明等，2008）。从资本积累来看，中国工业资本快速积累，1979~2011 年工业部门的资本存量增长了近 25 倍。其中，2003 年以后中国工业资本存量增长非常迅速，2011 年工业资本存量为 2003 年的 4 倍，而且在存量规模快速扩大的同时，工业资本质量也获得了很大的提升。从全要素生产率来看，工业部门全要素生产率增速呈现先升后降的态势（见图 5-7）。2000 年以后工业部门全要素生产率的增速开始下滑，2003 年以后出现负增长，这个阶段以后全要素生产率对潜在产出增长率的贡献就开始为负，而这也反映了中国工业规模的扩大并没有真正带来效率的提高。全要素生产率的提高主要来源于两个方面：一方面是企业由研发投入或技术引进带来的微观生产技术的进步，另一方面则是改善资源配置（即生产要素由生产率低的企业、部门或地区流向生产率高的企业、部门或地区）带来的效率提高。因此，如果政策性或制度性因素导致资源无法由生产率低的企业配置到生产率高的企业，也会带来资源配置上的损失，从而降低全要素生产率。

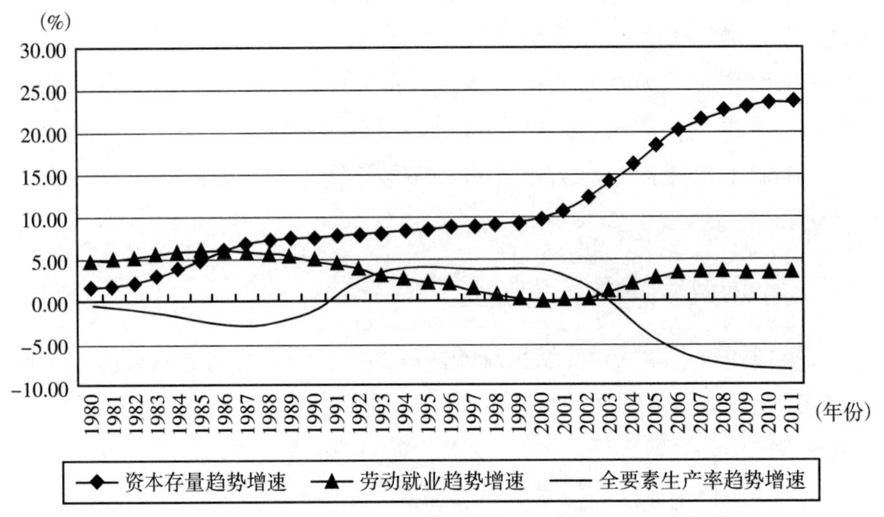

图 5-7 工业部门资本存量、劳动就业、全要素生产率的趋势增速

资料来源：笔者计算。

2. 未来十年工业潜在产出增速模拟

不同宏观政策取向会导致不同的生产要素变化方向，从而影响工业经济潜在产出。要素扩张型政策往往意味着投资增速的加快，能够促进资本存量和就业人数的快速增长，但带来的粗放式增长不利于全要素生产率的提升；相比之下，结构调整型政策往往意味着投资扩张速度放缓，从而导致资本存量和就业人数增速放缓，但经济发展方式的转变有利于全要素生产率的提升。为对未来十年中国工业经济增速进行模拟，将分别针对这三种不同的政策取向，对推动经济增长的不同要素变化进行估计。一是资本存量增速。在持续要素扩张型宏观政策的作用下，资本存量将快速增长。按照国际金融危机下国家经济刺激政策效果对资本存量增速进行模拟，假设初期资本存量增速维持 2009~2011 年资本存量增速的平均值 24.4%，随后由于基数变化和多次使用政策后效果递减等原因，每年减少一个百分点。在持续谨慎延续型宏观政策的作用下，将采取对现有资本存量以指数平滑方式进行延伸预测的方法，模拟估计 2013~2023 年资本存量增速。在结构调整型宏观政策作用下，选择 1992~2000 年的资本存量的平均增速作为国家加大结构调整力度后的投资增速，随后每年增速放慢 0.5 个百分点，因为在这一阶段，中国住房制度改革尚未真正开始实施，大致可以模拟中国工业增长模式转变以后的投资增速。二是劳动增长率。总体上采用中国经济增长前沿课题组（2012）的结论，2011~2015 年为 0.8%，2016~2020 年为–1%，2020~2030 年为–0.5%，将此作为谨慎延续型宏观政策取向下采用的劳动增长率水平。考虑到在国家经济刺激政策的作用下，劳动就业会增加，因此要素扩张型宏观政策取向下的劳动增长率水平要比谨慎延续型宏观政策取向下增加 0.2 个百分点；相反，在国家“调结构”政策的作用下，失业人员会增加，因此结构调整型宏观政策取向下的劳动增长率水平要比谨慎延续型宏观政策取向下减少 0.2 个百分点。三是全要素生产率。将主要从产业结构调整、垄断行业改革和国有企业改革带来的制度效应以及技术进步效应两个方面进行分析，总体上借鉴樊纲等（2011）和张军等（2009）的计算结果。在要素扩张型宏观政策取向下，制度效应设定其初始值为–2%，且每年因为阻碍改革的利益集团自我强化，以 0.2 个百分点递减；技术进步效应以 1997~2007 年平均值为初始值，且每年以 0.2 个百分点递减。在谨慎延续型宏观政策取向下，假设制度效应将延续目前趋势，按照 2001~2006 年的平均值–1%进行模拟，技术进步效应同样也延续了目前的趋势，按照 1997~2007 年的平均水平2.2%进行模拟。在结构调整型宏观政策取向下，假设要素配置效应和素质提升效应均在现有趋势下稳步增强，每年均递增 0.2 个百分点。利用动态 CGE模型，输入估计的生产要素变动趋势，从而获得不同类型宏观政策取向下未来十年工业经济的潜在产出变化趋势（见图 5-8）。

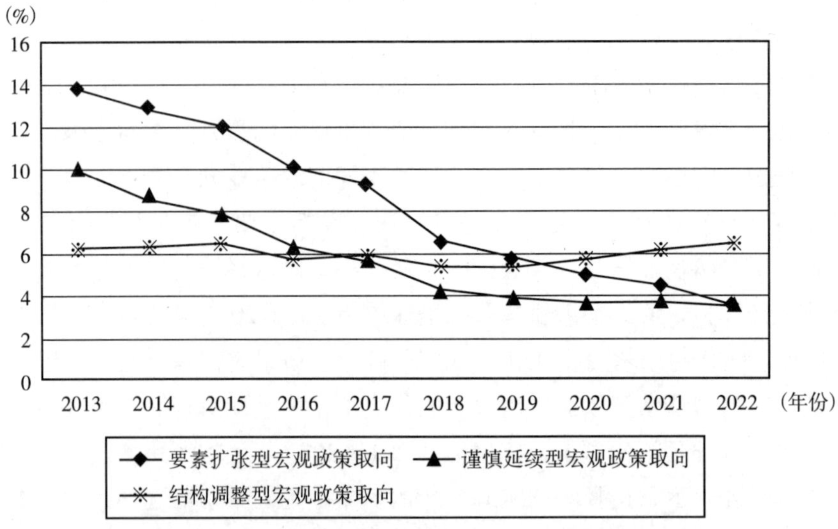

图 5-8　三种不同宏观政策取向下工业经济增速预测

资料来源：笔者计算。

3. 三种宏观政策取向下工业增长前景比较

不同宏观政策取向将带来不同的工业潜在产出增长率。在要素扩张型宏观政策下，虽然在经济刺激效应下，工业经济能够迅速达到接近 14%的高速增长水平，但由于资产配置效率和工业技术水平的降低，工业经济增速将很快进入下降趋势，到了 2018 年将降到 6.5%左右，到了 2022 年将进一步下降到 3.6%左右，平均每年下降 1 个百分点，总体上呈现加速下滑态势。在谨慎延续型宏观政策下，工业经济增长将会延续目前的趋势，工业潜在产出增长率逐步下滑，与要素扩张型宏观政策类似，到了 2022 年同样也将下降到 3.6%左右，但下滑速度大大低于要素扩张型政策，平均每年下降 0.66 个百分点。在结构调整型宏观政策下，国家加大“调结构”的政策力度，投资增速急剧放缓，很多落后产能被淘汰，在这种情况下，工业潜在产出增长率在短期内迅速下降到了 6.2%，然而在随后十年左右，基本维持在 6%左右，且处于稳步上升的趋势，而且到 2022 年仍能维持在 6.4%左右，从而实现较长时间的工业经济平稳较快增长。事实上，6%的增长速度与中国工业改革开放以来的历史增速比较来看，似乎处于较低水平，但与世界上绝大多数国家相比，这一速度都是比较令人满意的。

不同宏观政策取向将带来不同的工业经济增长动力机制。在要素扩张型宏观政策下，工业经济增长动力机制将彻底转向投资驱动型发展模式，高投资率导致的资产规模增长在推动工业经济增长中的作用越来越大，工业经济增长主要依赖于资本存量增长，而制度优化和技术进步对经济增长的作用十分有限，甚至是负拉动。从 2003 年开始，中国工业部门的全要素生产率为负，在要素扩张型政策的作用下，全要素生产率将加速降低，以至于投资的高速增长无法形成足额产出增长。从需求来看，拉动工业增长的需求往往不是“真实需求”，而是为了增长而创造的“虚假需求”。在谨慎延续型政策取向下，工业经济增长动力机制将延续现有模式，全要素生产率对经济增长的贡献度较低，且处于不断下降趋势。1960~1995 年，英国、美国、德国、法国、意大利、日本、加拿大的全要素生产率增长对 GDP 增长的贡献率分别为 46%、52%、56%、54%、64%、42%、34%（Barrow R. J.et al.，2004），相比之下，1980~2011 年全要素生产率对中国工业经济增长的贡献度平均值仅为 3.5%。在结构调整型政策取向下，工业经济增长动力机制将发生根本性转变，制度优化和技术进步的作用将越来越重要，逐渐代替资本存量增长，成为工业经济增长的首要力量，拉动工业经济增长的主要动力将逐步从资本形成向全要素生产率提高转变。

不同宏观政策取向将带来不同的工业经济增长质量。在要素扩张型宏观政策下，工业经济增长的质量将加速下滑。工业增长将带来资源、环境的加速恶化，国家每年要付出大量金钱用于弥补资源环境恶化带来的损失，同时社会问题层出不穷，人们的安全感和幸福感大大降低。对于一个国家来讲，这是一种“有增长无发展”的行为，甚至增长的结果非但不会带来社会财富的增长，反而会导致国家综合财富的负增长（李海舰等，2008）。此时，中国工业的竞争优势无法实现转型，工业企业在全球分工中将被牢牢锁定于价值链分工体系低端，企业只能依靠微薄的加工费生存，整个国家可能进一步陷入“中等收入陷阱”。在谨慎延续型政策下，工业经济增长质量虽然能够随着国家环保政策力度的增加得到一定程度的改善，但改善速度非常缓慢，且国家在降低二氧化碳排放和单位 GDP 能耗上，往往力不从心，无法在经济增长和节能环保之间找到平衡。此时，工业企业在经营上将面临越来越大的困难，国际竞争力随着劳动力、资源环境等成本的上升而逐步降低。在结构调整型政策下，工业经济增长质量将得到大幅提升，随着落后产能淘汰和产业结构调整的完成，工业增长对资源环境的压力将大大降低，甚至在很多情况下，工业经济增长非但不会对环境造成压力，反而有利于促进环境的改善。此时，工业企业将经历资源整合和产业重组，然后在新的平台上，将获取更大的发展，企业效益明显改善，在国际分工中的地位逐步提升。

四、政策建议

（一）将结构调整作为宏观政策的基本取向

从 CGE 模型模拟结果来看，结构调整型宏观政策是当前国家宏观调控的最优选择。要素扩张型宏观政策能够带来经济产出规模和进、出口的增长，但会造成产业结构的进一步失衡，加剧产能过剩问题，并对社会投资产生“挤出效应”，而且从长远来看，持续使用要素扩张型政策虽然能够在短期内使工业经济增长回到较高水平，但会对资源环境造成巨大压力，而且工业增长不可持续，工业经济增速将在未来十年内持续快速下滑到较低水平。谨慎延续型宏观政策是对当前政策的一种延续，导致工业经济维持现有趋势，而且产业结构失衡和产能过剩问题难以解决，而且从长远来看，持续采用谨慎延续型宏观政策的结果是工业经济缓慢下行到较低水平。结构调整型宏观政策虽然会造成当期经济产出规模减小，但却能够带来产业结构逐步改善和供需关系趋于平衡，而且由于结构改善在长期内促进了全要素生产率提高，推动了工业经济增长动力机制转换和潜在产出增长率的提高，从而能够实现工业经济平稳、较快增长。

产业结构政策的根本目的应在于提高市场配置资源的有效性，从而利用市场机制作用促进生产要素由低效益产业向高效益产业转移，从低效率生产方式向高效率生产方式转移。衡量一个国家产业结构调整效果时，不应看第三产业比重的高低，而是要看资源利用效率是否因为配置优化而得到了有效提高。目前，中国服务业劳动生产率低于工业，如果国家不顾这种客观的效率差异，而是利用补贴等手段，盲目将更多生产要素吸引到服务业，那么将会削弱整体经济效率提升的空间，同时也会导致低素质劳动力大量涌入服务业部门，甚至导致大量非正规就业，进一步削弱服务业部门效率的提升（中国经济增长前沿课题组，2012）。下一阶段，国家可以从四个方面促进产业结构调整。一是充分发挥市场机制作用，促进资源由低效率产业向高效率产业转移，而非仅致力于提高第三产业比重。二是促进产业结构高级化，提高产业技术水平，增加产品附加价值，鼓励企业在现有产业基础上抢占产业制高点，增强企业的国际竞争力。三是建立并严格执行更为严格的节能环保标准，对不符合绿色标准的落后产能要坚决淘汰，利用绿色技术改造现有产业，提高工业发展的资源环境效益。四是清除生产要素流动的体制、机制性障碍，鼓励企业进行跨地区、跨部门、跨所有制的资产重组，完善社会保障体系，对失业人员进行国家援助。

（二）放低宏观调控的经济增速"下限"

长期以来，工业部门一直是中国经济增长的核心"引擎"，对于拉动 GDP 增长起到了关键作用，1992~2011 年，工业平均每年拉动 GDP 增长 5.35 个百分点，相比之下，第三产业平均每年拉动 GDP 增长 3.88 个百分点。在这种情况下，很多人已经习惯于工业经济的高速增长，而对工业经济增速放缓似乎难以接受。事实上，工业带动的中国经济高速增长已经持续了 30 多年，这在世界大国当中是绝无仅有的。从世界上其他国家发展历程来看，一个国家在经过了三个十年的高速发展以后，通常第四个十年经济增速都会明显下一个台阶（张晓晶，2012）。目前，中国正处于第四个十年这种阶段转换的过渡期。目前，中国工业经济潜在产出增速的下滑已经成为普遍接受的事实，而且工业经济发展中也积累了大量结构性问题。在这种情况下，如果继续对工业经济增速抱有不合理预期，则会影响政策的合理性。从 CGE 模型模拟结果来看，在中央加大结构调整政策的情况下，工业增加值增速会降到 6%左右，因此为促进结构调整政策的顺利实施，可将工业经济增速下限设定在 5%~6%，从而为结构调整留下较大的政策空间。在不超出"下限"的情况下，国家不应出台较大规模的经济刺激政策，而是利用市场机制的作用，促进落后产能淘汰，推动产业结构调整。

（三）提高全要素生产率在工业经济增长中的作用

改革开放以来，中国工业的增长更多源于经济资源的不断资本化，但技术进步对工业增长的贡献同样不可忽视。从工业全要素生产率的变化趋势来看，20 世纪 90 年代以来出现了较为明显的上升趋势，然而 2000 年以后进入了下降趋势。中国的资本积累增长率及其对经济增长的贡献率与全要素生产率所代表的技术进步对经济增长的贡献率表现出明显的此消彼长关系，即在快速资本积累、资本化扩张主导经济增长的时期，全要素生产率提高的作用就相对较弱，而当资本积累较慢、作用下降时期，全要素生产率提高的作用就会上升（中国经济增长与宏观稳定课题组，2010）。结构调整型宏观政策的根本目的还是提高全要素生产率，实现经济的集约式增长。从 CGE 模型的模拟来看，即使中国一直保持较高的投资增速，但由于全要素生产率的加速下滑，工业经济同样无法保持长期较快增长，相比之下，结构调整能够改善资源配置效率，提高产业技术水平，从而实现全要素生产率的提高，即使在投资增速大幅下降的情况下，仍能实现工业经济的平稳较快增长。因此，推动增长动力机制转换，由投资拉动型转向全要素生产率驱动型，已经成为宏观调控政策的核心目标。为推动全要素生产率的提升，应重点做好两个方面。一是加快推动社会主义市场经济体制改革。市场机制不完善，尤其是生产要素价格扭曲，是中国工业发展中产生很多结构性问题的根本原因。体制性障碍导致配置优化型工业经济增长难以实现，同时也不利于工业素质的提高。目前，体制改革已经成为迫在眉睫的突出问题，必须加快着力推进，否则就会导致产业结构调整等其他政策难以有效发挥作用。二是提高企业技术水平与经营水平。充分利用发达国家的科技成果，坚持以信息化改造工业化，发展先进制造业，在已铺开的产业基础上实现“新型驱动增长”并向“高、精、细”发展，从而促进工业素质的提升。

（四）将“四化并举”作为“稳增长”和“调结构”的基础

中央将扩大内需，尤其是扩大消费需求作为未来经济发展的战略基石，然而消费需求的扩大应当是一个长期的过程，难以在短期内真正实现。换言之，消费需求的扩大应当是在我国经济社会全面发展和提高以后自然形成的一种结果，而非短期政策刺激的结果。“四化并举”是针对中国发展中存在的深层次问题提出的重大战略，其成功实施能够对促进城乡一体化以及经济与社会的全面发展和提升起到关键作用。如果“四化并举”战略能够真正实现预期的目标，并将带来消费需求的大幅增长，从而实现内、外需结构的平衡，也为工业经济的增长带来巨大的动力。

“四化并举”也是中国工业结构调整的根本手段。从产业结构看，工业化和信息化的融合能够大大提高现有产业的发展水平，促进产业从低端向高端延伸，实现产业结构的高端化。对中国来讲，建立现代产业体系并不是要抛弃过去的产业体系，而是在现有基础上提高产业高效化、节约化、清洁化和精致化程度，促进制造业和服务业的融合发展，工业化和信息化的融合能够大大加快这一进程。从区域结构看，城镇化有利于促进县域经济的发展，从而缓解区域经济不平衡问题。目前，中国与发达工业国之间的主要差距之一表现在县域经济，因此，中国经济发展必须进一步向各县域腹地推进。县域经济发展肩负着从根本上改变“发达城市，落后农村”和“高级产业在城市，落后产业到县镇”格局的历史使命。而且，中国经过 30 多年的发展，客观上也正在出现地区经济社会发展水平的均态化趋势。

总之，“保增长”和“调结构”并非对立，而是相互促进。下一阶段，结构调整带来的效率提高将是中国工业经济增长的重要动力来源。而“四化并举”是“稳增长”和“调结构”协调统一的根本“抓手”，也是指导工业经济发展的根本战略。

（五）发挥市场机制在结构调整中的决定性作用

长期以来，中国采取了赶超型发展战略，习惯于用行政手段对经济进行调控，认为市场机制在结构调整中的效果不理想。事实上，并非如此。从 CGE 模型模拟来看，在结构调整中，市场机制同样能够很好地发挥对资源的优化配置作用。当通过反向补贴（增税）将资源从产能过剩行业提取到国民经济系统以后，国民经济系统能够通过市场机制的作用，自动将这部分资源重新配置到短缺行业当中去。对政府来讲，要促进产业结构调整，其核心在于消除资源在不同产业之间的流动障碍，使资源能够从产能过剩行业中退出，重新进入国民经济系统中进行分配。具体政策包括：一是消除企业兼并重组面临的体制、机制性障碍，使产能过剩行业中的企业能够通过兼并重组实现资产退出。二是推动垄断行业改革，消除产业进入壁垒，使重新进入国民经济系统的资源能够自由进入短缺行业，而目前垄断行业基本上均为短缺行业。三是建立并严格执行更为严格的节能环保标准，对不符合绿色环保标准的落后产能要坚决淘汰，以此形成对产能过剩行业的反向补贴效应。四是推动财税体制改革。目前中国 70%的税收是在生产环节征收，其结果就是各地政府为提高财税收入千方百计补贴生产，从而造成了生产要素市场机制的扭曲，下一阶段应考虑将税收的重点从生产环节转为消费环节，在总额上降低税负，同时保障地方事权与财权的平衡，建立“阳光融资体系”，推进地方自主发债试点，进一步规范转移支付制度。

（六）大力发展县域经济

县域经济的发展是推动中国城镇化、促进民生改善的根本支撑点。县域经济的发展一方面能够带来消费需求的大幅增长，促进内、外需结构的平衡，基础设施建设也将带来投资的增长，为工业经济的增长带来巨大动力；另一方面也有利于夯实工业发展的基础，提高中国工业的国际竞争力。然而，县域经济的发展不能重复过去的老路，而是要在更高层次上实现高质量增长。一是将县域经济的发展与民生结合起来。县域范围的人口占全国总人口的比重接近70%。这些人口中的绝大部分是无法转移到大型城市，而只能通过发展县域经济，稳步推进城镇化，从而实现民生改善。县域经济的工业化推进有利于解决农村转移人口就业，促进基础设施的完善，从而大幅度改善民生。二是将县域经济的发展与环境保护结合起来。与城市相比而言，县域经济在发展中具有更加粗放的特点，生产技术和工艺落后导致县域工业发展中往往需要比城市工业耗费更多的资源，产生更多的排放。县域经济在下一阶段发展中应加强环境保护，推动生态园区建设，发展循环经济，使不同类型企业在生态产业链中相互依存、相互协作，减少或消除工业活动对环境的影响。三是将县域经济发展与产业升级结合起来。“低、小、散”是县域经济产业发展中面临的突出问题，很多企业被锁定在价值链低端，消耗了大量资源却仅仅获得微薄的加工费。县域经济在下一阶段发展中，应推动产业整合，建设产业集群，鼓励技术改造，引导企业规模化和集约化发展。

（七）鼓励制造企业“走出去”

从历史经验来看，企业大规模对外直接投资一般发生在该国的工业化后期。例如，美国20世纪20年代基本完成工业化进程，也正是从这一时期开始，美国企业开始大规模地对外直接投资；日本20世纪70年代末期基本完成工业化，而进入80年代以后，日本企业的对外投资进入了加速时期。目前，中国已经进入工业化后期（黄群慧，2012），因此也进入了对外直接投资迅速增长的时期。近年来，我国企业对外直接投资的规模迅速增长，2011年我国对外直接投资流量达到746.5亿美元，是2002年的27.6倍，全球排位从第26位上升至第6位。

企业“走出去”不仅能获得资源，还能获得国际先进技术、管理经验、市场、整合产业链、财务投资收益，同时分散和对冲风险。此外，海外并购有助于缓解我国的产能过剩。下一阶段，中国应进一步完善海外投资审批制度和外汇管制制度，减少审批环节，提高工作效率，为企业境外投资扫清制度上的障碍。同时，大力改善企业“走出去”的外部政治环境。我国政府、企业、非政府组织应当共同行动，深化改革开放，重申反对商业保护主义的基本立场，加强与东道国的政治谈判，引导海外舆论，改善我国企业国际化的外部政治环境。同时，进一步加大民营企业在海外并购中的地位。相比于国有企业特殊的“政治身份”，民营企业更容易获得企业出售方和政府审批部门的信赖，而且灵活、高效的决策机制也使得我国企业在海外收购中更容易抓住市场机遇。

第六章 中国工业经济产业结构转型升级的具体路径和对策

一、工业转型升级的内涵

国务院 2011 年发布的《工业转型升级规划（2011~2015 年）》指出，“转型就是要通过转变工业发展方式，加快实现由传统工业化向新型工业化道路转变；升级就是要通过全面优化技术结构、组织结构、布局结构和行业结构，促进工业结构整体优化提升”。可见，“转型”强调经济的增长方式，“升级”强调产业本身的优化提高。

多年来，中国政府一再强调转变经济增长方式。中共“十五大”提出，“转变经济增长方式，改变高投入、低产出，高消耗、低效益的状况”；“十六大”提出，“坚持以信息化带动工业化，以工业化促进信息化，走出一条科技含量高、经济效益好、资源消耗低、环境污染少、人力资源优势得到充分发挥的新型工业化路径”；中共“十七大”提出，“促进国民经济又好又快发展”，“要坚持走中国特色新型工业化道路”，“促进经济增长由主要依靠投资、出口拉动向依靠消费、投资、出口协调拉动转变，由主要依靠第二产业带动向依靠第一、第二、第三产业协同带动转变，由主要依靠增加物质资源消耗向主要依靠科技进步、劳动者素质提高、管理创新转变”；中共“十八大”进一步提出“实施创新驱动发展战略”。可见，产业转型就是由投入驱动转向创新驱动，由粗放型经济增长方式转变为低投入、低消耗、低排放、高产出、高质量、高效益的集约型增长方式，由单纯数量扩张型增长转变为质量效益型增长，提高劳动生产率、经济效益和经济质量（卫兴华，2006）。

产业升级也常被称为产业结构升级，这主要是因为产业结构升级是产业升级最宏观和最外在的表现形态（王国平，2013），是随着社会生产力不断发展和要素禀赋转化，主导产业依次更替的过程。西蒙•库兹涅茨（1985）通过对20多个国家的研究发现，随着在农业部门中产值与劳动力的比重呈现出下降趋势，在工业部门中该比值呈现出先上升后缓慢下降的趋势；在服务业部门中该比值呈现出先缓慢上升后迅速上升的趋势。从经济发展的一般规律看，产业结构经历第一、第二、第三产业分别居主体地位的过程。在实现工业化的国家，第三产业比重通常在70%以上，农业比重在5%以下，工业比重在20%左右。在政府文件及早期的学术文献中，产业升级也更多地强调产业结构的转变。Porter（1990）认为，产业升级是随着资本相对于劳动逐步丰裕，国家在资本和技术密集型产业逐渐发展出比较优势。吴崇伯（1998）认为，产业升级是产业结构的升级换代，迅速淘汰劳动密集型行业，转向从事技术与知识密集型行业。张俊（2006）认为，产业升级包括整个产业中第一产业逐渐向第二、第三产业演进，产业结构从劳动密集型向资本、技术密集型演进以及初级产品产业向中间产品、最终产品演进三方面内容。“雁阵理论”持类似的观点，认为随着一个国家人均收入水平的提高，资源禀赋结构发生变化，产业结构会由以劳动密集型产业为主转向以资本和技术密集型为主（蔡昉等，2009）。由于产业升级的结构观关注产业结构的变化，因此往往将产业升级称为产业结构升级。中国政府发布的文件也持这样的观点，例如，中共“十一五”和中共“十二五”规划中关于产业升级的表述就是“产业结构优化升级”。

然而，产业升级的内涵并不局限于产业结构的升级。国外学者对产业升级的研究主要关注于价值链层面，并且越来越为国内学术界所接受。Gereffi和Tam（1998）的开创性研究认为，产业升级由几个相关分析层面组成：产品特征——同一类产品从简单到复杂；经济活动类型——从OEA到OEM，再到ODM和OBM的各种趋于复杂的角色转变；产业内转变——从最终产品制造到包括价值链前向和后向关联的更高价值的商品和服务的生产；产业间转移——从低价值、劳动密集型产业到资本和技术密集型产业。Humphrey和Schmitz（2000）在此基础上提出过程升级、产品升级、功能升级、链条升级四种全球价值链中产业升级的类型。Gereffi（2005）进一步将产业升级定义为“经济活动的主体——国家、企业和工人，从全球生产网络的低附加值活动向相对更高附加值活动的攀升的过程”。Chia（2006）认为，产业升级指的是包括生产过程和产品在内的产业水平从低技术到高技术的持续改进、从简单活动到复杂设计和研发创新的移动。

表 6-1　工业化各个阶段的产业结构特征

基本指标	前工业化阶段 (1)	工业化实现阶段			后工业化阶段 (5)
		工业化初期 (2)	工业化中期 (3)	工业化后期 (4)	
1. 人均 GDP (经济发展水平)					
(1) 2005 年 (美元)	745~1490	1490~2980	2980~5960	5960~11170	11170 以上
(2) 2010 年 (美元)	827~1654	1654~3308	3308~6615	6615~12398	12398 以上
2.三次产业增加值结构 (产业结构)	A>I	A>20%， 且 A<I	A<20%，I>S	A<10%，I>S	A<10%，I<S
3.制造业增加值占总商品增加值比重 (工业结构)	20%以下	20%~40%	40%~50%	50%~60%	60%以上
4.第一产业就业人员占比 (就业结构)	60%以上	45%~60%	30%~45%	10%~30%	10%以下

说明：A 表示农业，I 表示工业，S 表示服务业。

资料来源：陈佳贵，黄群慧，吕铁，李晓华等. 中国工业化进程报告（1995~2010）[M]. 中国社会科学出版社，2012.

传统结构视角的产业升级观着眼于产业层面，强调统计意义上的产业结构的变化；价值链视角的产业升级观虽然也适用于分析国家和地区，但其从企业层面出发，强调生产活动的主体在其生产领域或价值链中改进能力、功能或位置，从而提高附加价值和经济效益。近年来，两种产业升级观出现融合的趋势，特别是结构视角的升级观吸收了价值链升级观的核心思想。例如，刘志彪（2002）认为，产业升级是指产业由低技术水平、低附加价值状态向高新技术、高附加价值状态演变的趋势，包括资源在国民经济各产业之间的移动和资源在同一产业内部从低效率企业向高效率企业移动两种形态的资源配置。张耀辉（2002）认为，产业升级是高附加值产业（高科技产业和新兴产业）替代低附加值产业（传统产业）的过程，衡量产业升级与否的标准是产业整体的附加价值是否增加。朱卫平、陈林（2011）认为，产业升级是比较优势从土地、劳动力等低端要素发展到资本、技术等高端要素，促使旧主导产业技术、组织和产品升级以避免衰退以及新兴主导产业不断涌现的周而复始、由低至高的产业素质、技术进步和产业结构提升的动态过程。Ernst（2001，2003）对产业升级的分类同样综合了上述两种观点，他将产业升级方式划分为五种类型：①产业间升级：在产业层级中从低附加值产业（如轻工业）向高附加值产业（重工业和高技术产业）移动；②要素间升级：在生产要素层级中从“禀赋资产”或“自然资产”向“创造资产”，即物资本、人力资本和社会资本移动；③需求升级：在消费层级中从必需品向便利品然后是奢侈品移动；④功能升级：在价值链层级中，从销售、分配向最终的组装、测试、零部件制造、产品开发和系统整合移动；⑤链接上的升级：在前后链接的层级中，从有形的商品类生产投入到无形的、知识密集的支持性服务。Ernst 的五种产业升级类型中后四种都属于产业内升级。

结合既有的研究成果，我们认为，产业升级是产业素质不断提升的过程，在微观上表现为企业的技术水平、生产效率的提高和能力的增强；在宏观上表现为产业结构从劳动密集型向资本、技术密集型的转变，生产率的提高以及能耗、物耗、水耗和污染物排放的降低；在全球分工体系中表现为对产业的控制力提高或对国外装备、核心零部件依赖程度的下降、获得的价值比重增加。某一产业内部企业素质整体提升的表现是产业内升级，而产业结构的优化是产业间升级。

二、中外产业发展水平差距比较

（一）中国工业国际竞争力不断提高

改革开放 30 多年来，中国工业获得了长足发展，工业和制造业规模已居世界第 1 位，制成品出口占世界市场的份额具有举足轻重的地位，国际竞争力不断提高。

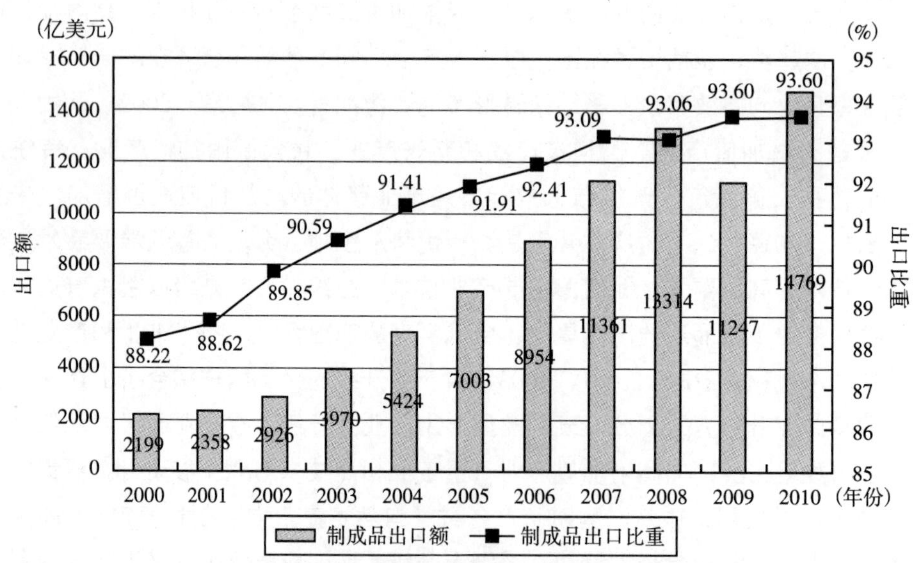

图 6-1　中国制成品出口额及其占商品出口额比重

资料来源：根据 WTO Statistics Database（http：//stat.wto.org/）数据计算。

商品进出口占世界的比重不断提高。自中国加入 WTO 到国际金融危机之前，中国制成品出口额占商品出口额的比重增长很快，从 2001 年的 88.62%提高到 2007 年的 93.09%。受国际金融危机的影响，中国工业制成品出口额占商品出口额的比重在 2008 年略有下降，2009 年和 2010 年恢复并超过国际金融危机之前的水平。从具体产品来看，农产品、燃料和矿产品出口比重变化不大，制成品出口比重提高 10 个百分点，其中机械和运输设备、纺织品、服装比重分别提高 12.24、20.26、18.67 个百分点。在机械和运输设备中，办公和电信设备比重提高 23.54 个百分点。2010 年，中国制成品出口在世界上所占比重达到 14.83%，其中机械和运输设备、纺织品、服装出口额在世界上所占比重分别为 15.37%、30.68%、36.94%，机械和运输设备中的办公和电信设备比重达到 28.04%。工业制成品进口在世界上所占比重也有一定提高，但远远低于出口比重提高的幅度。中国进口占世界比重较大的是燃料和矿产品（12.03%）、工业制成品中的电子数据处理和办公设备（10.30%）、集成电路和电子元件（31.55%）。从总体来看，中国商品出口呈现“终端产品出口增长速度快于中间投入品，中间投入品进口增长速度快于终端产品”的特征。

表 6–2　中国各类制成品进/出口占世界比重变化

单位：%

	出口			进口		
	2000 年	2005 年	2010 年	2000 年	2005 年	2010 年
进/出口商品总额	3.86	7.26	10.36	3.35	6.08	9.06
农产品	2.97	3.39	3.79	3.28	5.02	7.59
食品	3.14	3.62	3.95	1.96	2.99	5.04
燃料和矿产品	1.45	1.72	1.59	3.74	6.41	12.03
燃料	1.18	1.20	1.14	2.97	4.31	7.94
工业制成品	4.69	9.63	14.83	3.47	6.46	8.66
铁和钢	3.07	6.08	9.40	6.39	7.89	5.64
化学品	2.07	3.25	5.14	4.87	6.71	8.57
医药品	1.65	1.38	2.32	0.84	0.81	1.71
机械和运输设备	3.14	9.18	15.37	3.38	7.25	10.39
办公和电信设备	4.50	17.78	28.04	4.37	11.75	15.86
电子数据处理和办公设备	5.01	23.68	37.92	2.84	7.38	10.30
通信设备	6.80	20.68	31.10	4.14	6.21	6.41
集成电路和电子元件	1.74	5.91	13.13	6.35	23.41	31.55
汽车	0.27	1.08	2.57	0.66	1.45	4.77

续表

	出口			进口		
	2000 年	2005 年	2010 年	2000 年	2005 年	2010 年
纺织品	10.42	20.33	30.68	7.83	7.25	6.66
服装	18.28	26.83	36.94	0.59	0.58	0.68

资料来源：根据 WTO Statistical Data（http：//stat.wto.org/）数据计算。

产业国际竞争力不断增强。产业竞争力可以用显示比较优势指数（RCA）来衡量。一般而言，RCA 值接近 1 表示中性的相对比较利益，无所谓相对优势或劣势可言；RCA 值大于 1，表示该产业增加值在该地区的比重大于在全国的比重，意味着该地区在该产业的生产上具有比较优势；RCA 值小于 1，则表示该地区在该产业的生产上不具有比较优势。从表 6-3 可以看出，工业制成品的 RCA 指数总体上是提高的，从 2005 年的 1.33 提高到 2010 年的 1.43。从具体产品来看，不但机械和运输设备的 RCA 指数在国际金融危机后保持高位，纺织品的 RCA 指数也呈上升态势。

表 6-3　中国制造业主要产品的 RCA 指数

	2000 年	2001年	2002年	2003 年	2004 年	2005 年	2006 年	2007 年	2008 年	2009 年	2010 年
农产品	0.77	0.70	0.64	0.56	0.48	0.47	0.43	0.39	0.35	0.36	0.37
食品	0.81	0.75	0.68	0.60	0.52	0.50	0.46	0.41	0.36	0.37	0.38
燃料和矿产品	0.37	0.39	0.34	0.32	0.30	0.24	0.21	0.18	0.18	0.16	0.15
燃料	0.30	0.32	0.27	0.25	0.22	0.17	0.12	0.12	0.12	0.12	0.11
工业制成品	1.21	1.22	1.23	1.25	1.27	1.33	1.36	1.37	1.44	1.41	1.43
铁和钢	0.80	0.56	0.46	0.46	0.80	0.84	1.09	1.23	1.36	0.76	0.91
化学品	0.54	0.52	0.46	0.42	0.42	0.45	0.45	0.47	0.53	0.45	0.50
医药品	0.43	0.35	0.28	0.24	0.20	0.19	0.18	0.19	0.22	0.21	0.22
机械和运输设备	0.81	0.89	0.99	1.11	1.18	1.26	1.31	1.34	1.42	1.47	1.48
办公和电信设备	1.17	1.45	1.77	2.13	2.33	2.45	2.47	2.64	2.76	2.74	2.71
电子数据处理和办公设备	1.30	1.65	2.20	2.93	3.15	3.26	3.25	3.50	3.64	3.55	3.66
通信设备	1.76	2.06	2.34	2.53	2.75	2.85	2.85	3.03	3.06	3.08	3.00
集成电路和电子元件	0.45	0.48	0.58	0.64	0.76	0.81	0.93	0.99	1.17	1.19	1.27
汽车	0.07	0.08	0.09	0.08	0.11	0.15	0.18	0.22	0.26	0.24	0.25
纺织品	2.70	2.65	2.66	2.70	2.68	2.80	2.80	2.71	2.96	2.97	2.96
服装	4.73	4.40	4.06	3.87	3.70	3.69	3.87	3.83	3.73	3.54	3.57

资料来源：根据 WTO Statistical Data（http：//stat.wto.org/）数据计算。

（二）中国工业的"素质"差距

乐观的观点认为，中国在1978年就已经从农业大国转变为工业大国，2010年就已经成为工业强国（胡鞍钢，2011）。不可否认，利用显示性比较优势指数等指标来衡量，中国工业已经具有很强的国际竞争力，特别是在纺织、服装和电子产品制造领域已经成为世界最主要的供应者。然而，中国工业"大而不强"的问题仍然非常突出。

（1）从产业结构看，发达国家制造业中高技术产业的比重大，而中国的低技术产业和资源密集型产业仍占很大比重。例如，2009年美国的纺织服装和皮革工业增加值占制造业增加值的比重仅为1.9%，金属及其制品工业占10.4%；而2009年中国纺织服装和皮革工业产值占制造业产值的比重为8.3%，金属及其制品工业占16.5%。中国出口的制成品仍以初级制成品为主，即使在所谓的高技术产品中，中国所从事的很大一部分工作也是劳动密集型的加工组装活动。"中国制造"在关键技术、关键设备上对国外还有相当大的依赖，大部分核心和关键零部件需要从国外进口，全球产业链的低端地位决定了尽管产量和出口量很大，但是附加价值和利润很低。"心脏病"、"近视眼"、"缺芯少屏"等形象的比喻都是这种状况的写照。

（2）从发展质量上看，中国单位产出的资源、能源消耗和污染物排放都远远高于发达国家。从1992年开始，中国能源消费量开始超过能源产量，特别是2002年以来，能源产量与能源消费量的缺口快速拉大，从2002年的8775万吨标准煤扩大到2009年的32029万吨标准煤，年均增长速度达到20.3%。自1993年以来，高收入国家的金属密集度已在稳步下降，而中国却相反，已经达到高收入国家的7.5倍和其他发展中国家的4倍。2011年中国粗钢表观消费量达到6.3亿吨，已成为全球金属需求增长的主要贡献国。与此同时，中国单位产出的资源、能源消耗和污染物排放都远远高于发达国家。用现价衡量，中国2006年单位GDP能耗是世界平均水平的约3倍，即使用购买力平价美元衡量，中国单位GDP能耗也是世界平均水平的1.5倍（2007年），单位GDP二氧化碳排放则是世界平均水平的近4倍。能源效率与发达国家特别是欧盟、日本的差距则更为显著，甚至比不上同为发展中国家的印度。中国有机水污染物排放量、氮氧化物排放量、二氧化碳排放量已经处于世界第1位。根据BP的数据，中国2010年二氧化碳排放量83.33亿吨，占世界的25.1%，比2000年增长了127.7%，远远超过29.6%的世界平均水平。

表 6-4 主要国家单位 GDP 能耗和二氧化碳排放比较

	单位 GDP 能耗（百万吨油当量/10 亿现价美元 GDP）		单位 GDP 能耗（千克油当量/2005 年 PPP 1000 美元）			单位 GDP 二氧化碳排放（千克/2005 年 PPP 美元）		
	1990 年	2006 年	1990 年	2000 年	2007 年	1990 年	2000 年	2006 年
中国	2.43	0.71	691	324	283	5.53	2.84	2.84
德国	0.21	0.12	172	134	121	—	0.44	0.40
印度	1.01	0.62	300	253	196	2.55	2.58	2.13
日本	0.15	0.12	137	143	127	0.28	0.26	0.24
韩国	0.35	0.24	191	214	183	0.82	0.83	0.67
英国	0.21	0.10	152	128	102	0.50	0.37	0.32
美国	0.33	0.18	236	204	177	0.69	0.59	0.51
世界	0.40	0.24	237	203	185	0.93	0.77	0.75

资料来源：World Development Indicators 2008，World Development Indicators 2009，WDI online 数据库。

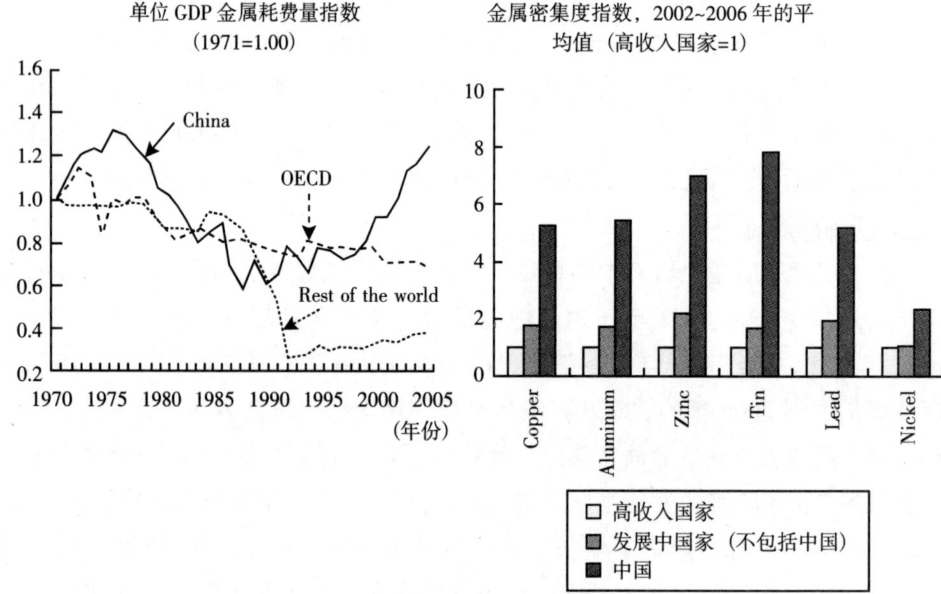

图 6-2 中国金属密集度变化与比较

资料来源：World Bank. Global Economic Prospects 2009：Commodities at the Crossroads.

我们比较了中国与主要发达国家的劳动生产率和 R&D 强度的情况。从表 6-5 可以看到，中国工业各子行业的劳动生产率普遍低于美国、日本、德国，这种差异不仅体现在高技术产业，即使在中国具有比较优势的纺织产业，中国的劳动生产率也分别只相当于美国、日本、德国的 32%、64%、26%。研发强度代表着产业的创新能力。从表 6-6 可以看出，中国工业各子行业的研发强度（研发支出与工业总产值之比）普遍在 1%以下或略高于 1%，特别是在一些高技术领域，中国的研发投入差距表现得尤为明显。例如，在制药行业，美国、日本、韩国的研发强度分别为 24.47%、16.40%、2.92%，而中国的研发强度仅为 1.41%。

表 6-5　中国与主要发达国家劳动生产率比较

单位：万美元/人

	德国	日本	美国	中国
C10T14 采矿业	11.57	6.69	43.61	6.57
C10 煤炭开采	5.16			4.39
C11 原油和天然气开采	49.79			13.97
C13 金属矿开采				7.27
C15 食品和饮料	5.39	6.77	9.75	4.71
C16 烟草制品	17.51	248.39	80.95	40.87
C17T19 纺织、纺织品、皮革和鞋	6.49	3.08	6.19	1.91
C17 纺织	6.29	3.51	6.93	2.25
C20 木材和木、软木产品	6.40	4.69	5.14	2.62
C21 纸浆、纸和纸制品	9.81	9.21	12.17	3.51
C22 印刷和出版	8.63	5.91	11.97	2.75
C23 焦炭、精炼石油产品和核燃料	18.70	245.79	129.85	10.31
C24 化学和化学制品	16.93	14.68	23.50	5.38
C24X 化学品（不包括制药）		12.08	20.89	5.67
C2423 制药		21.86	29.04	4.66
C25 橡胶和塑料制品	8.33	6.15	8.11	2.73
C26 其他非金属矿制品	8.75	8.81	8.24	3.75
C271T31 钢铁		15.29	16.29	7.80
C272T32 有色金属		14.80	10.65	7.17
C28 金属制品（不包括机械和设备）	7.89	5.17	8.66	3.05
C29 机械与设备	10.75	9.24	10.48	3.58
C30T33 电与光学设备	10.34	9.55	15.13	2.76
C34T35 运输设备	11.69	10.94	10.87	4.34
C40T41 电力、燃气与水的供应	30.92	25.47	46.98	
C40 电力、燃气与热水的供应	32.33			9.55
C41 水的收集、净化和供应	22.67			2.29

注：外国数据为 2008 年，中国数据为 2011 年。

资料来源：外国数据引自 http：//stats.oecd.org，中国数据根据《中国统计年鉴》（2012）有关数据计算，工业增加值按照 2007 年工业增加值率推算。对行业按照 OECD 分类方法进行了大致归并。

表 6-6　中国与主要发达国家研发强度比较

	德国	日本	韩国	美国	中国
C10T14 采矿业	0.20	1.35	0.16	—	0.43
C15T16 食品、饮料和烟草	0.17	0.79	0.46	0.53	0.31
C17T19 纺织、纺织品、皮革和鞋	0.78	2.91	0.36	1.04	0.33
C20 木材和木、软木产品	—	0.37	0.11	0.26	0.17
C21T22 纸浆、纸制品、印刷和出版	—	0.47	0.12	—	0.47
C23 焦炭、精炼石油产品和核燃料	0.13	0.23	0.09	—	0.17
C24 化学和化学制品	4.14	6.53	1.45	7.51	0.90
C24X 化学品（不包括制药）	—	3.36	1.16	1.42	0.77
C2423 制药	—	16.40	2.92	24.47	1.41
C25 橡胶和塑料制品	1.37	2.18	0.92	1.32	0.59
C26 其他非金属矿制品	0.67	2.34	0.48	1.31	0.35
C27T28 基础金属和金属制品	0.44	0.71	0.29	0.50	0.66
C29 机械与设备	2.11	3.34	1.51	2.89	1.15
C30T33 电与光学设备	4.32	9.14	5.37	—	1.37
C34T35 运输设备	5.10	4.13	2.03	6.42	1.24
C40T41 电力、燃气与水的供应	0.10	0.22	0.42	—	0.09

注：此处研发强度为 R&D 投入与工业总产值之比；外国数据为 2008 年，中国数据为 2011 年。

资料来源：外国数据引自 http：//stats.oecd.org，中国数据根据《中国统计年鉴》（2012）有关数据计算，对行业按照 OECD 分类方法进行了大致归并。

三、工业转型升级的路径

（一）中国工业转型升级路径的多元性

中国作为一个发展中的大国，人口多、产业规模大、经济发展不平衡，因此产业升级的路径也具有多元性的特点。

第一，大国特征决定了工业转型升级路径的多元性。中国是世界第一人口大国，2010 年中国人口 13.4 亿，占世界的 19.4%，比全世界已经实现工业化的国家和地区的人口总和还要多 30%。可以说，在人口如此众多的中国实现工业化是人类历史上前所未有的艰巨任务。虽然第三产业经济总量已超过第二产业，但第二产业特别是工业仍然是国民经济的重要影响力量，2014 年第二产业占国民经济的比重为 42.7%，其中工业为 35.9%。小国可以依赖少数工业行业实现经济的发展，例如新加坡主要工业行业只有石油化工、电子等少数几个。但是在中国这样一个人口、经济大国，特别是在某些方面还受到发达国家封锁、限制的国家，必然要有一个门类齐全的完整工业体系，这既是实现人民群众就业的需要，也是打破国际封锁、参与国际竞争的需要。由于工业行业的技术特点具有很大的差异，有些是高度模块化的，有些是连续流程的；有些以技术为核心，有些是设计、品牌主导的。因此丰富的工业门类决定了工业转型升级路径的多元性。

第二，二元结构特征决定了工业转型升级路径的多元性。中国仍然是一个二元社会，二元性不但表现在城乡、东西部之间的经济差别，而且表现在高收入与低收入、高学历与低学历并存。要在中国这样一个人口大国实现工业化，需要解决城乡差距、地区差距（东中西差距）等历史问题。

（1）中国城乡差别巨大，2011 年，城镇居民人均可支配收入与农村居民人均纯收入之比为 3.13，相差 14833 元；城镇居民人均消费性支出与农村居民人均生活消费支出之比为 2.90，相差 9940 元。尽管两者比值有缩小的趋势，但绝对值差距在拉大。

（2）地区之间经济发展水平差异巨大。东部地区经济发展水平最高，中部次之，西部最低。上海的人均 GDP 最高，2011 年达到 82560 元，而贵州最低，仅为 16413 元，前者是后者的 5.03 倍。农业比重最低的上海 2008 年农业仅占 GDP 的0.7%，而最高的海南仍然高达 26.1%。从工业化水平来看，2010 年中国整体已进入工业化后期的前半阶段，其中北京、上海已处于后工业化阶段，而海南、西藏、新疆尚处于工业化初期阶段，处于工业化初期、中期、后期和后工业化阶段的省（市、区）数量分别为 3、16、10、2（陈佳贵等，2012）。

（3）人力资源素质差异大。由于中国人口基数巨大，二元结构的存在一方面使得高收入、高学历居民虽然比重较低，但是总量巨大。例如，1990~2011 年，普通高等学校毕业生人数已经超过 4837 万，为中国发展高技术产业和现代服务业提供了充足的人才。但另一方面，又必须解决占绝大多数的低收入、低学历居民的生活和就业问题。中国的二元结构决定了劳动密集型产业和高技术产业都存在禀赋基础，从而工业升级方向既要大力发展高新技术产业，又不能放弃附加价值较低的劳动密集型产业，“必须将建立层次丰富、结构完善的大国工业体系作为新型工业化的长期任务，即中国必须实行全方位的产业发展战略”（中国社会科学院工业经济研究所，2009），产业升级路径必然也是多元的。

第三，工业发展阶段决定了产业转型升级路径的多元性。2010 年，中国工业增加值、制造业增加值达到 23742.11 亿美元和 19251.79 亿美元，分别超过美国的 21668.99 亿美元和 16305.22 亿美元①，居世界第 1 位。过去 30 多年的工业化总体上是靠投资、扩大生产规模推动的，可称之为“平推式工业化”，企业的技术基础比较薄弱、产品的差异化比较小，企业被挤压在低端竞争，进而导致产能过剩与国际贸易摩擦的加剧。当前，中国工业发展已经进入从单纯追求规模向追求增长质量转变的由大到强的阶段，必须从平推式工业化转向立体式工业化道路，即在各个产业领域向着绿色化、精致化、高端化的产业制高点攀登（金碚，2012），无论传统产业还是高技术产业或新兴产业都要取得世界范围内的竞争优势。立体式工业化意味着工业各产业整体向上攀升，决定了工业升级路径也必然是多元的。

（二）中国工业转型升级路径的选择

由于中国国情的复杂性，中国工业的转型升级具有全方位、宽领域的特点（金碚，2011）。我们将工业转型升级的路径划分为结构升级路径、产业链升级路径和技术升级路径三类。在每一种升级路径中，又有若干具体的产业升级方式可供选择。

1. 结构升级路径

结构的升级是工业产业转型升级的宏观表现。从中国当前经济发展阶段看，全国以及各省（市、区）均已跃过农业占主导的阶段，随着工业化的推进，三次产业结构将会按照从“二三一”到“三二一”的方向演进。具体到工业内部，则是沿着由劳动密集型产业向技术和资本密集型产业、由低端制造业向高端制造业/先进制造业的方向升级。

（1）先进制造业发展。先进制造业是将电子信息、计算机、机械、材料以及现代管理技术等方面的高新技术成果综合应用于产品生产全过程的制造业，具有高效化、节约化、清洁化、精致化的特点。先进制造装备以及先进制造应用产业的发展本身就是提升工业和制造业的发展水平。特别是随着第三次工业革命的兴起，以机器人、人工智能、3D 打印、在线协作制造等为代表的先进制造业将会得到大力发展并改变整个工业的生产方式。目前，中国的制造业发展水平比较低，在先进制造业领域仍然与发达国家存在很大的差距，许多关键设备和核心零

① 美国数据来源于 www.bea.gov，中国数据引自《中国统计年鉴（2012）》，美元对人民币年平均汇率为 1 美元兑 6.7695 元人民币。

部件需要大量进口，因此，先进制造业在中国具有广阔的发展空间。

（2）新兴产业发展。新兴产业代表着先进生产力和产业发展的方向，特别是战略性新兴产业以新的重大市场需求为导向，以重大技术创新为“引擎”，能够对国家或地区未来经济社会的可持续发展发挥重大引领和带动作用，不仅是世界各国和国内各地区产业竞争的焦点，而且决定了各国在未来世界经济、政治乃至军事格局中的地位和国家安全。由于战略性新兴产业是一个新兴事物，因此发展中国家与发达国家的产业差距并不大，同时中国具有市场规模大的优势，能够给战略性新兴产业的发展提供有力的市场支持。因此应当在战略性新兴产业的核心技术、产业共性技术方面加大支持力度，同时鼓励国内企业及早进入，争取在战略性新兴产业发展上抓住先机，形成自己的国际竞争优势。

（3）产业转移。产业转移包括产业的引进与产业的转出。国家和地区之间的产业结构存在着发展水平的差异，如果落后国家和地区能够吸引发达国家和地区的产业，则能够有效提升自己的产业结构水平。中国改革开放政策的重要内容就是吸引外国直接投资，大量外国直接投资的进入使中国产业的结构发生了显著的改变。由于不同的产业对生产要素的需求不同——劳动密集型产业建立在非熟练劳动力、土地与自然资源等初级生产要素的基础上，而知识、技术密集型产业则由受过良好教育的人力资本、技术与研发基础设施等高级生产要素决定，因此当一个国家在初级生产要素方面不具备竞争力的时候，便会推动劳动密集型产业向外转移，形成从劳动密集型产业向资本、技术密集型产业的产业更替。受生产成本上涨、土地空间约束等因素的影响，目前中国东部地区已经出现劳动密集型产业向国外和中西部地区转移的趋势，东部地区地方政府也适时推出“腾笼换鸟”政策，为资本、技术密集型产业的发展腾出空间。对于中西部地区来说，尽管东部地区转移而来的产业在东部地区属于层次较低的，但相比于中西部本身的产业水平，这些转移来的产业更高级，因此承接东部地区的产业转移能够使产业结构得到提升。特别是在承接产业转移的过程中，中西部地区应该提高产业的能耗、水耗、环保等技术门槛，避免在经济发展的同时生态、环境遭到破坏。

（4）产业融合。产业融合是不同产业之间的传统边界趋于模糊甚至消失的现象，或者说不同产业相互渗透和交叉而融为一体。自 20 世纪末的信息革命以来，产业融合加快推进，已经成为世界经济发展的主要趋势之一。产业融合不仅表现在信息产业自身以及三次产业之间，而且表现在大类产业内部的子产业之间、信息产业与传统产业之间、价值链不同环节所涉及的产业之间。产业融合的过程是一些产业对其他产业深入渗透的过程，该产业产品的广泛应用促进了产业的快速增长从而提高了在国民经济中的比重。在产业融合的过程中，产业的边界不断模糊，进而许多高成长性的新产业形成并成为经济发展的新支柱，特别是与生物工程、信息技术相关的交叉产业大量涌现。产业融合的过程是各产业增加技术含量与资源重新优化组合的过程。高科技产业与传统产业的融合使传统产业趋于信息化、智能化、生物化，知识密集和技术密集型产业所占比重越来越大，产业结构不断向高级化发展。

（5）制造业的服务化。工业革命特别是信息技术革命以来，工业产品科技含量提高和技术升级加快、产品本身的高技术化趋势越来越显著，从而造成产品结构越来越复杂、零部件越来越多、产品安装要求越来越精密，使得产业链各环节对服务的需求越来越强烈，服务的难度提高，这为制造企业提供相应的服务产品创造了条件。由于制造环节的日趋标准化、自动化，该环节的利润不断下降，形成产品差异的环节向价值链上游的研发、设计和下游的品牌、售后服务转移，因此制造业的高价值环节从以制造环节为主向以服务环节为主转变。产品的复杂性带来的对服务需求的增加以及价值中心向服务环节的转移，驱动越来越多的制造业企业向服务领域转型，聚焦于研发设计、市场营销活动等价值链上的服务化环节，提供产品服务集成解决方案已成为企业竞争优势所在。制造业服务化有两种方式，一种是制造业产出的服务化，另一种是投入的服务化。制造业产出的服务化，是指制造业企业纷纷开始由制造向服务衍生和转移，强化内部的研发、设计、品牌与销售等职能，服务业在企业的销售和利润中所占比重越来越高；投入的服务化是指在制造业实物生产的投入中，服务所占比重越来越高。随着企业对服务业投入需求的扩大，市场已经能够容纳专业化的服务提供商，因此会促进制造企业向服务企业转型或者涌现出新的为制造业提供服务的专业化服务企业。特别需要引起重视的是，制造企业中的研发、设计活动原本属于制造业的统计范畴，现在也呈现出成为专门的研发、设计服务企业的趋势。

2. 价值链升级路径

国内外对于产业升级方式的研究基本上都是基于全球价值链的观点。20 世纪 80 年代以来，国际分工体系从产业间分工转变为产品内分工，产业链条呈现出片段化的趋势，一件产品/服务从设计、产品开发，到生产制造、营销、出售、消费、售后服务、最后循环利用等各种价值增值活动分散于全球范围内的多个企业来完成，即原本在一个企业和国家内部的价值链转变为全球价值链（Global

Value Chain)。Gereffi（1999）、Gereffi 和 Kaplinsky（2001）等提出过程升级、产品升级、功能升级、链条升级四种升级方式。Frederic 和 Gereffi（2011）以中国的服装产业为例总结出升级的形式：①产品升级；②工艺流程升级；③功能升级；④供应链的整合升级；⑤销售渠道升级。Kaplinsky 和 Readman 则将产业升级和创新区别开来。他们认为，创新指相对自己先前状况而言，即公司改进或开发新产品或工艺；而升级则指相对于竞争者而言，公司如何快速适应变化的环境。国内学者也从不同角度提出了产业升级的路径。王国平（2013）认为，产业链升级有改造升级、创新升级和购并升级三种类型。周红英等（2011）认为，产业结构升级有产品技术的换代升级、产业链的延伸、新兴技术形成的新兴产业三种形式。赖俊平等（2011）将韩国产业升级的过程概括为四个阶段，各阶段的驱动因素分别是：劳动力驱动、生产线驱动和规模驱动、工艺创新驱动、新科技驱动。价值链升级适用于产品/服务的模块化程度高、价值链环节多、价值链环节对要素的需求和附加价值差异大、区域或全球分工显著的产业，如 ICT 产业、服装产业等。

（1）过程升级。过程升级是价值链原有环节的提升，通过重组生产系统或者采用先进技术来提高内部过程的效率并使这些内部过程的效率明显优于竞争对手。这些过程既可以是环节内部的（例如提高存货周转率，减少废品），也可以是价值链上各环节之间（例如更高频率、更精简和及时的供货）。中国工业生产效率低、污染重、能耗物耗高，很大程度上是由于生产过程的设备、工艺和管理落后，连续流程型产业中的中小企业在这方面的问题非常突出。过程升级的途径既包括企业生产流程的再造、管理模式的创新（如及时引入生产方式），也包括采用更先进的生产设备、改造生产工艺。信息化与生产过程的结合是过程升级的重要内容，随着第三次工业革命的兴起，数字制造、人工智能技术将使生产过程更加自动化、柔性化、定制化，从而适应消费者日益个性化的需求。因此要特别重视信息技术的发展及其在工业生产过程升级中的应用。

（2）产品升级。产品升级是指引入新产品或者比竞争对手更快地改进老产品来增加单位价值，包括在价值链的单独环节内或者价值链的不同环节之间改变新产品的开发过程，其目标是将技术、工艺和质量做精，成为在产业链同一环节具有竞争力的专业化企业。中国一些产业在产能过剩的同时大量进口国外产品，其根本原因在于产品的精致化程度不高，市场竞争力较差。例如，中国普通浮法平板玻璃严重供大于求，而平板显示、光伏发电等高档品种仍需进口，国内玻璃深加工率不足 30%，显著低于世界平均 55%的水平。又如，在中日贸易格局中，中国从日本进口关键零部件，日本进口经过加工组装的制成品。在全球价值链分工格局下，各个国家都有自己独到的优势，有些设备和零部件可以从美国、欧盟甚至韩国找到替代品，但有些核心零部件只能依赖日本。即使在技术先进的美国，80%的工业研发也只是对已有产品的改进而不是发明新的产品（Rosenberg，1996）。因此，产品升级对中国企业来说非常重要，并具有巨大的发展空间。在全球价值链分工体系中存在众多的合作企业，主导和控制价值链的链主企业只是少数，大部分企业只是生产和提供价值链各个环节的中间产品。将价值链中的一个或数个环节做强做精、做到极致，仍然可以成为行业中的佼佼者，提高产品的附加价值、产品的国际竞争力和在价值链中的谈判能力。与功能升级、链条升级需要完全不同的能力不同，产品升级更多的是依靠企业现有能力的提高，因此对中国为数众多的处于价值链中间环节的企业来说更具有现实意义。通过实施"对标"战略，提高传统产业的精致程度，培育一大批能够占据产品高地的隐形"冠军"，在提高产品国际竞争力的同时，实现对进口关键零部件、先进装备等产品的国内替代，对中国工业的强大具有决定性的意义，体现了一个国家制造业在国际竞争中的基本功（金碚，2011）。

（3）功能升级。功能升级是通过改变在企业内部进行的活动的组合来增加附加价值（例如，承担或者外包会计、物流和质量功能）或者将活动的位置转换到价值链的其他环节（例如从制造到设计，从制造到品牌经营，或者从营销到品牌经营）。在全球价值链上，上游大量使用智慧财产的研发环节与下游和客户直接接触的营销环节的附加价值高，而中游制造环节的附加价值低。中国企业主要参与技术含量低的加工组装环节，既缺乏自主的产品开发能力，又没有自己的品牌影响，处于"微笑曲线"的底部，赚取微薄的利润。功能升级就是要实现企业能力从制造向研发设计、品牌营销提升，从而增加产品的技术含量、提高产品的品牌影响力。企业在参与全球价值链分工的过程中，应重视向主导全球价值链的跨国公司学习与培育自身能力，越来越多地参与到跨国公司产品的开发设计中去。另外，在参与全球代工的同时，也可以选择打造自己的品牌。

（4）链条升级。链条升级是从一条产业链移动到新的、技术含量和附加价值更高的产业链。一般来说，新的产业链并不是凭空而来的，而是要运用从原有价值链中获得的能力。例如，韩国的电子产业从电视机、"白色家电"，发展到个人电脑、功能手机、智能手机。过程升级、产品升级、功能升级都属于产业内升级，链条升级属于产业间升级。链条升级有两种原因：一种是由于原有产品衰退，企业不得不被动地转移到新的产品生产中去，另一种是随着企业资金、技术、人才和管理等能力的积累，主动将从一种产品中获得的能力延伸到其他具有更好发展空间的产品或者新兴市场中去，例如苹果电脑、联想电脑等将在个人电脑领域发展起来的产品设计、软件开发能力延伸到手机领域。

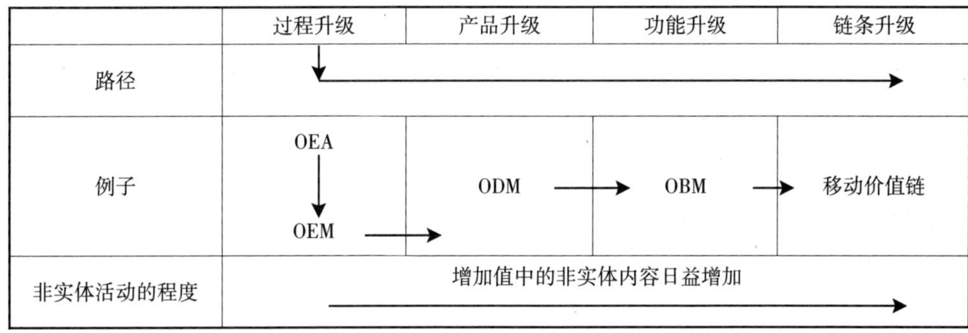

图 6-3　产业升级的路径

资料来源：Raphael Kaplinsky，Mike Morris. A Handbook for Value Chain Research［EB/OL］. http：//www.ids.ac.uk/globalvaluechains/.

基于对国际产业升级的经验研究，全球价值链理论认为，一条沿过程升级、产品升级、功能升级、链条升级四种升级方式的路径可循（Gereffi，1999；Lee and Chen，2000）。一般而言，升级过程依循从过程升级到产品升级，再到功能升级，最后到链条升级的路径（见图 6-3）。在循此路径的升级过程中，企业的自主权不断增大，对价值链中非实体活动的参与越来越多，对市场的影响和控制越来越强，获得的附加价值越来越多。从过程升级到产品升级，再到功能升级，最后到链条升级仅仅是企业和产业升级的一般规律，是渐进式升级方式，但这种升级顺序并非固定不变，产业升级可能是非线性的，产业在升级过程可能产生分岔，即表现为产业内升级与产业间升级的交叉进行（张其仔，2008），企业可以从全球价值链的低端环节直接嵌入全球价值链的高端环节，实现跨越式升级（黄永春等，2012）。

全球价值链多由一个（或一些）参与者占支配地位，这个（这些）参与者决定了价值链的全部特征，并作为领导企业为独立连接处活动的升级和协调连接之间的相互作用负责。根据治理价值链的角色不同，全球价值链可以分为购买者驱动的价值链和生产者驱动的价值链（Gereffi, 1999）。在购买者驱动的价值链中，购买者处于价值链的顶端发挥治理者的角色。这些购买者多为大型零售商、中间商和品牌制造商，他们在一系列国家建立生产网络并在其中发挥关键作用。购买者驱动的价值链以劳动密集型产业为特征（因此与发展中国家高度相关），例如服装、鞋类、家具、玩具、消费电子以及各种手工艺品等劳动密集型、消费品产业。在购买者驱动的价值链中，核心企业的核心竞争力存在于设计和营销环节以及对信息的控制，他们通过整合全球生产能力为自己进行生产，成为名副其实的"大脑"企业。在生产者驱动的价值链中，价值链中的关键制造者一般控制关键技术，扮演协调各个环节的角色。在这里，生产商负责协助其供应商和顾客。生产者驱动的商品链是那些大型的、通常由跨国制造商发挥中心作用来协调的生产网络（包括它们的前向和后向联系），这以资本和技术密集型产业（例如汽车、飞机、计算机、半导体和重型机械产业）为典型。一些产业可以同时存在生产者驱动和购买者驱动。例如，在服装产业，GAP 没有自己的制造厂，代表了购买者驱动的经典形式，然而，Levi-Strauss 治理一个垂直一体化的价值链；在汽车产业，有迹象显示福特正向购买者驱动的价值链转变，而丰田和其他生产商继续保持对生产者驱动的价值链的控制；在半导体产业，英特尔控制着生产者驱动的价值链，而 ARM 用硅加工厂来满足顾客的需求。因此，企业的价值链升级需要选择自己所处的价值链类型，在不同类型的价值链中要侧重发展不同的能力。

表 6-7　购买者驱动的价值链和生产者驱动的价值链比较

特征	由生产商驱动的全球价值链	由购买商驱动的全球价值链
全球价值链的驱动者	工业资本	商业资本
核心竞争力	研发、生产	设计、营销、信息
部门	消费品、中间产品、资本品	非耐用消费品
典型行业	轿车、计算机、飞机	服装、鞋类、玩具
所有权	跨国公司	当地企业，并且主要是发展中国家的当地企业
主要的网络连接	以投资为基础	以贸易为基础

资料来源：Gereffi G. International Trade and Industrial Upgrading in the Apparel Commodity Chain [J]. Journal of International Economics，1999，48 (1). 略有增加。

3. 技术升级路径

科学技术是第一生产力，自主创新能力的高低决定着一个国家在国际上的经济地位，因此科技的竞争成为各国产业竞争的焦点，工业的转型升级归根结底也要靠自主创新能力的提高。2006 年召开的全国科学技术大会和中共十六届六中全会提出要把增强自主创新能力作为国家战略，自主创新就是从增强国家创新能力出发，加强原始创新、集成创新和引进消化、吸收、再创新。"十八大"报告进一步提出"提高原始创新、集成创新和引进消化吸收再创新能力，更加注重协同创新”。产业升级的路径可以分为嵌入型和内生型两种，嵌入型路径立足于发挥一国或地区的比较优势，通过引进国外的资金和先进技术或者通过委托加工、订单贸易等形式与国外企业进行合作，实现产业结构的调整和升级；内生型路径是通过自主创新（依托一个独立企业完成核心技术的研发和生产，或者由若干企业建立技术联盟联合进行技术开发）提高企业的核心能力，从而提升产业素质、实现产业升级（李晓阳等，2010）。根据技术的来源不同，我们将技术升级路径划分为原始创新与开放式创新两种，开放式创新包含了集成创新、引进消化吸收再创新与协同创新。

（1）原始创新。原始创新有两种含义，一种是指前所未有的重大科学发现、技术发明、原理性主导技术等创新成果；另一种是指独立开发一种全新的技术并实现商业化的过程，含义更宽泛，本章采用后一种。技术后进者的研发活动应该致力于将企业推向技术前沿，而不是推进技术前沿本身（福布斯、韦尔德，2005），但原始创新对中国的重大意义表现在以下四个方面：一是中国仍然受到西方发达国家在技术方面的种种限制，虽然发达国家已经取得了重大成果，但是出于政治上的封锁或者经济上占据垄断地位的考虑，它们对向中国出口相关技术、关键设备与核心零部件采取限制，跨国公司为了确保自己的竞争优势，可能会向东道国转移相对先进的技术，但不可能转移核心技术和关键技术。真正的核心技术和关键技术是买不来的，因此需要中国独立进行创新。该领域的技术虽然在发达国家已经存在，但是在中国仍然是前所未有的重大突破。二是当前中国出口产品仍然以劳动密集型产品为主，与发达国家出口产品结构存在很大差异。随着中国产业的升级，出口产品向中高端发展，与发达国家的产业竞争将会更直接。三是在新兴产业领域，主导设计尚未形成，技术发展方向尚不明确，没有现成的技术可供借鉴，中国与发达国家的差距不大，提供了缩小与发达国家差距与抢占未来产业制高点的基础。四是知识产权已经成为企业国际竞争的利器和焦点，只有拥有自己的原创技术和核心知识产权，才能在知识产权竞争中获得主动权。

（2）开放式创新。随着世界各国经济和技术发展水平的提高，计算机和互联网技术的发展，创新日益呈现出离散化的趋势，越来越多的国家、企业甚至个人都参与到创新活动中来，一个国家或一个企业很难控制产品生产中所涉及的全部技术，那种完全依靠自己力量的“封闭式创新”已不适应这个时代，开放式创新成为大势所趋。开放式创新模式认为企业在发展新技术的时候，应当同时利用内部和外部所有有价值的创意和内部、外部两条市场通道（切萨布鲁夫，2005）。从国家层面来说，开放式创新需要在充分发挥国内创新能力的同时，充分利用外部创新资源，主要包括：①FDI 带入的技术。改革开放以来，来自发达国家的国际直接投资对中国工业技术水平的提升起到了重要的促进作用。特别是在发电设备、高速铁路两个产业，通过“以市场换技术”使中国技术达到国际领先水平。随着中国技术水平的提升，未来吸引外国直接投资的重点应从量的扩张转到质的提高上。②内涵于引进设备中的技术。购买国外的先进设备也能显著提高中国工业的技术水平。③购买国外专利权或生产许可证。购买国外公司和组织的专利也能获得相关技术的使用权。例如，1950~1975 年，日本从欧美各国有重点地引进了 2.5 万项先进技术和设备，其中购买专利和设计图纸的占 80%，进口成套设备不到 10%。④通过跨境收购、兼并的方式获得国外先进技术，例如，三一重工通过收购德国普茨迈斯特有限公司获得其在液压柱塞泵领域的世界领先技术。⑤在国外设立研发中心，利用当地的创新人才，并把创新成果转移到国内。⑥委托设计。近年来国外涌现出许多专业化的设计公司，为中国企业直接委托国外公司进行产品研发设计提供了可能。在开放式创新的过程中，要特别重视对技术的集成以及在消化基础之上的学习和再创新，要实现企业、政府、大学、研究机构、中介机构和用户的大跨度创新协作，通过利用外部的创新资源，逐步提高自己的创新能力，形成独特的竞争优势。例如，京东方的液晶显示屏技术就来自于其收购韩国现代集团下属 HYDIS 公司的 5 代线，但是京东方没有停留于此，而是通过不断消化吸收和自主创新，形成了自己的 TFT-LED 产品和工艺开发能力以及生产线建设能力。

工业生产装备是工业生产的物质基础，直接决定工业生产的效率和工业产品的质量，因此装备升级是技术升级的重要组成部分。装备升级可以从淘汰落后、改造现有、提高增量三个方面入手：①淘汰落后。技术水平的升级不仅表现为企业采用了更为先进的技术，从宏观上看，落后产能的退出也意味着产业技术水平的提高。目前中国有很大规模的落后生产能力，对环境造成很大破坏，对资源造成很大浪费。淘汰落后产能主要是淘汰不符合“科技含量高、经济效益好、资源消耗低、环境污染少”的新型工业化要求的装备、生产工艺和产品，通过淘汰落后产能，能够为先进生产能力腾出市场空间，有利于提高产业的整体技术水平，有利于生产能力向大型企业和优势企业集中，能契合了工业转型升级的要求。②现有装备的技术改造。技术改造是企业采用新技术、新工艺、新设备、新材料对现有设施、工艺条件及生产服务等进行改造提升，从而实现内涵式发展的投资活动。通过技术改造能够实现技术进步、提高生产效率、推进节能减排、促进安全生产，是促进产业结构调整和产业转型升级的重要方式。技术改造中要注意与技术创新的结合，一方面努力采用技术创新的最新成果，另一方面在技术改造中促进技术的创新，优化生产设备、工艺路线、生产流程和产品。③增量的提高。新投资、新工厂、新产能要高起点，尽量采用全国乃至世界范围内的先进、适用技术，避免低水平重复建设。

中国企业在技术创新和升级的过程中，要特别重视颠覆式创新（Disruptive Innovation）。颠覆式创新的概念是由美国哈佛大学商学院教授克莱顿· M. 克里斯坦森（2010）在《创新者的窘境》一书中率先提出。颠覆式创新的核心在于导入一种新的游戏规则，而不仅仅是开发成功一项新技术。通过重构既有的市场、创造有吸引力的商业机会，最先进入新出现的细分市场并建立市场地位的企业将获得丰厚的利润。颠覆式创新既可以是根本性的技术创新，也能产生对增量式创新具有洞察力的整合。相反，那些虽然实现根本性创新但没能清楚看到市场机会的企业则无法获得它开发出来的利润源，例如 Xerox PARC 发明了个人电脑，却把市场留给了苹果和微软（Blackwell et al.，2009）。颠覆式创新是技术与市场的有机结合。由于中国市场规模巨大，并且用户的需求与发达国家存在很大不同，因此中国企业发现和开发颠覆式创新具有独特的优势。通过将技术与中国独特的市场需求结合起来进行颠覆式创新，能够实现中国企业创新的跨越式发展，获得相对于发达国家的竞争优势。

四、促进工业转型升级的对策

（一）阻碍工业转型升级的问题

中国工业的发展面临四个方面的挤压，严重制约着工业转型升级的推进[①]。

1. 非工业部门对工业部门的挤压

近十年来，受上游原料、劳动力、土地价格持续较快上涨和下游需求不足的双重挤压，工业企业的利润空间进一步缩小，但同一时期中国金融、房地产等领域发展迅速，其利润相比工业领域非常丰厚。制造业 1993~1997 年保持最高的资

① 王忠宏、张曼茵（2012）提出，当前产业发展存在的“三个挤压”现象，本章增加了第四个挤压，即山寨产品对正版产品的挤压。

本回报率，1998 年后房地产业和金融业的资本回报率开始超过制造业，尤其是房地产业，从 2003 年起就一直是资本回报率最高的行业（王忠宏、张曼茵，2012）。资本具有逐利的特性，因此许多制造业企业投资进入房地产、金融领域，很多大型企业都有自己的房地产公司，并且房地产已经成为很多企业的主要利润来源，实体经济的发展受到严重的冲击。社会再生产不仅包括物质资料的再生产，而且包括劳动力的再生产。住房不仅是投资品，更是基本的生活资料，房地产价格的暴涨必然推动包括劳动力成本在内的整个生产要素价格上涨。中国工业产品的国际竞争优势主要是低成本的价格优势，生产要素价格的过快上涨使成本优势被大幅度削弱，但同时新的竞争优势尚未建立起来，实体经济发展的环境非常严峻。

2. 大企业对中小企业的挤压

大企业对中小企业的挤压主要表现在三个方面。一是大企业所处价值链环节的市场集中度高而小企业所处价值链环节的市场集中度低，大企业相对于小企业具有更强的议价能力，当原材料、土地、劳动力等成本上涨后，大企业能够将成本转嫁给中小企业，使中小企业原本不多的利润更加微薄。二是地方政府具有追求任期内 GDP 和税收增长的强烈冲动，大企业、大项目对 GDP 和税收增长能够起到立竿见影的效果，因此成为地方政府追逐的中心，并给予土地、资源、税收等各种优惠，而中小企业相对受到忽视。三是在实体经济总体资金紧张的情况下，银行更乐于贷款给有政府隐性担保、贷款回收更有保证的大型企业，中小企业特别是小微企业从银行贷款非常困难，即使能够获得银行贷款，综合成本也远远高于一年期贷款基准利率。许多中小微企业不得不转向利率高得多的民间融资渠道，不少中小微企业还因此资金链断裂从而停产、倒闭。

3. 国有企业对民营企业的挤压

国有企业对民营企业的挤压主要表现在三个方面。一是尽管国家 2005 年出台了非公经济的“36 条”、2010 年出台了“新36 条”、2011 年出台了《关于鼓励和引导民企发展战略性新兴产业实施意见》等一系列鼓励民营企业发展的政策，但政策落实效果一般，阻碍民营企业进入的“玻璃门”、“天花板”依然在许多行业广泛存在。二是部分领域和地区“国进民退”现象时有表现。国有企业在规模、政策、融资等方面具有先天优势，并且由财政最终兜底，因此成为地方政府招商引资和银行贷款的“宠儿”。在航空、钢铁、公路、房地产等领域，国有经济的增长明显快于民营经济，许多民营企业被国有企业收编。在中央政府应对国际金融危机的“4 万亿元经济刺激计划”中，投资和银行信贷基本都落到了国有企业的头上，而民企得到的“份额”很有限。三是一些国有企业进行产业链纵向整合，如国家电网收购上游电气设备制造龙头企业，中粮集团打造全产业链，产品的企业内部采购明显强化，民营企业的市场受到挤压。

4. 山寨产品对正版产品的挤压

知识产权保护制度的建立是工业革命和西方世界兴起的重要原因，然而改革开放至今，中国知识产权保护不力，“山寨文化”盛行。一家企业实现某项技术成果的产业化之后，很快就会被其他企业大量复制。实验室技术的产业化需要大量的投资，同时具有很大的失败风险，由于知识产权保护不力，创新企业无法获得应有的利润，甚至连成本都无法收回，企业陷入“不创新是等死，创新是找死”的困境。山寨产品对正版产品的挤压不但严重挫伤了创新企业的积极性，而且山寨企业的大量涌入还可能造成严重的重复建设和产能过剩，使“朝阳产业”“夕阳化”成为中国的常态，光伏电池、风电设备等所谓战略性新兴产业都出现了利润迅速拉低、产能过剩的现象。如果说在技术水平较低的阶段，薄弱的知识产权保护给中国企业学习模仿发达国家的技术提供了便利，中国获得的收益可能超出成本，那么随着中国与发达国家技术差距的缩小，中国后发模仿优势越来越小，未来的增长动力将转移到技术创新上来。薄弱的知识产权保护制度使中国企业之间的相互损害，带给国家和国内产业的收益已经远远小于成本，加强知识产权保护已势在必行。

（二）政策建议

推动中国工业的转型与升级，关键是充分发挥市场机制的作用与企业的积极性，政府应当尽量减少对市场的干预和因过度干预导致的价格扭曲，而把工作的重点放到纠正市场失灵、提供公共物品、为企业创造良好的发展环境上来。

第一，继续大力支持技术创新。在技术赶超阶段，因为有发达国家的路径可借鉴，政府主导的技术发展战略可能会收到较好的效果。但是随着中国的角色由传统产业中的跟随者转变为同行者，由于不确定性的存在，由政府来决定技术发展方向的做法并不可取，政府主导的产业化创新往往以失败告终。工业创新发生在企业，所以创新政策的重心也应该是企业（福布斯、韦尔德，2005），企业会很好地权衡风险与回报并进行商业性研发，市场也能够从大量的私人企业中筛选出最终的获胜者。因此，政府部门的资助应该集中在那些由于其未来在商业上的应用和回报极不确定而缺乏投资的基础科学研究、产业的共性技术研究，而不要指定资助哪条技术路线，也不要指定哪家企业作为重点进行资助。政府的任务应当是推动建立有利于创新的制度环境和激励机制，鼓励企业开展技术创新并提供优惠政策，应该通过一种竞争性的、公平的方式分配创新经费，鼓励最有创造力的企业脱颖而出。

第二，加大对劳动者的职业技能培训。产业的升级根本上是人的素质和创造力的提高，然而中国大学生的“书本”知识与实践技能存在较大差距，产业工人的素质也与升级后产业的需求不相适应。未来随着产业升级的推进，对人才的需求将随之向高端提升，低学历、低技能的农民工必须转变为高技能的现代产业工人和现代服务业从业人员，才能适应产业升级的需要。因此，必须加强对劳动者的培训，将中国丰富的人力资源转化为可利用的人力资本，以适应产业升级的要求。一是要根据市场需求调整高等教育的专业设置，进一步加强高等职业教育，在毕业前对大学毕业生进行实践能力培训。二是要加大对农民工培训的投入，建立从农村到城市的就业信息和职业培训网络，使进城打工者熟悉城市的生活方式、掌握必要的职业技能。三是大力发展专业化教育培训机构，由政府、企业和个人共同出资，定期对在岗职工进行新技能培训，对下岗职工进行转岗培训。

第三，加强知识产权保护。“进入创新型国家行列”是中共“十八大”提出的2020 年实现全面建成小康社会宏伟目标的新要求。加强知识产权保护是发展中国家实现技术赶超的成功经验，也是中国企业未来参与国际竞争的重要手段。只有加强知识产权保护，才能激发企业和个人的创造力，从而推动中国创新的发展。加强知识产权保护，一是要完善关于侵犯知识产权违法行为的法律法规和规章，健全检验、鉴定标准，明确定罪量刑标准，特别是要提高对知识产权侵权的处罚力度，对知识产权侵权产生充分的威慑作用。二是要制定有效制度（如异地审判）破除地方政府对本地企业知识产权侵权行为的保护。三是要加大对各种侵犯知识产权违法行为的打击力度，充实知识产权执法、司法队伍（如在法院设立专门的知识产权庭），使知识产权保护执法、司法常规化，同时重点围绕知识产权侵权多发地区、多发产业集中开展专项整治。

第四，控制房价过快上涨。控制房价过快上涨不仅关系到民生和社会稳定，还应将其放到中国经济特别是工业可持续发展的高度。工业的转型升级不是一蹴而就的，它需要创新能力提高、劳动者素质提升、企业管理能力的改善等作为支持，这需要花费较长的时间。如果成本过快上涨使低成本优势丧失而新的竞争优势无法形成，将使中国落入“中等收入国家陷阱”。因此，通过坚决抑制房价过快上涨，控制中国工业综合生产成本的过快上涨，从而维持中国的低成本国际竞争优势，为工业的转型升级留出时间。抑制房价的过快上涨除了要加大保障性住房建设力度、抑制投机投资性需求外，还必须完善多方面的配套制度，包括：改变对地方政府以 GDP 为核心的考核制度，精简政府机构、降低对土地财政的依赖，扩大住宅用土地的供应量，学习借鉴发达国家比较成熟的房屋持有税制度等。

第七章 新形势下促进中国工业发展的政策建议

一、未来一段时间工业仍将是支撑中国经济增长的重要产业

工业生产与人类生活息息相关，没有现代工业便没有现代人类文明。工业生产不仅直接为人类提供物质生活资料，极大地丰富了人类的物质文化生活，而且还为国民经济几乎所有部门提供能源、原材料、生活工具、交通运输工具，以及所有（经济或非经济）行业的技术设备和工作条件；工业生产是国防安全和社会保障系统的物质基础。可以说，在现代社会中，经济和社会生活的一切领域都同工业生产密切联系，没有任何一个行业和经济社会领域可以离开工业生产。工业在现代社会经济发展中具有举足轻重的主导作用。

（一）目前我国正处于从“工业大国”向“工业强国”转变的阶段

中国的基本经济国情是“工业大国”，正处于从“工业大国”向“工业强国”转变的阶段（黄群慧，2012）。陈佳贵、黄群慧（2005）提出了一个基于产业结构演进的基本经济国情分类框架：该分类框架综合考虑经济总量维度和经济结构维度，认为一个大国的基本经济国情应该经历从农业经济大国（“农业大国”）到工业经济大国（“工业大国”）、从工业经济大国到工业经济强国（“工业强国”）、从工业经济强国到服务业经济大国（“服务业大国”）的国情变化阶段，大致对应工业化初中期、工业化中后期和后工业化社会三个阶段。基于这个国情分类框架，到20世纪末21世纪初，中国的基本经济国情是已经从“农业大国”转为“工业大国”，也就是说，中国的基本经济国情是“工业大国”，正处于从“工业大国”向“工业强国”转变的阶段。我国正处于“工业

大国”这一阶段，表现出以工业经济为主体、具有庞大工业生产和出口规模的特征。这里的“工业大国”不同于“工业化国家”，“工业化国家”是指已经完成工业化的国家，多为工业强国。而中国正处于工业化后期的前半段，尚未成为高收入国家，还要面临“中等收入陷阱”。

（二）工业仍将是未来中国的重要动力产业

改革开放后30多年来，以工业为代表的第二产业一直是带动国民经济增长的主体。除少数年份外，第二产业对GDP增长的贡献率始终高于第三产业。按照不变价格计算，2011年以前，工业对GDP增长的贡献率始终高于第三产业。近年来，随着第三产业的快速发展，加上国际金融危机后工业增长乏力，工业对经济增长的拉动作用有所下降，但仍有近四成的GDP增长由工业贡献。从产业变动的趋势来看，随着未来工业经济企稳回升，工业对经济增长的拉动作用将会有所回升，在一定时期内，工业仍将是中国的重要动力产业（见表7-1）。

表7-1　不变价计算三次产业对GDP增长贡献率

年份	第一产业（%）	第二产业（%）	工业（%）	第三产业（%）
2010	3.6	57.2	49.3	39.2
2011	402	51.5	45.3	44.3
2012	5.3	49.3	41.1	45.4
2013	4.4	48	39.8	47.6
2014	4.8	47.1	38.3	48.1

（三）优化产业结构、实现三次产业间合理互动

第一产业是第二产业、第三产业发展的重要物质基础，而且第一产业的现代化也是第二产业、第三产业现代化的前提。第二产业要为第一产业、第三产业提供技术支持，同时也是第一产业、第三产业市场需求的重要来源之一。第三产业不仅是第一产业、第二产业的基础条件，而且要为第一产业、第二产业提供高效率的综合运输体系和信息传送系统，更要为第一产业、第二产业的高效化、品牌化和延伸化提供必要的支持条件。随着科学技术的迅猛发展，不同产业间的技术联系进一步加强，淡化了产业间的边界，三次产业呈现出加速融合的发展趋势。

当前，我国三次产业发展脱节，缺乏有效互动，没有形成相互补充、相互促进的良性发展格局。我国三次产业非均衡发展的弊端日益显现，突出表现在：第一产业依然薄弱，难以对第二产业、第三产业形成有效支撑；第二产业大而不强，对第一产业、第三产业发展的带动性不足；服务业发展整体滞后，制约了第一产业、第二产业的发展。因此，加强三次产业间的联系，通过三次产业互动实现国民经济的协调发展显得尤为重要。

加快市场体系建设，促进生产要素在产业间合理流动。城乡统一的市场体系是促进生产要素在产业间自由流动和三次产业互动发展的前提。一是建立和完善农村土地使用权流转制度。在确保不改变农地用途的前提下，放松对现有农业用地的管理约束，按照依法、自愿、有偿的原则进行土地承包经营权流转，通过适度的土地集中和流转实现农业土地使用的规模效应。二是构建城乡一体的劳动力就业市场。通过完善劳动就业法律，取消一系列限制农民工就业的制度体系，建立城乡劳动力公平就业的上岗机会，促进农业剩余劳动力向第二产业、第三产业转移。三是加快城乡间资本、信息和技术市场一体化建设，保障要素所有者的合理收益，促进资本、技术和信息等生产要素在城乡产业之间自由流动、合理配置。四是完善城乡统一的商品市场，调整现有农村市场结构，促进工业产品与农村消费市场的有效对接，形成综合性市场和专业市场相结合、批发市场与零售市场相衔接、城市市场与乡村市场相呼应的格局，按照公平合理的原则解决城乡流通中的矛盾，最终求得多方利益统一。

优化产业机构，提升产业质量。加大农业技术投资，通过技术转让、咨询服务等多条途径使农业分享非农产业的技术外溢，提升农业科技含量和产业附加值。提升和优化工业特别是制造业结构。加强制造业的集约化、清洁化和精致化程度。并且形成大、中、小型制造业企业的有效竞争，分工和合作的产业组织结构，加快发展服务业，包括生产性服务业和生活性服务业。在建立发达制造业的基础上，逐步提高服务业在三次产业中的比重，提高现代服务业在整个服务业中的比重，提高生产性服务业在现代服务业中的比重。推动特大城市形成以服务经济为主，以高端制造业特别是高端制造业的核心技术创新实体为精髓的产业结构。

加快产业融合，实现产业互动发展。产业融合越来越成为现代产业发展的重要趋势。当前，我国正处于工业化的关键阶段，需要现代制造业和现代服务业相互促进、协调发展。为适应制造业加快转型升级的迫切要求，需要大力发展金融保险、商贸物流、创意设计、科技服务、信息服务等生产性服务业，促进生产性服务业与先进制造业深度融合，提高制造业的附加值和竞争力。同时，也要通过促进农业与工业和服务业的互动融合，不断提升农业产业化和现代化水平。总之，要通过产业融合互动发展，不断为扩大服务业规模创造更广阔的平台和空间，不断为提升工农业发展质量提供更有力的支撑和保障，在三次产业融合发展中，做大做强实体经济。

二、四化同步为工业发展提供新的空间

（一）以新型工业化理念指导和发展中国工业

工业化是人类社会文明发展的重要阶段，是经济增长的巨大动力。自 18 世纪中期的工业革命开始，工业化已经彻底改变了人类的生产和生活方式，给整个世界带来了翻天覆地的变化。但是，工业化也是一把“双刃剑”，一方面，它创造了高度发达的工业文明，使人类的财富达到了顶峰；另一方面，它也造成了资源的枯竭和环境的恶化，使人类面临生存的困境。怎样才能既充分利用工业化的成果，努力发展工业文明，又避免工业化发展所带来的资源与环境问题，提高工业发展的质量和效益，这样一个历史性的问题摆在了我们面前。解决这个问题的关键并不是回到工业化之前的社会，而是要探寻一条新的工业化发展之路。

新型工业化是相对于发达国家以往走过的传统工业化道路和我国过去的工业化道路而言的，是一种在新的时代背景下，尤其是在信息化的背景下实现工业化的过程。也就是说，工业经济的生产方式和增长途径，在信息化的推动下，正在发生由低级到高级的突破性变化以及由此引起的结构性的重大转变。新型工业化的核心是以信息化带动工业化，以工业化促进信息化，其关键是发挥后发优势，采取跨越式发展思路，实现工业化和现代化的目标。从更深层次上讲，新型工业化道路实质上是一种复合型工业化道路，这其中蕴含着十分深远的新发展观和战略思想。“新型”的“新”首先在于其不是传统的工业化，新型工业化包含着比传统工业化更新的人类文明因素。而且，“新”也不只是新在信息化上，而且还新在充分应用其他高新技术成果和新的生产方式上。也就是说，新型工业化道路中除了实现一般意义上工业化的内容之外，更包含开拓

新的更高级物质生产力和生产方式的因素。总之，所谓新型工业化，就是坚持以信息化带动工业化，以工业化促进信息化，就是科技含量高、经济效益好、资源消耗低、环境污染少、人力资源优势得到充分发挥的工业化。它的鲜明特色就是突出强调科技创新，强调产业结构的优化和升级，追求人口、资源和环境的协调发展。

坚持以新型工业化理念指导工业发展，转变发展观念、创新发展模式、提高发展质量，大力发展资源消耗低、环境污染少、经济效益好的新兴产业，有效控制高耗能、高耗水、高污染产业，加快淘汰落后的工艺、设备和生产能力，充分发挥人力资源优势，实现经济发展与环境保护、经济效益与社会效益相统一。

（二）“新四化”将成为主导下一阶段中国经济结构转型的核心力量，也是促进工业经济平稳较快增长的根本保障

继中共“十六大”报告、中共“十七大”报告后，中共“十八大”报告再次提到工业化与信息化融合，“坚持走中国特色新型工业化、信息化、城镇化、农业现代化道路，推动信息化和工业化深度融合、工业化和城镇化良性互动、城镇化和农业现代化相互协调，促进工业化、信息化、城镇化、农业现代化同步发展”。从形态上讲，工业化、农业现代化和城镇化是实体形态，而信息化是没有实体形态的。城镇化是创造的需求，农业现代化为工业化和城镇化提供最基本的支撑，如人口、土地和粮食。信息化作为一种技术的形态，对工业化、城镇化和农业现代化有极大的提升和促进作用。在“新四化”建设中，工业化、城镇化、农业现代化是拉动中国经济内需增长的重要驱动力，信息化发展有赖于“三化”，反过来，信息化不仅是经济增长的“倍增器”、发展方式的“转换器”和经济升级的“助推器”，更贯穿“三化”发展始终。

从工业化来看，目前中国的工业化进程并没有完成，而是处于继续推进的过程，将继续承担经济增长“引擎”的角色。根据陈佳贵、黄群慧（2009）对“十五”期间中国工业现代化水平的总体评价，到“十五”期末中国工业现代化进程大约完成 40%，如果不考虑其他影响，仅仅简单地按照“十五”期间工业现代化水平年均增长的趋势外推，2020 年前后，我国将完成工业现代化进程的 60%，而在 21 世纪 40 年代前后，我国将实现工业现代化。从信息化来看，西方发达国家已经进入了信息化时代。拥有“后发优势”的中国不一定要重复发达国家的老路，可以通过充分利用发达国家的科技成果，坚持以信息化改造

工业化，实现跨越式发展。虽然近年来，我国信息产业取得了长足的发展，在促进工业生产自动化方面有了较大提高，但是在掌握工业信息化最新技术，突破自动化控制、计算机辅助生产、资源计划、电子商务等工业化和信息化融合的关键技术障碍，广泛利用信息技术、信息产品和信息设备，进而推进整个生产体系的信息化方面，与发达国家还存在较大的差距。从城镇化来看，我国的城镇化还是不完全、不成熟的城镇化。2012 年我国城镇化率达到 52.57%，这是按照城镇常住人口统计的，包括了在城镇居住半年以上的进城农民，但是他们还没有完全融入现代城市生活。如果按照城镇户籍人口统计，目前的城镇化率仅为 35%左右。我国城镇化的质量还不高，城镇各种基础设施建设和各项社会事业发展都还跟不上，“城市病”多有显现。因此，我国未来城镇化发展的空间还很大。

推进信息化和工业化深度融合。中共“十六大”提出，坚持以信息化带动工业化，以工业化促进信息化，走出一条科技含量高、经济效益好、资源消耗低、环境污染少、人力资源优势得到充分发挥的新型工业化道路。继 20 世纪中后期发达国家先后实现工业化之后，我国工业化不能再走先污染、后治理的老路，要在借鉴他国经验和教训的基础上实现创新发展。作为后起国家，中国可以抓住重大技术进步的机遇，通过引进、消化吸收和再创新，分享先行国家知识和技术的外溢效益，实现赶超发展。当前，以下一代互联网、物联网、云计算等为代表的新一代信息技术的应用，为我国推动两化深度融合带来重大机遇，能够以信息化改造和提升传统产业，加速传统产业的转型升级，实现工业化和城镇化良性互动。如果说工业化在某种意义上主要是创造供给，那么城镇化则主要是创造需求。有研究表明，城镇化率每提高 1%，可以替代出口 10 万亿元。按照现有城镇化速度，社会消费的总水平可以从现在的 10 万亿级上升到 20 万亿级，年均 20 万亿元以上的投资规模将会维持 20 年。金融危机和欧债危机爆发的一个主要原因就是欧美国家虚拟经济过度膨胀，脱离了以制造业为核心的实体经济。当前，我国正处于工业化和城镇化加快发展的关键时期，金融危机和欧债危机的深刻教训表明，我国工业化进程必须警惕“去工业化”和实体经济“空心化”的错误倾向，把新型城镇化建立在以制造业为核心的实体经济基础之上。城镇化建设必须依托工业化和产业化，实现良性互动、协调发展，防止“城镇化陷阱”和“产业空心化”。

三、正确看待“速度”与“质量”的关系

新中国成立以来，我国经济发展和宏观调控的理念变化主要有三次。第一次是1958年提出的“多、快、好、深、省”。当时对“多、快、好、深、省”的解读是，特别突出一个“快”字。第二次是1992年提出“又快又好”。当时，邓小平“南方谈话”时提出：“在今后的现代化建设长过程中，出现若干发展速度比较快、效益比较好的阶段，是必要的，也是能够办到的。”第三次是2006年中央政治局提出的“又好又快”：努力实现国民经济“又好又快”发展，务必保持经济“平稳较快”增长，避免出现大的起伏。由此，“好”字首次排在了“快”字之前。以上这些理念的提出和变化，反映出了当时我国经济发展不同阶段的特征和背景，都包含着一个“快”字。2012年11月召开的中共“十八大”和12月召开的中央经济工作会议，在新的经济发展背景下提出：实现经济“持续健康”发展，首次去掉了“快”字，更加突出了要把发展的立足点转到提高质量和效益上来。

（一）合理调低工业增速预期

经过了30多年持续高速增长之后，我国需求结构、人口结构、劳动力供求等经济基本面因素正在发生变化。近几年中国经济的最大变化就是增长速度由高速增长转为中高速增长，经济增长主要由工业和投资拉动转为产业结构中的工业和服务业、需求结构中的投资和消费共同拉动。工业增速的平稳回落，有一定的必然性，这恰恰为我们换取结构调整空间、促进质量效益提升提供了有利时机。

2008年以来，我国规模以上工业增加值增速呈现出波动中走低的态势。2008年，我国工业增加值增速为12.9%；受国际金融危机的影响，2009年工业增速较2008年下降1.9个百分点，为11%。为应对国际金融危机对我国经济的冲击和影响，2008年底，中央政府迅速出台了“四万亿投资”计划；接着国家陆续出台了十大产业振兴规划，为促进经济复苏、实现“保增长”目标提供了重要推手。从实际情况看，“四万亿投资”计划和十大产业振兴规划对经济的拉动效果十分明显。2010年，我国规模以上工业增加值增速高达15.7%，较2009年

提高了 4.7 个百分点。随着中央投资的减少、刺激政策的逐步退出，加之外部经济低迷，2011 年以来，我国规模以上工业增加值增速出现不断下降的趋势，2011 年我国规模以上工业增加值增速为 13.9%，较 2010 年下降 1.8 个百分点；2012 年继续降低至 10%，2013 年和 2014 年工业增加值增速更是降至个位数（见图 7-1）。

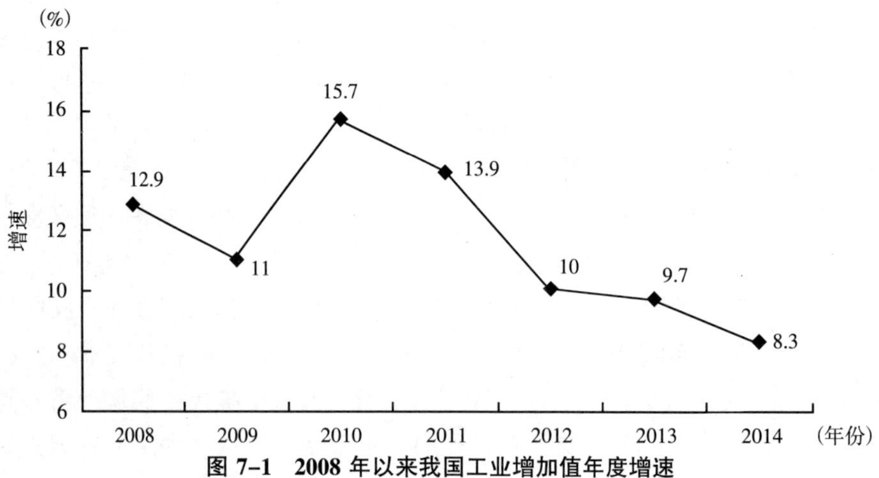

图 7-1　2008 年以来我国工业增加值年度增速

资料来源：中经数据库。

（1）支撑经济增长的要素条件已经发生变化。经过 30 多年的高增长，目前支撑经济增长的要素条件已经发生变化。表现为：①劳动力供给增长放缓。我国人口结构正在发生变化，在经济下行过程中，许多地区出现的“用工荒”、“招工难”等现象反映出劳动力供求关系发生了明显的变化。据预测，我国劳动年龄人口将于 2016 年达到峰值，总量为 9.99 亿人，之后逐渐下降，到 2020 年将下降至 9.87 亿人。2011~2020 年就业年均增速将比前期下降 0.9 个百分点，拉动经济增长率下降约0.4 个百分点。②储蓄率有所下降。据测算，人口抚养比每上升 1 个百分点，储蓄率将下降 0.8 个百分点。随着人口结构变化，我国正在进入老龄化社会，人口抚养比不断上升。2011~2020 年，人口结构变化将带动储蓄率下降 2.8 个百分点。③土地、能源和环境约束加大。经济发展环境出现重大变化，低土地成本、低能源成本和低环境成本的时代已经过去，我国依靠土地成本、能源成本和环境成本等形成的所谓“投资成本洼地”效应将逐渐消失。④全要素生产率难以大幅度提高。一是短时期内技术水平难有大的突破和提高。二是劳动力再配置效应有所减弱。对于发展中国家而言，城镇化过程中劳动力从农业部门向工业和服务业部门再配置带来的整体生产率上升，是全要素生产率提高的重要来源，但我国农村可转移劳动力数量出现下降趋势。三是市场化改革的制度效应减弱。市场取向的经济体制改革释放了经济活力，提高了全社会资源配置效率，然而随着改革难度加大，市场化对经济增长的拉动作用有所减弱。

（2）当前工业增长仍面临下行压力。从国际形势看，世界经济仍面临诸多风险和不确定因素，欧元区经济和日本经济仍处于衰退边缘，新兴经济体增长面临下行压力，地缘政治冲突风险可能进一步扩散。从国内形势分析，我国基础设施投资逐步饱和，投资率逐渐下降；出口受外需放缓影响，下行态势明显；消费虽较为平稳，也出现趋缓的迹象。

中国经济运行正处在从政策刺激向内生增长转变的过程，增速适度回调，有利于释放和缓解偏快的增速对经济运行形成的压力，同时也有利于加快推进产业结构调整和发展方式转变。近几年我国工业潜在增长率下降趋势明显，当工业潜在增长率下降后，在既有的增长模式和发展方式下，扩张性经济政策不仅不能拉高经济增长速度，反而会积累新的风险。在这种情况下，应降低经济增长预期，合理设定宏观经济调节目标，防止过度刺激。同时，应以加快经济转型和培育新的经济增长点为着力点，努力保持经济平稳发展。

（二）需要处理好几个关系

（1）资源环境约束与工业发展。地球上的物质原本不分“资源”和“废物”。只要有科技支持的发达工业，所有“废物”都可以是资源。但是过度消耗不可再生资源而没有新技术条件下新资源的接续，工业发展将无以为继。工业创造了人类生活的环境，但不适当的工业开发也会导致环境破坏。因此，一方面我们要高度重视工业生产对资源和环境的影响；另一方面也必须认识到：只有更先进的工业才能破解资源环境约束的压力。

当前，我国总体上已进入工业化后期的前半阶段。工业的平稳较快增长在今后一段时期仍将发挥非常重要的作用。面对工业化加快发展、工业对能源资源刚性需求持续上升，生态环境约束进一步加剧的形势，我们不可能以不发展工业的方式解决资源环境问题。相反，只有发展更先进强大的工业，通过全面提高工业的清洁、循环、高效、集约、安全水平，促进工业绿色化，增强可持续发展能力，才能缓解资源环境压力。

（2）工业布局与区域协调的关系。工业化有其一定的时空规律，通常具有非均衡发展的特点，由于区位差异和资源条件不同，一方面，不同的地区适合发展不同的产业；另一方面，各地区工业化进程先后推进。中国工业化的基本时空特点是：东部、中部、西部地区的梯度推进，以及从中心城市向县域腹地的深度拓展。所以，我国产业的深度发展，不仅是东部、中部、西部之间的空间分布配置变化，而且是从中心城市向县域腹地发展。县域经济的工业化（包括农业的工业化）和城镇化是未来中国经济发展的主要内容之一。从经济发展的要求看，大多数地区都会走工业化的道路。但是从各地区的具体情况看，并不适合发展所有的行业，有些地区甚至不适合发展工业。而且，工业生产和分工性质也决定了在空间上具有相对集中的特点。走新型工业化道路，更要促进产业合理集聚、区域分工和有序转移，不断优化空间布局和产业链分工。

（3）实体经济与虚拟经济的关系。实体经济是相对于虚拟经济而言的，包括农业、工业、交通运输、商贸物流、建筑业等提供物质产品和服务的经济活动，但其中更为核心的是工业的制造活动。实体经济直接创造物质财富，是社会生产力的集中体现，也是社会财富和综合国力的物质基础。而虚拟经济是金融服务业中相对独立于实体经济的虚拟资本的经济活动，其本质是虚拟资本以增值为目的进行独立化运作的权益交易。

发展稳健的实体经济，对提供就业岗位、改善人民生活、实现经济持续发展和社会稳定具有重要意义。实体经济与虚拟经济的有效合理互动，可以助力经济发展。虚拟经济应以实体经济为基础，发挥优化配置资金资源、促进技术进步和实体经济发展的功能。但现实中由于金融体系不完善等原因，虚拟经济脱离实体经济的真实价值而产生“泡沫”，进而引发经济危机。这次国际金融危机的主要原因就是西方发达经济体金融业过度膨胀，脱离了实体经济。实践证明，脱离实体经济、过度炒作资产不仅会影响经济发展、扩大社会贫富差距，而且会增加经济金融风险和社会风险。发展实体经济，应让各类市场要素特别是人才和资金更多地向实体领域聚集。政策措施应更加有助于发展实体经济，切实减轻实体经济负担，不断改善和健全政府服务，进一步放开市场准入，拓宽投资空间，为实体经济创造良好的运营环境，增强实体经济的吸引力。

（4）处理好传统产业和新兴产业的关系。我国传统产业面大量广，传统产业企业数占整个企业数的 2/3，我国 87%的国内经济属于传统产业。传统产业仍然是我国国民经济的支柱产业，对经济发展、社会稳定、就业推动仍然发挥着主要作用。由于各种原因，我国传统产业还存在着设备老化，技术落后，产品质量低，物耗、能耗高，区域结构及资源配置不合理等问题。面对新技术的发展、国际竞争的加剧、环境保护的压力，我国传统产业迫切需要优化升级。战略性新兴产业以重大技术突破和重大发展需求为基础，对经济社会全局和长远发展具有重大引领带动作用，是知识技术密集、物质资源消耗少、成长潜力大、综合效益好的产业。发展战略性新兴产业已成为世界主要国家抢占新一轮经济和科技发展制高点的重大战略。

培育发展战略性新兴产业并不是对传统产业的简单替代，而是通过促进新兴技术的产业化和传统产业的高技术化来实现产业的升级换代。大多数战略性新兴产业的发展不能凭空而为，必须依赖传统产业形成的技术积累、制造能力、产业组织等基础支撑。传统产业并不等同于落后产业，通过创新、变革，传统产业可以转变成新兴产业、现代产业。同时，传统产业的优化升级也迫切需要战略性新兴产业的牵引和带动。加快战略性新兴产业的培育和传统产业的改造升级，实现战略性新兴产业和传统产业的双轮驱动、良性互动发展。

四、提升中国工业发展的内生动力

（一）做好顶层设计，推动工业转型升级

工业经济转型升级是指工业经济发展方式和结构的转化提升。主要包括两方面的内容：一是经济发展转型，即从粗放型向集约型、从外延型向内涵型、从资源消耗型向创新驱动型转变。二是产业结构优化升级，即从低技术水平向高技术水平、从低附加值向高附加值、从低端地位的产业链向先进制造创造基地转变。工业转型升级是从低层次向高层次渐进的过程，其最终目标体现在：增强发展的协调性、稳定性和成长性，提升综合实力、市场竞争力和可持续发展能力。

1. 产业政策引导工业转型升级

产业政策是国家根据国民经济发展的内在要求，通过调整产业结构和产业组织形式，从而提高供给总量的增长速度，并使供给结构能够有效适应需求结构要求的政策措施。产业政策是国家对经济进行宏观调控的重要机制。加强产业政策体系的制定和实施，是推动工业持续健康发展的需要。我国是实施产业政策较多的国家，主要有支持某些产业优先发展的产业结构政策，支持大企业发展的产业

组织政策，支持“自主创新”的产业创新政策。当前，工业转型升级进入关键时期，产业转型升级的核心是由投资扩张规模转向创新驱动，但许多产业政策却严重制约工业转型升级。“产能过剩”、“集中度低”和“创新不足”是产业政策长期要解决的问题，也被视为促进工业转型发展的突破口，但政策实施效果与预期差别很大。

（1）优化产业组织政策，充分发挥市场作用和力量。在我国，一般是通过市场准入、投资项目审批和选择性培育特定企业来提高市场集中度和培育大规模企业，以达到优化产业组织结构的目的。产业政策“上大压小”导致新增产能的速度远远大于淘汰落后的速度。只有足够大的项目才有“可批性”，要发展就得上大项目，否则就会被淘汰。投资扩大规模、上新项目、上大项目成为企业第一要务。以钢铁行业为例，先是淘汰 300 立方米以下的炼铁高炉，接着宣布淘汰 400 立方米以下高炉。企业只有一步到位使用 1000 立方米以上甚至更大规模的高炉，才能避免在未来几年内被淘汰，而龙头企业都使用 5000 立方米以上的世界最大高炉，新核准的项目每个都是 1000 万吨、远期 3000 万吨的产能规模。我国以规模为导向的产业组织政策不但扭曲了企业行为，而且混淆了结果与过程。一定时期特定市场的企业数量、市场结构及产业组织形态是特定竞争过程的暂时结果，本身并无多大意义（王廷惠，2007）。竞争性集中之所以有效率，是因为竞争性过程的选择性作用。脱离这一过程片面强调集中度是毫无意义的。产业集中是竞争性争胜过程的必然趋势，是企业不断创新和适应环境的市场过程的必然结果。这种以规模为导向的产业组织政策饱受诟病。中国的产业组织政策应加快向强化公平竞争和激励创新转变。

（2）发展需求侧创新政策，提升创新驱动力。技术创新是创新供给方和创新需求方不断进行创造性互动的结果。创新供给方，即所谓的创新主体，通常是企业和科研院所、高校等。创新产品需求方即创新产品的购买者。目前，我国产业创新政策仍由科技部门主导，以供给侧的资金支持和国家科技重大专项为主，对扩大产业技术来源、降低技术引进成本有一定作用，但不能促进整个产业实现创新驱动转型。目前我国重供给轻需求的创新政策体系在相当程度上是从原有计划经济体制延续下来的，已经难以适应社会主义市场经济体制的要求，难以适应新形势下创新活动的要求，应做相应调整。市场经济的本质是需求导向经济，通过需求信号来引导供给方的创新活动和生产活动，从而实现资源优化配置和有效使用，避免创新资源浪费。需求侧的创新政策是通过为创新增加需求、改善促进创新吸收，提高对市场需求的认知等途径，刺激市场的出现或重构新的市场。其目的在于营造有利于创新的市场环境，加速实现创新扩散。主要政策工具包括以创新型产品和服务为导向的公共采购、以技术研发采购为主的商业化前采购等政策工具，旨在挖掘政府公共需求，为新技术新产品提供初始市场；推动私人需求角度，包括直接对终端的财政补贴，或间接进行消费者宣传、标签等，提升市场对创新产品和服务的认识；塑造有利于创新扩散的框架条件，包括制定标准、法规等政策工具。许多 OECD 国家，如英国、芬兰、日本以及欧盟等，都在加强需求侧创新政策的研究和应用方面做了明确的政策规定。

2. 战略性新兴产业牵引工业转型升级

推动战略性新兴产业与传统产业融合发展。战略性新兴产业的强大离不开传统产业，尤其是基础零部件、机械制造、化工等产业的高度发展。加快利用战略性新兴产业技术改造传统产业，推动战略性新兴产业和传统产业的融合发展，一方面能够夯实战略性新兴产业发展的基础，另一方面能够为战略性新兴产业发展提供巨大的市场空间。可以从两个方面推动战略性新兴产业和传统产业的融合发展。一是大力支持那些能够促进传统产业改造的战略性新兴技术的研发和利用，大力支持利用战略性新兴产业技术改造传统产业的商业化项目。二是增加传统产业技术改造投资力度，对于那些能够促进战略性新兴技术应用的传统产业改造项目，应当给予重点支持。可以考虑以贴息贷款、税收优惠或者直接财政补贴的方式鼓励信息技术、新能源技术、节能环保技术等在传统企业的推广和应用。

（1）积极培育市场需求。稳定且有发展前景的市场需求是战略性新兴产业发展的动力和基本保障。我国战略性新兴产业正处于产业生命周期的萌芽阶段，积极培育市场需求，提高市场份额，是当务之急。充分利用国内外市场需求旺盛和发展潜力巨大的优势。同时也要注意，低端市场和农村市场不仅存在大量潜在需求者，而且存在大量的滞后信息，需要加强对企业产品的宣传。此外，通过制定战略性新兴产业宣传手册，增进消费者对产品的认识和购买。

（2）鼓励并引导战略性新兴产业的商业模式创新。先进技术的产业化和产品市场认可度，是战略性新兴产业发展的重要目标，只有找准满足市场需求的结合点和用户接受的营销方式，提高市场占有率，才能奠定产业发展基础。①强化以企业为主体的商业模式创新。要引导企业差异化、专业化发展，强化制造业产品的软件化、服务外包化功能，扩大市场辐射能力，推进企业由渐进式的产品创新扩展到突破式的商业模式创新。要充分利用国内市场规模大、需求层次多的特点，侧重从需求端拉动产业发展。②以新经济为载体推动商业模式创新。新经济是以知识创新为主导、以信息技术为基础、以人才创业为支撑的经济形态，具有高科技、高附加值、高成长性特征。③要通过发展新经济业态来推动商业模式创新。

3. 财税金融政策助力工业转型升级

加大财税支持力度。整合相关政策资源和资金渠道，加大对工业转型升级的资金支持力度，加强对重点行业转型升级示范工程、新型工业化产业示范基地建设、工业基础能力提升、服务型制造等方面的引导和支持。完善和落实研发费用加计扣除、股权激励等税收政策。研究完善重大装备的首台套政策，鼓励和支持重大装备出口；完善进口促进政策，扩大先进技术装备和关键零部件进口。稳步扩大中小企业发展专项资金规模，制定政府采购扶持中小企业的具体办法，进一步减轻中小企业的社会负担。

加强和改进金融服务。鼓励汽车、电子信息、家电等企业与金融机构密切合作，在控制风险的前提下，开发完善各类消费信贷产品。鼓励金融机构开发适应小型和微型企业、生产性服务企业的金融产品。完善信贷体系与保险、担保之间的联动机制，促进知识产权质押贷款等金融创新。加快发展主板（含中小板）、创业板、场外市场，完善多层次资本市场体系；积极推进债券市场建设，完善信用债券发行及风险控制机制；支持符合条件的工业企业在主板（含中小板）、创业板首次公开发行并上市，鼓励符合条件的上市企业通过再融资和发行公司债券做大做强。支持企业利用资本市场开展兼并重组，加强企业兼并重组中的风险监控，完善对重大企业兼并重组交易的管理。

（二）全面提升工业自主创新能力

当今世界几乎所有国家和地区都深知创新的重要性，提高科技创新能力已成为许多国家经济发展的重要战略选择，并从国家层面上确立了创新战略，特别是发达国家把争夺全球创新领先地位作为国家目标。“美国创新战略”强调，要保持美国的世界创新中心地位。欧盟“欧洲 2020 战略”明确要求，将创新作为欧盟首要和压倒一切的政策目标，要在未来十年把欧盟建设成为“创新型联盟”。我国的自主创新战略指出，在长期增长和竞争中赢得未来的关键，是提升国家核心竞争力，把提高自主创新能力摆在全部科技工作的首位。

回顾改革开放以来 30 多年的科技发展历程，在对外开放过程中我们试图通过购买和用“市场换技术”的策略来全面迅速提高我国的科技创新能力，但国内许多企业往往注重眼前利益，不注重对引进的技术进行消化、吸收、再创新，忽视长期发展能力的积累，加上西方发达国家一定程度的技术封锁，结果是我们付出了高昂的代价却没有买回核心技术，让出了市场也没有换回核心技术，中国经济发展的成就是在一个没有掌握核心技术的环境下获得的。在后金融危机时代的国际经济结构大调整与再平衡的背景下，我国自主创新战略的重要性日益凸显。

1. 构建产学研多元化协同创新机制，激发企业创新主体的活力

随着改革开放的深入，我国企业在技术创新中发挥着越来越重要的作用，要进一步创造条件、优化环境、深化改革，切实增强企业技术创新的活力。一是加强企业技术中心建设。利用已有的科技存量，进一步增强大型企业的技术创新实力。二是引导科研力量更多地流向企业，完善产学研合作机制，用密切合作的渠道和机制，推动产业发展主体与科技资源研发主体的结合，促进学科链、创新链和产业链的对接，在最有基础、最有可能的重点领域推动联合攻关，着力突破关键和核心技术。三是改变引进技术的方式，引进目的从生产使用与“技术替代”为主向消化创新与参与国际合作转变；引进方式从单纯进口生产线向更加重视引进关键设备和技术转变，并把技术引进与技术创新相结合，走出模仿生产的阶段，进行包括新产品开发、新方法使用、新技术改良在内的技术创新。四是引导企业进行商业模式创新。单纯的技术创新在今天已经不能保证企业的商业成功，还必须要在技术创新的基础上成功实现商业模式创新。积极推行合同能源管理、现代废旧商品回收利用等新型商业模式。五是发展科技中介服务市场，探索多种形式的技术产权交易方式，促进技术资本化进程。积极引导先进企业通过国际技术合作、联盟或并购等方式加大海外研发投入，支持企业和研发机构积极开展全球研发服务外包，开展跨境联合研发和设立境外研发机构，快速提升企业技术创新水平。

2. 推进国家创新体系和区域创新体系的协调互动发展

建立一个既能够发挥市场配置资源的基础性作用，又能够提升国家在科技领域的有效动员能力，既能够激发创新行为主体自身活力，又能够实现系统各部分有效整合的新型国家创新体系。推进国家创新体系和区域创新体系的协调互动发展，国家创新体系应注重在前瞻性、基础性、共性技术研究领域的创新，并领导具有战略性高技术水平的大工程、大项目；区域创新体系则应重视结合本地区资源优势和经济发展实际的需求，以产业创新为依托，形成创新资源的有效整合与集聚，强化技术创新和技术推广应用。加强知识产权公共服务体系建设，促进原

始创新积累，加快技术创新成果转化和产业化进程。进一步完善自主创新的金融服务体系，创新知识产权直接融资模式，发展知识产权交易市场，完善创业风险投资支持体系，拓宽自主创新投融资途径。

3. 构建多元化的创新人才培养激励机制

科技创新人才是自主创新发展中具有能动性的核心要素，政府应根据国家经济和科技发展规划，编制创新人才战略规划，指导高等教育、职业教育和人才市场的发展。努力营造有利于创新人才充分发挥创造性的科研环境，通过有效的激励机制鼓励优秀人才脱颖而出，加大智力要素在收入分配中的比重，增加股权期权收益，提高创新人才的收入和福利待遇。开拓人才战略的国际化视野，在世界先进科技领域和我国急需的关键技术领域引进高层次科技人才，采取科研项目全球招标、派驻科研合作机构、创新创业支持等灵活多样的引进方式，拓宽我国自主创新的资源和渠道，学习借鉴国际合作研究的成功经验。深化产学研合作机制，促进学校、科研机构和企业合作培养创新人才，实现创新人才培养和市场需求的有效对接，高等教育应立足于培养具有创业精神和创新能力的高层次人才，职业教育应学习德国、日本，建立与国际接轨的现代职业教育培训体系，培养扎根于企业生产实践的各类专业技术人才。深化教育和科研机制创新，鼓励高校创新人才走出校门参与企业创新实践，同时吸引企业创新人才走进学校接受继续教育，帮助他们不断更新知识，提高创新水平。

（三）强化工业标准规范与准入和退出条件

标准化是现代工业的重要标志之一，其水平高低、影响大小在一定程度上反映了一国工业的强弱。强化标准在工业管理中的地位和作用，是有效支撑工业产品升级、技术改造和管理创新的有利保障。工业转型升级的关键在于自主创新能力的提升、战略性新兴产业的培育发展以及工业结构的调整和布局的优化。而工业标准是产业自主创新能力和核心竞争力的集中体现，在工业转型升级中发挥着不可替代的技术基础、技术保障和技术导向作用。

事实上，标准已成为国家竞争力的重要组成部分，一场争夺未来产业发展关键点和制高点的“标准”竞赛已拉开帷幕。近年来，以信息技术、节能环保等为代表的新技术迅猛发展，新兴产业不断兴起，而技术标准是技术创新和成果转化的有效平台，企业纷纷将标准作为提高核心竞争力和获得市场竞争优势的重要手段之一。在市场日益全球化和高科技化的今天，技术和市场的竞争往往表现为标准之争，标准之争的实质是产业利益的分配、产业链的分工。国外大公司或企业联盟通过制定标准、纳入相关技术专利，占据了产业链高端，“虹吸”了产业链中低端企业的大量利润。当前，发达国家已经主导并完成了传统工业领域专利和标准布局，进入了“再工业化”的高级阶段，全球传统产业的分工和价值链的格局已很难改变。而在以新一代信息技术、高端装备制造为代表的战略性新兴产业方面，全球性的技术标准尚未形成，各国的技术研发和专利布局尚未完成。因此，在我国具有传统优势和后发优势的产业技术领域，形成具有我国自主技术标准，推动我国相关产业向产业价值链高端跃升，将成为今后一段时期技术和市场竞争的关键点和制高点。

技术与产业融合发展对工业标准提出了新的要求。在以传统工业技术为基础的工业结构体系中，各行业的边界划分清晰，这是我国现行工业标准化管理体系和技术体系组成的主要依据。但近年来，随着信息化与工业化融合的加速，新兴技术和产业不断兴起，使得行业间的界限不断改变和演进，行业间交叉融合现象日益显著。改进和强化工业标准的重要性日渐突出。

(1) 改革和创新现有的工业标准化管理模式和运行机制。未来几年，标准化工作要注重体制机制的改革和完善，破除现有工作中不适应、不协调的症结，营造有利于工业又快又好发展的机制环境。改变现有标准化工作中各行业分立的局面。应从管理模式打破工业行业内条块分割的局面，优化工业标准体系，解决行业间、产业链上下游间的标准协调配套问题，实现产业的融合发展。加强标准与产业规划、产业政策的有效衔接。采用以政府为指导、以企业为主体、各方参与的形式开展工作，避免标准制定与产业发展、行业管理工作脱节。

(2) 构建和完善适应工业转型升级的标准体系。改造提升传统产业标准体系。以企业技术改造、国家科技重大专项为依托，重点突破基础材料、基础零部件、智能制造装备等领域关键技术和关键工艺，并在此基础上提升现有工业行业标准技术水平，建立起结构合理、技术水平较高、符合产业优化与调整要求的标准体系，促进传统产业先进产能比重的提升。培育发展战略性新兴产业标准体系。在掌握核心技术的基础上，加快形成具有自主知识产权的技术标准，提升技术转移和规模化生产能力，形成完整的产业链和可持续发展的商业模式。新标准制定与现有标准体系的优化相结合，注重将发展战略性新兴产业与改造提升传统产业相结合。工业标准体现绿色、低碳理念。着眼于产品设计、生产、销售、回收再利用全过程的绿色标准制定，进一步加大在环境意识设计、清洁生产等方面的标准制定工作。

此外，相关部门还需跟踪掌握国际标准化组织和工业发达国家的标准化战略和重点，了解经济全球化对标准的需求，准确分析相关技术标准的发展趋势，积极参与和主导国际标准的制定工作。

（3）加强行业准入管理。发达国家在能源、环保、健康、安全和消费者保护等方面不断提高市场准入标准并严格监管，迫使企业不断采取新技术，使之成为推动企业创新的重要动力。企业无论采用什么技术的路线、无论用什么设备生产，最终都要靠产品进入市场实现获利。过低的产品标准制约新技术的推广应用，使新产品没有市场空间。一方面，不断提高企业生产准入门槛，包括投资规模、技术路线、环境标准、能耗指标、健康安全，特别是严格能耗、水耗、环保、综合利用等准入标准；另一方面，不断提高产品的市场准入标准。目前，我国对产品市场准入标准缺乏必要的调整和提高，一般只有爆发严重产品质量安全事故时，才会重新审视产品标准。通过建立工业产品能效标识、节能产品认证、能源管理体系认证等制度，进一步完善标准体系和市场准入制度，加快建立有利于战略性新兴产业发展的行业标准和重要产品技术标准体系，带动工业经济的转型升级，提升产业链层次和产品附加值。

（4）建立完善的过剩产能退出机制和配套政策。化解过剩产能是一项长期而艰巨的任务，需要建立完善的退出机制。而我国目前无论是产能淘汰之后市场的需求如何满足，还是从落后产能中转移出来的资本去向等问题都还没有一个很好的解决方案，地方财政压力和就业压力等问题也都需要统筹兼顾地加以解决。因此，必须花大力气建立过剩产能退出机制。一是把化解过剩产能与企业产业升级和产品提档进行对接，通过加大政府扶持企业用于技术改造和产品更新的资金投入，激励和促进企业加快产业升级与产品提挡，引导企业在化解过剩产能的过程中发展新型产业和特色产业，加快企业产业产品提挡升级的速度，实现企业在化解过剩产能中快速转身，保证化解过剩产能后的企业能够持续、稳定地生存与发展。二是降低民营资本进入垄断性行业的门槛，通过政策引导，帮助那些从化解过剩中转移出来的资金寻找到更好的投资领域，制定出适合这些退出资本的投资策略，尤其要引导这些退出资本投向新兴产业、高科技产业和环保产业，使这些退出资金有更好的用武之地。三是树立起积极监督化解过剩产能的意识。将化解过剩产能与当地政府官员的政绩考核挂钩，实行严格的问责制度，让地方政府有压力和动力来推动化解过剩产能政策的实施。对于继续使用落后产能的企业，应该通过限制发展、提高土地和电力使用成本、动用行政处罚乃至截断资金来源等方法，使落后产能无利可图、无法生存，促使企业主动、自觉地化解过剩产能。

（四）积极吸纳产业转移

“二战”后至21世纪初，全球已完成了三次大规模的跨国和跨地区的产业转移。第一次产业转移发生在20世纪50~60年代，美国将钢铁、纺织等传统劳动密集型产业通过直接投资转移到日本、西德等；第二次产业转移发生在20世纪80年代后期和90年代初期，美国、德国、日本等加快发展技术密集型产业，将劳动密集型产业向东亚、拉美等发展中国家转移；第三次产业转移在20世纪80年代后期和90年代初期，美国、日本、欧洲等发达国家以及“亚洲四小龙”，将劳动密集型及部分低技术密集型产业向东盟和我国东南沿海地区转移。伴随着经济全球化和区域经济一体化进程的日益深化，第四次产业转移正向前推进。在目前正在进行的第四次产业转移中，我国中西部地区工业园承接东部地区产业转移出现了以下问题：工业园区建设规划与当地产业结构不相适应，外向型产业阶段性的规模化转移，继而产生“飞地经济”效应；工业园区建设与产业升级不适应，依靠低成本优势将导致恶性循环；工业园区发展过程中存在经济发展与环境破坏之间的矛盾和冲突，许多地方陷入“先污染，后治理”的传统模式；工业园在承接产业转移过程中存在缺乏产业规划、产业集群效应不明显等问题。因此，中西部地区应该按照产业发展规律统一规划，合理布局、有序创建产业，发挥产业集群效应；高度重视跨国公司的作用，增强其配套企业；强化基础设施与服务业的发展；加强技术改造升级，发展自主品牌；创新经济发展模式，大力发展生态工业园区建设。

（1）创新经济发展模式，大力发展生态工业园区建设。中西部地区大力发展生态工业园，从分散经济向集聚经济转变，遵循发展循环经济的原则，集中治理污染，实现发展与环境的和谐统一。园区成员将通过污染预防、能源有效使用、水管理、资源再生利用等创新型的清洁生产技术，减轻工业生产所造成的环境负担。通过企业间相互交换副产品，使企业在减少废物处理成本的同时又能从其中获益，提高了资源使用效率。

（2）依托已有优势，推动重点产业承接。依托中西部地区的产业基础和劳动力、资源等优势，推动重点产业承接发展，进一步壮大产业规模，加快产业结构调整，培育产业发展新优势，构建现代产业体系。例如，中西部地区作为国家重要的粮食和制造业基地，可将食品加工、装备制造、汽车及零部件制造作为承接重点。中西部地区可依据本土资源条件和已有产业基础，加强主动招商，在细分领域错位发展，促进产业集群形成。

（3）加强技术改造升级，发展自主品牌。中西部地区依托各类工业园区和产业基地，发挥劳动力低成本优势，发展劳动密集型产业，承接、改造和发展纺织、服装、玩具、家电等劳动密集型产业，充分发挥其吸纳就业的作用。同时，引进具有自主研发能力和先进技术工艺的企业，吸引内外资参与企业改制改组改造，提高产业规模和技术水平。在纺织、服装、鞋帽制造业，要依托产业基础和人才资源优势，引导企业向园区和基地集聚，发挥规模效益和产业协同效应，争创自主品牌。

五、优化工业发展外部环境

（一）完善体制环境

影响工业发展环境的诸多因素，从根本上说是机制体制问题。因此，必须深化体制改革，大力转变政府职能，进一步改进经济调节和市场监管的方式方法，切实把管理经济的职能转到主要为市场主体服务和创造良好环境上来。

在现代市场经济中，政府是经济管理和调控主体、涉及发展全局的重大利益协调主体，市场是把政府同各类微观经济运营主体连接起来的桥梁、配置各类资源的基础环节。政府和市场的关系决定着市场经济体制的基本走向和运行质量。政府与市场作为现代经济的两种基本制度安排，是任何国家和地区都无法回避的一对矛盾。政府行为和市场行为各有优点、各有缺点，关键是寻求政府行为和市场功能的最佳结合点，使政府行为在调解经济、弥补市场功能失灵的同时，避免和克服自身的缺位、越位、错位。正确处理好政府和市场的关系，必须把市场与政府有机结合起来，不能割裂地看待两者之间的关系，既不能不讲市场规律束缚生产力发展，也不能只讲市场偏废政府的管理职能。只有更加尊重市场规律，更好地发挥政府的作用，使市场这只“看不见的手”和政府这只“看得见的手”各司其职、优势互补，才能更好地激发经济活力。

在我国，由于市场体制和政府体制都不够完善，两者之间的矛盾更加突出，制约和阻碍了经济发展方式转变。我国经济体制改革的过程就是不断调整政府与市场关系的过程，竞争性领域更要多发挥市场配置资源的基础性作用，基础性和公共性领域要更好地发挥政府的作用，关键是政府应该把自己该管的领域管好，把应该由市场发挥作用的领域真正交给市场。建立和完善社会主义市场经济体制，就是在资源配置中发挥市场基础性作用的条件下，通过推动建立现代产权制度和现代企业制度，同时又注重加强和完善国家对经济的宏观调控，从而克服市场自身存在的某些缺陷，达到促进国民经济充满活力、富有效率、健康运行的目的。

深化改革，进一步完善社会主义市场经济体制。一是继续加快行政管理体制改革。按照“经济调节、市场监管、社会管理、公共服务”的要求，创新政府管理工业经济的方式，加强规划和政策调控，注重协调和信息引导，减少和规范行政审批。二是继续深化投融资体制改革。按照“谁投资，谁决策、谁受益，谁承担风险”的原则，健全多元化的投资机制。完善投资管理制度，实行更加便捷有效的项目备案制、核准制和审批制。改进投资调控方式，健全以规划为依据，以土地和环保为约束，与财政、税收、金融等密切配合的投资宏观调控体系。规范企业投融资行为，建立健全社会信用体系，完善银企互动、互信机制，促进银企合作，实现双赢发展。支持企业上市融资，加快发展地方性金融机构，及时组建地方商业银行，推动金融服务和金融工具创新，有效扩大融资渠道。三是继续深化国有企业改革。坚持有所为、有所不为，完善国有资本有进有退、合理流动的机制，积极推动国有资本向基础性、资源性产业和支柱产业、优势企业集中，大力发展混合所有制经济，积极组建一批拥有自主知识产权和市场竞争力的工业企业（集团）。进一步完善公司法人治理结构，在国有大型工业企业内部全面建立现代企业制度，形成有效的公司治理结构。完善国有资产监督、管理和营运体制，确保国有资产保值增值。四是继续鼓励支持和引导民营经济发展。制定、落实鼓励民营经济发展的政策措施，尤其是要在投资准入、金融支持、税费征收、土地使用、产业升级、人才引进等方面，营造更为宽松的发展环境，积极引导有条件的民营企业进行股份制、公司制改造，充分利用产业导向、政策扶持、科技服务、资源配置等手段，择优引导一批产品科技含量高、产业关联度大的民营企业走规模化、集约化之路。重点支持一批民营企业集团和民营科技企业做大做强，鼓励有条件的民营企业发展跨国经营。创造公平竞争环境，支持民营企业收购、兼并或参股国有企业，实现民营与国有企业优势互补、共同发展。

此外，一个优质的高效的服务环境对于推进工业经济发展具有不可或缺的作用。要推进服务型政府建设，构建高效的服务环境，需做到以下两点：一要加快行政审批制度改革，完善行政审批制度，减少审批程序，减少审批环节，清理非许可项目，严格规范备案、核准程序和范围。提高效率，建立公正、透明、规范的行政管理体系。规范政府对企业的管理行为，进一步减少和下放行政审批权限。二要加强各级政务大厅建设，实行一站式服务、规范服务、联合办理，并全面推行“阳光政务”，深化政务公开、信息公开，审批进入政务大厅，实行“阳光审批”、“阳光操作”，加强监督。提高审批效率和服务质量，要强化服务意识，创造优质高效的政府服务环境，更好地为企业服务、为群众服务。

（二）打造诚信的社会环境

建设社会诚信，应按照党中央强调的“以道德为支撑、产权为基础、法律为保障”的社会诚信体系的指示精神，综合运用各种规范手段，多元调控。

第一，开展诚信教育，营造诚信氛围。一方面，要充分发挥电视、报纸、网络、杂志等大众传媒的宣传功能，利用一切思想文化阵地，大力宣传诚信品德，批判各种不诚信的行为和观念，营造诚实守信的社会氛围，最终在社会形成健康的道德评价体系，并通过人们自身的价值判断，内化为人们的社会道德责任感，从而起到扬善抑恶的作用；另一方面，要加强道德教育，不断提高公民对诚信缺失的危害性的认识。为了加强公民道德建设，中央颁布了《公民道德建设实施纲要》，在全社会进行广泛的宣传和教育，力求引导人们树立起当代有中国特色社会主义的共同理想和坚实信念，使“爱国守法、明礼诚信、团结友善、勤俭自强、敬业奉献”二十字基本道德规范成为人们的行为准则，使公正、平等、仁爱等道德观念深入人心，为进一步形成公序良俗、加强诚信建设奠定扎实的思想基础。

第二，政府在整个社会诚信体系中起着主导作用，其诚信建设是完善整个社会诚信体系的必要前提。对于政府来说，政府带头讲诚信，就要特别强化政府诚信意识，提高政府公信力，加强政府信用体系建设，严于律己，对民众的承诺要勇于兑现，塑造良好的信用环境。对于企业而言，诚信是企业参与市场经济活动的基本“游戏规则”，是企业生存和发展的根本。企业诚信建设首先应当依法完善企业登记注册制度，把好市场主体准入关，从源头上遏制企业失信行为发生的可能性。其次应该完善产权明晰的企业制度，明确企业法人产权，使企业成为真正意义上的市场主体，有利于形成企业追求长期稳定收益的市场环境；还要进一步推进企业信用分类监管，建立健全企业信用评价、查询和服务系统，定期对严重失信的企业予以曝光，并依照相关法制法规进行惩处。对于个人而言，加大个人诚信的构建力度，建立个人诚信档案，最大可能地培育个人诚信，夯实诚信社会的基础。

第三，要建立起完善的社会失信信息披露体系，并以法律、法规为依据，建立相应的运作机制，进一步明确失信信息披露主体的资质要求、授权范围、获取和发布信息的渠道和形式。要形成公共信用信息平台，整合失信信息资源，制定具体的、可操作的技术标准和业务要求。努力培育、扶持社会性、公众性的失信信息披露窗口，在做好原有的失信信息披露工作的基础上，积极利用网络资源，拓展披露渠道，将信用不良信息在网上曝光，使企业和个人实现信息共享，创造一个公开、透明的信用环境，保护好投资企业的合法权益。

第四，健全法制，加大惩处力度，使失信者无利可图。防范和治理失信，仅仅靠道德规范是不够的，还必须建立起一整套对社会公民和市场主体相互关系进行管理的法律、法规、制度、准则，把社会诚信纳入法制轨道，形成有法可依、违法必究、执法必严的法制环境，维护和培育良好的市场信用秩序。要结合我国实际尽快颁布制订有关规范诚信管理方面的法律法规，建立和完善失信惩戒机制，加大对失信的惩处力度。

（三）营造协调配合的政策环境

近年来，我国政府的宏观调控水平不断提高，特别是通过财政政策和货币政策的有效配合，成功地抑制了经济的大幅波动，使我国经济在较长时期保持了平稳较快发展。但是，也要看到，这种财政政策与货币政策的配合主要还是在经济总量方面，通过将中央财政资金集中投放在基础设施建设方面，政府投资带动了银行信贷的巨额资金配套，也吸引了民间资本的疯狂涌入，最终导致了钢铁、水泥等建材行业产能不断增加，产能过剩的程度不断恶化。我国产业结构调整中，由于产业政策缺乏前瞻性以及产业发展规划的条款过于笼统，缺乏可操作性导致财政金融政策实施过程中功效受限。

营造协调配合的政策环境是优化工业发展环境的前提之一。根据经济发展形势适当调整，体现政策的灵活性和协调性，才能助力工业增长和飞跃。营造协调配合的政策环境要坚持以产业政策为核心、财政政策与金融政策分工配合的原则。产业政策关系到一个国家的竞争优势和综合国力，在经济政策体系中处于核心地位，为财政和金融政策提供导向。同时，产业结构的落实也需要财政、金融政策提供实质性的支撑。货币政策在执行过程中坚持产业政策导向，按照产业政策要求引导微观主体将资金和资源投向符合产业政策的方向。同时，实施积极的财政政策，就是要按照产业结构优化升级和优胜劣汰的要求，着重缓解和消除发展的“瓶颈”制约，淘汰落后生产能力和加快产品更新换代，增强自主创新能力和产业竞争力。

完善产业结构调整中宏观政策协调的组织保障。宏观政策协调不但涉及中央政府与地方政府之间的协调配合，还涉及国务院组成部门之间特别是发展改革委、工信部、财政部、人民银行和金融监管等部门之间的协调配合。如果没有一个顺畅和有效率的组织保障，将极大地影响政策制定和实施的效率和效果。可以建立由国务院领导牵头的产业结构调整领导小组，其成员包括发展改革委、工信部、财政部、人民银行、银监会、证监会、保监会、国土资源部、科技部等相关部委的主要负责人。在制定区域发展规划时，还应当将区域所在省区的政府负责人纳入领导小组。通过这个工作机制实现产业结构中宏观政策的协调配合。一是要在政策制定过程中加强三大政策决策部门之间的事前信息沟通，以增强政策的前瞻性。二是要在政策的实施过程中加强部门之间的协调，以及时纠正政策实施过程中出现的偏差。三是根据经济社会发展和三大政策协调的需要，不断推进税收、财政预算、金融市场、投资管理和企业制度等方面的改革，及时消除阻滞三大政策协调效果的制度性因素。四是在产业政策制定和调整中，统筹考虑国内和国际、国内不同经济区域的经济发展水平和结构，制定更为科学的产业政策，为财政政策和货币政策的协调配合提供更为有效的指引。五是确保产业结构调整相关政策的完整性、针对性和可操作性。每出台一个产业发展规划都要减少原则性和笼统性的政策条文，相应地增加具有可操作性的产业、财政和金融政策措施，使得相关规划能够真正落到实处，起到实实在在的作用。六是要建立科学政策制定与实施的考核机制，鼓励不同部门之间积极与其他相关部门加强协调，防止宏观政策协调因为一个环节出现问题而影响全局的政策效果。对于严重影响政策进程的相关部门应当给予相应的问责。

探索实施差别化货币政策。一般来讲，金融政策特别是货币政策侧重于总量调控，要求全国保持一个统一的标准。对于一个区域经济差异较小的国家来讲，这样做是非常合适的，只有这样才能创造一个公平的竞争环境。但是，我们也要看到，即便是美国这样经济较为发达的国家，也非常注重区域性金融政策的作用。美联储根据经济区的不同情况，分设了纽联储等区域性的分支机构，这些分支机构在金融政策上具有较强的自主性，可以根据本地区的实际制定一些因地制宜的金融政策，如贴现率、存款准备金率等关键的货币政策。中央银行也可以在局部范围内针对个别部门、个别行业或特定区域采用不同的信用调节工具。这些差别化的信用调节工具主要有：①再贷款，这是一种针对特定对象的数量配给型工具，中央银行可以对国家优先扶持的弱势产业提供一定数量的低于市场利率的贷款，如支农再贷款；②再贴现，中央银行再贴现在引导信贷资金投向、规范商业信用、帮助企业衔接产销关系等方面具有重要作用；③优惠利率，作为一种非市场型的价格工具，它是中央银行对国家重点扶持的行业、产业、项目实行低于市场均衡价格水平的利率，如支农再贷款利率；④差别存款准备金率，即中央银行对向国家重点支持地区或产业提供金融服务的地方金融机构实行较低的存款准备金率，从而提高其支持重点地区和产业发展的金融服务能力。

充分发挥积极财政政策的作用。税收优惠、税收减免和高折旧率等财政政策对于区域和产业发展的促进作用已经在我国经济特区和沿海开放区经济发展中充分体现。财政政策在我国传统和支柱性产业振兴规划、战略性新兴产业规划和区域发展规划中的政策力度是比较强的，政策的效率也是比较高的。因此，应该在上述领域的产业结构调整中进一步加大财政政策力度特别是关于企业及企业员工所得税、企业高折旧率等税收减免政策以及政府采购等方面的财政政策。同时，财政政策也可以与金融政策搭配，推出针对不同领域的贷款贴息政策。对落后地区的基础设施进行投资是促进区域发展非常有效的财政政策工具，好的基础设施能够吸引私人投资。中央在加大对中西部交通建设投资的同时，可以考虑通过发行债券、进行股份经营等多种形式引导民间资本及国外资本投向中西部的交通等基础设施建设，打通沿海地区对外联系的通道，促进中西部产业发展。

（四）提升中国软实力

软实力（Soft Power）一词最早由美国哈佛大学教授约瑟夫·奈于 20 世纪 80 年代末 90 年代初提出，针对国家间竞争，通过分析文化、价值观等软力量在国际竞争中的重要作用，力图构建理解国际竞争和分析国家综合实力的新的理论框架，从而超越传统的以军事和经济等硬实力为主的国家综合实力分析范式。此后，软实力理论风靡全球，在诸多领域得到广泛应用。软实力与硬实力相对，“硬实力”指的是一个国家的军事实力、经济水平等看得见、摸得着的物质力量。约瑟夫·奈认为，一个国家的综合国力，既包括由经济、科技、军事实力等表现出来的硬实力，也包括以文化、意识形态吸引力体现出来的软实力。软实力指的是“一种能够影响他人喜好的能力，是与文化、意识形态和制度等抽象资源相关并决定他人偏好的吸引同化力量”，并指出国家软实力主要有三个来源：文化、政治价值观以及对外政策。

大国的崛起是综合国力的崛起，包括军事、经济、文化、科技等的全面发展。要实现中华民族的伟大复兴，不仅仅只是 GDP 的快速增长，同时也需要

“软实力”的提升。事实上，伴随着经济的快速增长，我国的硬实力指标已迈入新的台阶，而软实力难以与硬实力匹配，软实力中的文化软实力更是处于被西方文化主导的格局之中。因此，中国必须构建和提升具有中国特色的软实力。

（1）进一步推动文化创新。我国是一个拥有五千年文明的大国，拥有光辉灿烂的传统文化，而在全球化的今天如果我们继续躺在传统文化的温床上，必然会被时代淘汰，因此我们必须推进文化创新，创造出属于现代中国的有特色的文化。解放思想、大胆吸收和借鉴人类文明成果来丰富中国文化，使中国文化适应现代化需要，推进文化产业的发展。

（2）塑造具有世界意义的民族价值观。在全球化时代，构建中国的软实力，不能只注重中国的特殊性，还应该着眼于人类社会的共性。中国需要在传统文化的基础上深入挖掘，吸纳作为人类普世文明的民主政治内核，科学构建既有自身特色又具有普世意义的政治意识形态，努力构建一个各种社会制度和发展道路和平共存、各国关系友好相处的和谐世界。

（3）深化政治体制改革，积极推进政治民主化与法制化建设。政治体制改革作为我国全面改革的重要组成部分，必须随着经济和社会发展而不断深化，与人民政治参与积极性不断提高相适应。深化政治体制改革，必须坚持正确政治方向，以保证人民当家做主为根本，以增强党和国家活力、调动人民积极性为目标，扩大社会主义民主，建设社会主义法治国家，发展社会主义政治文明。只有深化了政治体制改革、完善了国内善治、稳定了民主制度，才能切实提升政治影响力，维持社会繁荣与稳定，凝聚人心，这也是提高国家软实力的政治保证。

（4）扩大中国模式的宣传力度，尤其是增加对中国模式普适性的宣传。虽然中国模式已经取得了巨大的成功，但是中国模式还面临对外宣传的问题。只有成功的对外宣传才能使中国模式接触到更多可能的接受者。当然这种宣传不应该仅是一种单纯的文化宣传，还应该通过中国的经济交流、文化交流、对外援助和倡导国际正义等途径来实施宣传。此外，这种宣传还应该尽可能地增加普适性，使其他国家认识到他们也可以通过借鉴或者跟随中国模式而获得巨大发展。

参考文献

[1] Abadie A. Semiparametric Difference-in-differences Estimators [J]. Review of Economics Studies, 2005, 72 (1).

[2] Aghion P. and Howitt, P. The Economics of Growth [M]. MA: Massachusetts Institute of Technology Press, 2009.

[3] Armington Paul. A Theory of Demand for Products Distinguished by Place of Production[J]. IMF Staff Papers, 1969 (16).

[4] Balassa B. Revealed Comparative Advantage Revisited: An Analysis of Relative Export Shares of the Industrial Countries [J]. Manchester School, 1977, 45 (4).

[5] Balassa B. Trade Liberalization and Revealed Comparative Advantage[J]. Manchester School, 1965, 33 (2).

[6] Bernini C. and Pellegrini G. How are Growth and Productivity in Private Firms Affected by Public Subsidy? [J]. Evidence from a Regional Policy. Regional Science and Urban Economics, 2011, 41 (3).

[7] Blackwell A. F., Wilson L., Street A. Boulton, C. Knell J. Radical Innovation: Crossing Knowledge Boundaries with Interdisciplinary Teams, Technical Reports [Z]. University of Cambridge Computer Laboratory, No. 760, 2009.

[8] Chia T. P. Transplanted or Endogenized? FDI and Industrial Upgrading in Developing Countries: Case Study of Indonesia [M]. Maastricht: Shaker Publishing, 2006.

[9] Cruz J. De La and D. Riker. Product Space Analysis of the Exports of Brazil [Z]. Working Paper No. 2012-06A, U. S. International Trade Commission Office of Economics, 2012.

[10] De Long, J. B. and Summers L. H. Equipment Investment and Economic Growth[J]. The Quarterly Journal of Economics, 1991, 106 (5).

[11] Ernst D. Catching-Up and Post-Crisis Industrial Upgrading: Searching for New Sources of Growth in Korea's Electronics Industry [M]. Economic Governance and the Challenge of Flexibility in East Asia, Rowman and Littlefield Publishers, 2001.

[12] Ernst D. Global Production Networks and Industrial Upgrading: A Know-ledge-Centered Approach. In Gereffi G. (eds.), Who Gets Ahead in the Global Economy? [M]. Industrial Upgrading, Theory and Practice. Baltimore: Johns Hopkins University Press, 2003.

[13] Farrell M. J. The Measurement of Production Efficiency [J]. Journal of Royal Statistical Society, Series A, General, 1957, 120 (3).

[14] Felipe J., U. Kumar and A. Abdon. Exports, Capabilities, and Industrial Policy in India [Z]. Working Paper No. 638, Annandale-on-Hudson, NY: Levy Economics Institute of Bard College, 2010.

[15] Felipe J., U. Kumar, N. Usui and A. Abdon. Why has China Succeeded? And Why it Will Continue to Do So? [Z]. Working Paper No. 611, Annandale-on-Hudson, NY: Levy Economics Institute of Bard College, 2010.

[16] Frederic S., Gereffi G. Upgrading and Restructuring in the Global Apparel Value Chain: Why China and Asia are Outperforming Mexico and Central America [Z]. Technological Learning Innovation and Development, 2011.

[17] Gereffi G., Kaplinsky R. The Value of Value Chains [J]. Special Issue of IDS Bulletin, 2001 (32).

[18] Gereffi G., Tam Tony. Industrial Upgrading through Organizational Chains: Dynamics of Rent, Learning, and Mobility in the Global Economy [J]. Paper Presented at the 93th Annual Meeting of the American Sociological Association, San Francisco, CA, 1998 (August 21-25).

[19] Gereffi G. International Trade and Industrial Upgrading in the Apparel Commodity Chain [J]. Journal of International Economics, 1999, 48 (1).

[20] Goldsmith Raymond W. A Perpetual Inventory of National Wealth [J]. NBER Studies in Income and Wealth, 1951 (14).

[21] Gwartney J., Lawson R. and Holcombe R. The Size and Functions of Government and Economic Growth [R]. Prepared for the Joint Economic Committee, 1998.

[22] Hausmann R., B. Klinger and J. R. Lopez-Calix. Export Diversification in Algeria, Trade Competitiveness of the Middle East and North Africa: Policies for Export Diversification [Z]. The World Bank, Washington, DC, 2008.

[23] Hausmann R. and B. Klinger. Achieving Export-Led Growth in Colombia [Z]. CID Working Paper No. 182, Kennedy School of Government, Harvard University, 2008.

[24] Hausmann R. and B. Klinger. Policies for Achieving Structural Transformation in the Caribbean [Z]. Private Sector Development Discussion Paper No. 2, Inter-American Development Bank, Washington, DC, 2009.

[25] Hausmann R. and B. Klinger. South Africa's Export Predicament [Z]. CID Working Paper No. 129, Kennedy School of Government, Harvard University, 2006b.

[26] Hausmann R. and B. Klinger. Structural Transformation and Patterns of Comparative Advantage in the Product Space [Z]. CID Working Paper No. 128, Kennedy School of Government, Harvard University, 2006a.

[27] Heytens P. and Zebregs H. How Fast can China Grow? [C]. In Tseng, Wanda, Rodlauer, Markus (Eds), China Competing in the World Economy. Washington: International Monetary Fund, 2003.

[28] Hidalgo C., Klinger B., Barabasi A. and Hausmann R. The Product Space Conditions the Development of Nations[J]. Science, 2007, 317 (27).

[29] Hidalgo César. Discovering Southern and East Africa's Industrial Opportunities[Z]. Economic Policy Paper, The German Marshall Fund of the United States, 2011.

[30] Hirano K. and Imbens G. W. The Propensity Score with Continuous Treatment [A]. In: A. Gelman and X. L. Meng (eds.), Applied Bayesian Modeling and Causal Inference from Incomplete-data Perspectives. Chichester: Wiley, 2004.

[31] Holz C. A. New Capital Estimates for China[J]. China Economic Review, 2006, 17 (2).

[32] Hossain S. I. Making Education in China Equitable and Efficient [R]. World Bank Policy Research Working Paper, No. 1814, 1997.

[33] Humprey J., Schmitz H. Governance and Upgrading in Global Value Chains, a Background Paper for the Bellagio Value Chain Workshop [M]. IDS, University of Sussex, UK, August 2000.

[34] Jankowska A., A.J. Nagengast and J.R. Peres. The Product Space and the Middle Income Trap: Comparing Asia and Latin American Experiences [Z]. OECD Development Centre Working Paper No. 311, 2012.

[35] Kaplinsky R., Readman J. Globalisation and Upgrading: What can be (and cannot) Learnt from International Trade Statistics in the Wood Furniture Sector [J]. Industrial and Corporate Change, 2005, 14 (4).

[36] Kluve J., Schneider H., Unlendorff A. and Zhao Zhong. Evaluating Continuous Training Programmes by Using the Generalized Propensity Score [J]. Journal of the Royal Statistical Society: Series A, 2012, 175 (2).

[37] Krugman P. The Myth of Asia's Miracle[J]. Foreign Affairs, 1994, 73 (6).

[38] Lall Sanjaya. The Technological Structure and Performance of Developing Country Manufactured Exports[J]. Oxford Development Studies, 2000, 28 (3).

[39] Laurenceson J. and O'Donnell C. J. New Estimates and a Decomposition of Provincial Productivity Change in China [R]. CEPA Working Paper Series, No. WP04/2011.

[40] Lee J. and Chen J. Dynamic Synergy Creation with Multiple Business Activities: Toward a Competence-based Growth Model for Contract Manufacturers [J]. Research in Competence based Management, Advances in Applied Business Strategy Series, 2000 (C).

[41] Leibenstein H. Allocative Efficiency vs. "X-efficiency" [J]. The American Economic Review, 1996, 56 (3).

[42] Levinsohn J. and Petrin A. Estimating Production Functions Using Inputs to Control for Unobervables[J]. Review of Economic Studies, 2003, 70 (2).

[43] Maddison A. Chinese Economic Performance in the Long Run [R]. Paris: OECD Development Centre, 1998.

[44] Maddison A. Standardized Estimates of Fixed Capital Stock: A Six Country Comparison [C]. in R. Ravenna, Zobol, ieds., Essays on Innovation, Natural Resources and the International Economy, Italy: Studio AGR, 1993.

[45] Marcus N. and Howard P. Industrial Policy in an Era of Globalization: Lessons from Asia [C]. Peterson Institute Press: All Books, 2003.

[46] Mincer J. Investment in Human Capital and Personal Income Distribution

[J]. The Journal of Political Economy, 1958, 66 (4).

[47] Porter M. E. The Competitive Advantage of Nations [M]. New York: Free Press, 1990.

[48] Psacharopoulos G. and Patrino H. A. Returns to Investment in Education: A Further Update[J]. Education Economics, 2004, 12 (2).

[49] Quo Q., Zhao Z. and Jia J. Analysis of Total Factor Productivity of Chinese Provincial[J]. Economy. Frontiers of Economics in China, 2006, 1 (3).

[50] Rifkin J. The Third Industrial Revolution: How Lateral Power is Transforming Energy, the Economy, and the World [M]. Basingstoke, U.K.: Palgrave Macmillan, 2011.

[51] Robert J. Barrow and Xavier Sala-I-Martin. Economic Growth (Edition2) [M]. Cambridge: The MIT Press, 2004.

[52] Rosenbaum P. R. and Rubin D. B. The Central Role of the Propensity Score in Observational Studies for Causal Effects[J]. Biometrika, 1983, 70 (1).

[53] Rosenberg N. Uncertainty and Technological Change [M]. The Mosaic of Economic Growth, Stanford University Press, 1996.

[54] Scarf H., and T. Hansen. The Computation of Economic Equilibria [M]. New Haven: Yale University Press, 1973.

[55] Scarf Herbert. On the Computation of Equilibrium Prices [R]. Fellner, W., Ten Essays in Honor of Irving Fisher, New York: Wiley, 1967b.

[56] Scarf Herbert. The Approximation of Fixed Points of a Continuous Mapping [J]. SIAM Journal of Applied Mathematics, 1967a, 15 (5).

[57] Schmidt K. M. Managerial Incentives and Product Market Competition[J]. Review of Economic Studies, 1997, 64 (2).

[58] Special Report. Manufacturing and Innovation (A Third Industrial Revolution) [J]. The Economist, 2012 (21).

[59] The Department of Economic and Social Affairs, the United Nations Conference on Trade and Development and the Five United Nations Regional Commissions [C]. World Economic Situation and Prospects 2013, New York, 2013.

[60] Wu J. China's Economic Reform: Past, Present and Future[J]. Perspectives, 2006, 1 (5).

[61] Wu Y. Capital Stock Estimates for China's Regional Economies: Results

and Analyses [R]. Citation: Economics Discussion Papers 07. 16, UWA Business School, University of Western Australia, 2007.

[62] [日] 西川俊作，阿部武司. 日本经济史 4：产业化的时代（上）[M]. 北京：生活·读书·新知三联出版社，1998.

[63] 安同良，周绍东，皮建. R&D 补贴对中国企业自主创新的激励效应 [J]. 经济研究，2009 (10).

[64] 陈冬华. 地方政府，公司治理与补贴收入[J]. 财经研究，2003 (9).

[65] 陈建青. 我国参与国际分工的地位变化及战略调整[J]. 理论探讨，2009 (3).

[66] 陈晓，李静. 地方政府财政行为在提升上市公司业绩中的作用探析 [J]. 会计研究，2001 (12).

[67] 陈宗胜，黎德福. 内生农业技术进步的二元经济增长模型——对“东亚奇迹”和中国经济的再解释[J]. 经济研究，2004 (4).

[68] 单豪杰，师博. 中国工业部门的资本回报率：1978~2006[J]. 产业经济研究，2008 (6).

[69] 单豪杰. 中国资本存量 K 的再估算：1952~2006 年[J]. 数量经济技术经济研究，2008 (10).

[70] 邸玉娜，李月. 跨越“中等收入陷阱”的国际经验分析——基于出口产品密度的视角[J]. 经济科学，2012 (4).

[71] 侯力，秦熠群. 日本工业化的特点及启示[J]. 现代日本经济，2005 (4).

[72] 江春，吴磊，滕芸. 中国全要素生产率的变化：2000~2008[J]. 财经科学，2010 (7).

[73] 江飞涛. 中国钢铁工业产能过剩问题研究 [D]. 中南大学博士学位论文，2008.

[74] 江小涓. 中国对外开放进入新阶段：更均衡更合理地融入全球经济 [J]. 经济研究，2006 (3).

[75] 金碚，李钢，陈志. 加入 WTO 以来中国制造业国际竞争力的实证分析 [J]. 中国工业经济，2006 (3).

[76] 金碚. “十二五”开局之年的中国工业[J]. 中国工业经济，2012 (7).

[77] 金碚. 国际金融危机下的中国工业[J]. 中国工业经济，2010 (7).

[78] 金碚. 全球竞争新格局与中国产业发展趋势[J]. 中国工业经济，2012 (5).

[79] 金碚. 中国工业改革开放 30 年[J]. 中国工业经济，2008（5）.

[80] 金芳. 国际分工深化趋势及其对中国国际分工地位的影响[J]. 世界经济研究，2003（3）.

[81] 孔庆洋，余妙志. 中国各地区工业资本存量的估算[J]. 经济问题探索，2008（4）.

[82] 李宾，曾志雄. 中国全要素生产率变动的再测算：1978~2007 年[J]. 数量经济技术经济研究，2009（3）.

[83] 李宾. 我国资本存量估算的比较分析[J]. 数量经济技术经济研究，2011（12）.

[84] 李钢，刘吉超. 入世十年中国产业国际竞争力的实证分析[J]. 财贸经济，2012（8）.

[85] 林毅夫，任若恩. 东亚经济增长模式相关争论的再探讨[J]. 经济研究，2007（8）.

[86] 刘秉镰，武鹏，刘玉海. 交通基础设施与中国全要素生产率增长[J]. 中国工业经济，2010（3）.

[87] 刘戒骄. 美国再工业化及其思考[J]. 中共中央党校学报，2011（15）.

[88] 刘生龙，胡鞍钢. 基础设施的外部性在中国的检验：1988~2007[J]. 经济研究，2010（3）.

[89] 鲁保林. 中国工业资本存量估算：1981~2009[J]. 郑州轻工业学院学报（社会科学版），2012（10）.

[90] 吕政，郭克莎，张其仔. 论我国传统工业化道路的经验与教训[J]. 中国工业经济，2003（1）.

[91] 彭国华. 中国地区收入差距、全要素生产率及其收敛分析[J]. 经济研究，2005（9）.

[92] 芮明杰. 新一轮工业革命正在叩门，中国怎么办？[J]. 当代财经，2012（8）.

[93] 邵敏，包群. 出口企业转型对中国劳动力就业与工资的影响[J]. 世界经济，2011（6）.

[94] 邵敏，包群. 地方政府补贴企业行为分析：扶持强者还是保护弱者？[J]. 世界经济文汇，2011（1）.

[95] 邵敏，包群. 政府补贴与企业生产率——基于我国工业企业的经验分析[J]. 中国工业经济，2012（7）.

[96] 孙林岩. 全球视角下的中国制造业发展 [M]. 北京：清华大学出版社，2008.

[97] 孙琳琳，任若恩. 中国资本投入和全要素生产率的估算[J]. 世界经济，2005（12）.

[98] 孙文凯，肖耿，杨秀科. 资本回报率对投资率的影响：中美日对比研究[J]. 世界经济，2010（6）.

[99] 唐清泉，罗党论. 政府补贴动机及其效果的实证研究[J]. 金融研究，2007（6）.

[100] 万金，祁春节. 产品空间结构与农产品比较优势动态——基于高维面板数据的分析与预测[J]. 国际贸易问题，2012（9）.

[101] 王金照. 典型国家工业化历程比较与启示 [M]. 北京：中国发展出版社，2010.

[102] 王玲. 中国工业行业资本存量的测度[J]. 世界经济统计研究，2004（1）.

[103] 王志刚，龚六堂，陈玉宇. 地区间生产效率与全要素生产率增长率分解（1978~2003）[J]. 中国社会科学，2006（2）.

[104] 魏浩，王露西，李翀. 中国制成品出口比较优势及贸易结构研究[J]. 经济学（季刊），2011（4）.

[105] 武鹏. 改革以来中国经济增长的动力转换[J]. 中国工业经济，2013（2）.

[106] 杨其静，杨继东. 政治联系、市场力量与工资差异——基于政府补贴的视角[J]. 中国人民大学学报，2010（2）.

[107] 叶连松. 新型工业化与制造业发展 [M]. 北京：中国经济出版社，2009.

[108] 易纲，樊纲，李岩. 关于中国经济增长与全要素生产率的理论思考[J]. 经济研究，2003（8）.

[109] 曾世宏，郑江淮. 产品空间结构理论对我国转变经济发展方式的启示[J]. 经济纵横，2008（11）.

[110] 曾世宏，郑江淮. 企业家成本发现、比较优势演化与产品空间结构转型——基于江苏经济发展的案例研究[J]. 产业经济研究，2010（1）.

[111] 张军，吴桂英，张吉鹏. 中国省际物质资本存量估算：1952~2000[J]. 经济研究，2004（10）.

[112] 张军. 资本形成、工业化与经济增长：中国的转轨特征 [J]. 经济研究，2002 (6).

[113] 张松林，武鹏. 全球价值链的“空间逻辑”及其区域政策含义 [J]. 中国工业经济，2012 (7).

[114] 赵伟，马瑞永，何元庆. 全要素生产率变动的分解——基于 Malmquist 生产力指数的实证分析 [J]. 统计研究，2005 (7).

[115] 郑京海，胡鞍钢，Arne Bigsten. 中国的经济增长能否持续——一个生产率视角[J]. 经济学（季刊），2008 (3).

[116] 中国社会科学院工业经济研究所课题组. “十二五”时期工业结构调整和优化升级研究 [J]. 中国工业经济，2010 (1).